CONFISSÕES *(quase)* FILOSÓFICAS

Editora Appris Ltda.
1.ª Edição - Copyright© 2021 dos autores
Direitos de Edição Reservados à Editora Appris Ltda.

Nenhuma parte desta obra poderá ser utilizada indevidamente, sem estar de acordo com a Lei nº 9.610/98. Se incorreções forem encontradas, serão de exclusiva responsabilidade de seus organizadores. Foi realizado o Depósito Legal na Fundação Biblioteca Nacional, de acordo com as Leis nos 10.994, de 14/12/2004, e 12.192, de 14/01/2010.

Catalogação na Fonte
Elaborado por: Josefina A. S. Guedes
Bibliotecária CRB 9/870

B624c
2021
	Bitencourt, Joceval Andrade
	   Confissões (quase) filosóficas / Joceval Andrade Bitencourt. - 1. ed. - Curitiba : Appris, 2021.
	   337 p. ; 23 cm.
	
	   Inclui bibliografia.
	   ISBN 978-65-250-0179-1
	
	   1. Memória autobiográfica. 2. Filosofia. I. Título. II. Série.
	
	                                          CDD – 808.6692

Editora e Livraria Appris Ltda.
Av. Manoel Ribas, 2265 – Mercês
Curitiba/PR – CEP: 80810-002
Tel. (41) 3156 - 4731
www.editoraappris.com.br

Printed in Brazil
Impresso no Brasil

Joceval Andrade Bitencourt

CONFISSÕES (quase) FILOSÓFICAS

FICHA TÉCNICA

EDITORIAL	Augusto V. de A. Coelho
	Marli Caetano
	Sara C. de Andrade Coelho
COMITÊ EDITORIAL	Andréa Barbosa Gouveia (UFPR)
	Jacques de Lima Ferreira (UP)
	Marilda Aparecida Behrens (PUCPR)
	Ana El Achkar (UNIVERSO/RJ)
	Conrado Moreira Mendes (PUC-MG)
	Eliete Correia dos Santos (UEPB)
	Fabiano Santos (UERJ/IESP)
	Francinete Fernandes de Sousa (UEPB)
	Francisco Carlos Duarte (PUCPR)
	Francisco de Assis (Fiam-Faam, SP, Brasil)
	Juliana Reichert Assunção Tonelli (UEL)
	Maria Aparecida Barbosa (USP)
	Maria Helena Zamora (PUC-Rio)
	Maria Margarida de Andrade (Umack)
	Roque Ismael da Costa Güllich (UFFS)
	Toni Reis (UFPR)
	Valdomiro de Oliveira (UFPR)
	Valério Brusamolin (IFPR)
ASSESSORIA EDITORIAL	Evelin Kolb
REVISÃO	Andrea Bassoto Gatto
	Bruno Everton
PRODUÇÃO EDITORIAL	Letícia Hanae Miyake
DIAGRAMAÇÃO	Jhonny Alves dos Reis
CAPA	Eneo Lage
COMUNICAÇÃO	Carlos Eduardo Pereira
	Débora Nazário
	Kananda Ferreira
	Karla Pipolo Olegário
LIVRARIAS E EVENTOS	Estevão Misael
GERÊNCIA DE FINANÇAS	Selma Maria Fernandes do Valle
COORDENADORA COMERCIAL	Silvana Vicente

SUMÁRIO

DOBRAS DA MEMÓRIA..7

A NOITE EM QUE LI SERVIDÃO HUMANA 39

ENTRE AMORES E DORES (Eu e os Livros) 73

O CUIDADOR DE LIVROS..87

MESTRADO E DOUTORADO 105

TABACARIA (F. Pessoa) 147

ANATOMIA DE UM CRIME 185

UM AMOR PLATÔNICO 209

A GAROTA DO CORREDOR DA VITÓRIA................. 223

GRACIOSA (a casa da minha infância)..................... 243

DOIDINHOS DA MINHA INFÂNCIA........................257

O ABADE E O PORTEIRO 279

A ARTE DE JUAN LASO (um clássico moderno)......... 287

A ARTE DE MARILENE BRITO (Criadora das bonecas articuladas – terapêuticas e ecológicas)................................ 293

FILOSOFIA E PEDAGOGIA (encontros e desencontros)... 299

DOBRAS DA MEMÓRIA

"É grande realmente o poder da memória, bem grande, ó meu Deus. É um santuário imenso, ilimitado. Quem poderá atingir-lhe a profundeza? E essa força pertence ao meu espírito, faz parte de minha natureza; e na realidade não chego a apreender tudo o que sou. Mas então o espírito é limitado demais para compreender-se a si mesmo? E onde está aquilo que não apreende de si mesmo? Estará então fora de si mesmo, e não dentro? Então por que não se compreende? Isso muito me admira e me espanta".

(Agostinho – Confissões – Liv. X)

Escrever sobre as experiências vividas é, retrospectivamente, reconstruir um passado composto de múltiplos afetos que, ao longo do tempo, vão configurando a cartografia existencial de cada sujeito. É uma crônica que alguém faz de um fato ou de uma realidade, seja como sujeito que sofreu a ação direta do ocorrido, seja como um mero observador, ou mesmo narrando histórias vivenciadas por terceiros e que, de alguma forma, chegou ao seu conhecimento, tornando-se alvo de seus delírios. Uma questão que se coloca com frequência ao narrador de memórias é sobre a veracidade dos fatos narrados. Os afetos narrados existiram, de fato, ou tudo não passa de invencionice da imaginação fértil do narrador? É possível essa veracidade? Onde ela se encontra? Ela existe? O narrador narra uma verdade inteira ou só uma meia-verdade? O que é uma verdade? E uma meia-verdade, o que seria? O narrador de memória faz ficção ou literatura realista? Qual o limite de subordinação que tem o narrador com os fatos narrados? É justo exigir das artes um pacto com a verdade, uma fidelidade a um suposto realismo? Não erra André Gide, quando diz que as memórias são sempre "apenas meio sinceras". Por maior que seja a preocupação com a verdade, a busca de manter-se fiel à verdade dos fatos narrados é sempre mais complexa do que se diz. Nem mesmo quem narra suas próprias memórias tem plena segurança de que, os fatos narrados, correspondem aos fatos por ele vivenciados. O passado carregado na algibeira do tempo pode desgarrar-se – em sua totalidade ou em parte – das paredes da memória de um tempo pretérito. Tudo pode não passar de lembranças desbotadas de um passado que atende a um movimento pendular entre o que de fato vivenciou o narrador e o que ele gostaria de ter vivenciado. Não poucas vezes, essas imagens opacas, descoloridas pelo tempo, que são oferecidas pela memória, vêm repaginadas, recebem outras configurações, outras cores, agora mais fortes, tornam-se mais luminosas. As imagens vão além de meras impressões no cérebro, quando este é afetado por uma determinada representação externa. Esse efeito ultrapassa um processo puramente fisiológico. "Quem poderá explicar como se formaram tais imagens, embora se conheçam os sentidos que as captam e as colocam em nosso íntimo?" (S. Agostinho – *Confissões*). Essas imagens, retidas na memória, são carregadas de afetos, positivos ou negativos, que as constituem e as determinam. Falar de uma imagem é falar de um sentimento que ela representa ou representou. Não retemos em nossas memórias uma multiplicidade de imagens fotografadas, concluídas, catalogadas e arquivadas nas prateleiras do tempo passado à espera de sua evocação. Não, ao contrário, o que guardamos são sentimentos que se configuram, fazem-se representar em forma de imagens. "[...] Na parede da memória / Esta lembrança / É o quadro que dói mias [...]" (Belchior – *MPB – Como os nossos pais*). Poderíamos dizer que nossas imagens configuram uma biografia de nossas lembranças existenciais. "O artista literário cria ou recria um mundo de verdades que não são mensuráveis pelos mesmos padrões das verdades factuais. Os fatos que manipula não têm comparação com os da realidade concreta. São as verdades humanas gerais, que traduzem antes um sentimento de experiência, uma compreensão e um julgamento das coisas humanas, um sentido da vida, e que fornecem um retrato vivo e insinuante da vida, o qual sugere antes que esgota o quadro" (Afrânio Coutinho - *Crítica literária*).

Segundo Hume, as impressões conquistadas a partir de nossas experiências com o mundo sensível se apresentam em forma de memória ou de imaginação: "Pela experiência vemos que, quando uma determinada impressão esteve presente na mente, ela ali reaparece sob a forma de uma ideia, o que pode se dar de duas maneiras diferentes: ou ela retém, em sua nova aparição, um grau considerável de sua vividez original, constituindo-se em uma espécie intermediária entre uma impressão e uma ideia; ou perde inteiramente aquela vividez, tornando-se uma perfeita ideia. A faculdade pela qual repetimos nossas impressões da primeira maneira se chama *memória*, e a outra, *imaginação*" (Hume – *Tratado da natureza humana*).

Quando abandonamos o rigor do conceito que se subordina à bitola epistêmica de cada sistema filosófico e direcionamos a razão para o campo aberto das artes, em suas mais diversas manifestações, essas demarcações entre memória, imaginação e realidade, desaparecem. O escritor, entregue aos seus delírios, aos seus sintomas mais profundos, deixando-se levar pelo livre voo de os seus devaneios estéticos, encontra-se desobrigado a obedecer a qualquer rigor conceitual, a determinar, com segurança, as fronteiras dos seus delírios. Esse conteúdo da memória, quando evocado pelo espírito, mantém sua identidade originária, a qual, pela primeira vez, através dos sentidos, foi impressa no espírito do sujeito da experiência, ou, ao contrário, esse conteúdo do passado, quando trazido para o presente, perde a sua fidelidade originária, apresenta-se ao presente subordinado a novas configurações, carregadas das vivências, das intencionalidades do narrador? Antonio Candido, visitando as memórias de Pedro Nava, diz: "Confinado nos limites da sua memória, com a vontade tensa de apreender um passado que só lhe chega pelo documento e por pedaços da memória dos outros, o narrador penetra simpaticamente na vida dos antepassados e parentes mortos, no seu ambiente, nos seus hábitos, e não tem outro meio de configurar senão apelando para a imaginação". Maupassant, escrevendo sobre Gustavo Flaubert, a quem considerava ser o escritor da arte superior, refletindo sobre o alcance dos conceitos verdade e realismo na literatura em geral e na obra de Flaubert, em particular, diz: "Escrever a verdade consiste, pois, em dar a ilusão completa do verdadeiro, de acordo com a lógica habitual dos fatos, e não em transcrevê-los servilmente na grande desordem de sua sequência. Concluo daí que os realistas de talento deveriam, de preferência, chamar-se ilusionistas" (*Gustavo Flaubert*). Michel de Montaigne, testemunhando os últimos momentos de vida de seu amigo Étienne de La Boétie, narra o estado de tensão que ficou a sua alma com a responsabilidade de lançar ao mundo, sem se distanciar em demasia da realidade que tanto feria a sua alma, as dores e a sabedoria do autor de *Discurso da servidão voluntária*: "E por sabê-los mui elevados, virtuosos e infundidos de mui firme resolução, numa palavra, admiráveis, eu previa com clareza que, se a doença lhe concedesse o meio de poder exprimir-se, nada lhe escaparia em tal necessidade que não fosse grande e repleto de bom exemplo: prestava, portanto, o máximo de atenção possível. É verdade, meu senhor, por eu ter a memória mui curta, e dissipada ainda pela consternação que meu espírito veio a sofrer com tão pesada perda, e tão importante, que é impossível eu não ter esquecido muitas coisas que gostaria de ter sabido. Mas aquelas de que me lembrei, transmitir-vos-ei o mais verdadeiramente possível. [...] De resto, meu senhor, se julgardes que desejei realçar suas declarações mais levianas e comuns, fi-lo à revelia".

Se o narrador não tiver cuidado, não mantiver o seu espírito sempre atento e crítico, capaz de retirar todos os véus que cobrem o fato que narra, o presente acaba assumindo a direção da narrativa, fazendo com que o passado fale o que ele lhe determina, emprestando às memórias do passado, a veracidade do presente que ele deseja narrar ao mundo. O passado se faz presente, o presente se faz passado, regido pelas nossas vivências. No tempo que a dobra das memórias nos oferece, o tempo tornou-se rebelde, já não obedece às ordens de uma razão cronológica. Não é mais possível se falar de tempos distintos, classificados entre passado, presente e futuro. Então, no tempo da memória, o que encontramos é um tempo sem tempo, um tempo do presente. Santo Agostinho, refletindo sobre o tempo, pergunta: "O que é realmente o tempo? Quem poderia explicá-lo de modo fácil e breve? Quem poderia captar o seu conceito, para exprimi-lo em palavras? [...] Sem dúvida, nós o compreendemos quando dele falamos, e compreendemos também o que nos dizem quando dele nos falam. Por conseguinte, *o que é o tempo? Se ninguém me pergunta, eu sei; porém, se quero explicá-lo a quem me pergunta, então não sei*" (*Confissões*). Ainda refletindo sobre o conceito de tempo, nesse mesmo livro, diz o filho de *Tagaste*: "Agora está claro e evidente para mim que o futuro e o passado não existem, e que não é exato falar de três tempos – passado, presente e futuro. Seria talvez justo dizer que os tempos são três, isto é, o presente dos fatos passados, o presente dos fatos presentes, o presente dos fatos futuros. E estes três tempos estão na mente e não os vejo em outro lugar. O presente do passado é a memória. O presente do presente é a visão. O presente do futuro é a espera". "Que é o tempo afinal? – perguntou Hans Castorp, comprimindo o nariz com tamanha violência, que a ponta se tornou branca e exangue. - Quer me dizer isto? Percebemos o espaço com os nossos sentidos, por meio da vista e do tato. Muito bem! Mas que órgão possuímos para perceber o tempo? Pode me responder essa pergunta? Bem vê que não pode. Como é possível medir uma coisa da qual, no fundo, não sabemos nada, nada, nem sequer uma única das suas características? Dizemos que o tempo passa. Está bem, deixe-o passar. Mas para que possamos medi-lo... Espere um pouco! Para que o tempo fosse mensurável, seria preciso que decorresse de um modo uniforme; e quem lhe garante que é mesmo assim? Para nossa consciência, não é. Somente o supomos, para a boa ordem das coisas, e as nossas medidas, permita-me esta observação, não passam de convenções...". Sartre, em sua obra: *O ser e o nada*, assim define a temporalidade: "A temporalidade geralmente é tida como indefinível. Contudo, todos admitem que é, antes de tudo, sucessão. E a sucessão, por sua vez, pode ser definida como uma ordem cujo princípio ordenador é a relação antes-depois. Uma multiplicidade ordenada segundo o antes e o depois, eis a multiplicidade temporal".

É subordinado a essa multiplicidade temporal, regulada pelo antes e o depois, que o narrador, pelo resgate de suas lembranças, vai narrando a história de suas vivências. "Memória - Amar o perdido / deixa confundido / este coração. / Nada pode o olvido / contra o sem sentido / apelo do Não. / As coisas tangíveis / tornam-se insensíveis / à palma da mão. / Mas as coisas findas, / muito mais que lindas, / essas ficarão" (Drummond). Proust, em sua obra: *Em busca do tempo perdido*, diz: "Tal nome lido num livro de outrora contém entre suas sílabas o vento rápido e o sol brilhante que havia quando líamos. Na menor sensação produzida pelo mais simples alimento, pelo cheiro do café, reencontramos essa vaga experiência de um belo tempo que constantemente nos sorria quando o dia estava ainda intacto e pleno, na incerteza do céu matinal. Uma hora é um vaso cheio de perfumes, de sons, de momentos, de humores variados, de climas". Diz, José Saramago: "Há na memória um rio onde navegam / Os barcos da infância, em arcadas / De ramos inquietos que despregam / Sobre as águas as folhas recurvadas. / Há um bater de remos compassado / No silêncio da lisa madrugada, / Ondas brancas se afastam para o lado / Com o rumor da seda amarrotada. / Há um nascer do sol no sítio exacto, / À hora que mais conta duma vida, / Um acordar dos olhos e do tacto, / Um ansiar de sede inextinguida. / Há um retrato de água e de quebranto / Que do fundo rompeu desta memória, / E tudo quanto é rio abre no canto / Que conta do retrato a velha história" (*Retrato do poeta quando jovem*). Cassimiro de Abreu narra bem sobre a saudades de sua infância, na aurora dos seus oito anos: "Oh! que saudades que tenho / Da aurora da minha vida, / Da minha infância querida /Que os anos não trazem mais! / Que amor, que sonhos, que flores, / Naquelas tardes fagueiras / À sombra das bananeiras, / Debaixo dos laranjais! / Como são belos os dias / Do despontar da existência! / - Respira a alma inocência / Como perfumes a flor; / O mar é - lago sereno, / O céu - um manto azulado, / O mundo - um sonho dourado, / A vida - um hino d'amor! / Que aurora, que sol, que vida, / Que noites de melodia / Naquela doce alegria, / Naquele ingênuo folgar! / O céu bordado d'estrelas, / A terra de aromas cheia / As ondas beijando a areia / E a lua beijando o mar! / Oh! dias da minha infância! / Oh! meu céu de primavera! / Que doce a vida não era / Nessa risonha manhã! / Em vez das mágoas de agora, / Eu tinha nessas delícias / De minha mãe as / carícias / E beijos de minha irmã! / Livre filho das montanhas, / Eu ia bem satisfeito, / Da camisa aberta o peito, / - Pés descalços, braços nus / - Correndo pelas campinas / A roda das cachoeiras, / Atrás das asas ligeiras / Das borboletas azuis! / Naqueles tempos ditosos / Ia colher as pitangas, Trepava a tirar as mangas, / Brincava à beira do mar; / Rezava às Ave-Marias, / Achava o céu sempre lindo. / Adormecia sorrindo / E despertava a cantar! [...] / Oh! que saudades que tenho / Da aurora da minha vida, / Da minha infância querida / Que os anos não trazem mais! / - Que amor, que sonhos, que flores, / Naquelas tardes fagueiras / A sombra das bananeiras / Debaixo dos laranjais!".

Um exemplo dessas misturas entre literatura e vida, imagens e vivências, temos quando buscamos descrever a casa de nossa infância. Essa é uma experiência que alcança a maioria dos mortais. Cada um, de seu canto, conta as mentiras que as suas lembranças lhe narram sobre a casa onde viveu em sua infância. Lembro-me que, trinta anos depois, ao voltar à minha cidade natal, fui visitar a casa em que passei a maior parte da minha infância. À exceção da pintura, do telhado, desgastado pelo tempo, de uma entrada na lateral que nunca estivera lá, todo o conjunto da casa permanecia do jeito que o deixara. Mas, para minha imensa surpresa, e decepção, aquela não era a casa da minha infância. Tudo era diferente. As salas, os quartos, a varanda, o quintal, tudo diminuiu de tamanho, a casa tornou-se uma miniatura da casa que sobreviveu em minha memória. O que teria acontecido com aquele casarão no qual eu brincava e formava-me nos tempos de minha infância? A longa rua, um pouco inclinada, quase uma ladeira, que ficava em frente à casa, onde, montado em meu cavalo, que não passava de um cabo de vassoura, conquistava todos os meus "moinhos de ventos". Roubaram a casa de minha infância. Colocaram outra no lugar. A essa nova casa sou indiferente, ela não me diz nada, não a reconheço como minha. Não foi essa casa, sem vida, fria, feia, triste, que eu carreguei nas paredes de minha memória. Nunca deveria ter confrontado o meu passado com o meu presente. Do passado, só me restou o passado presente. O presente do passado me foi saqueado. O grande quintal, onde brincávamos, com espaço à vontade para as festas de bonecas das minhas irmãs, o campo de futebol dos meninos, o armazém, onde exercitávamos a arte do comércio, onde comprávamos os alimentos para nossas famílias imaginárias, tinha tanto espaço que sempre podíamos, discretamente, quase escondidos, brincar de médico com as nossas primas... Tudo mudou, já não reconheço aquela casa. O que eu encontrei foi um amontoado de tijolos, um sobre o outro, unidos por camadas de barro, identificada por um número qualquer, localizada numa rua desconhecida, não tinha a minha alma, não tinha o meu cheiro, aquela não era mais a casa da minha infância. O meu passado, ressequido pelo tempo, definhou, morreu. Não me reconheço naquele lugar. Não estou mais lá, nunca estive lá... "Outrora eu era daqui, / e hoje regresso estrangeiro, / forasteiro do que vejo e ouço, / velho de mim. / Já vi tudo, ainda o que nunca vi, / nem o que nunca verei. / Eu reinei no que nunca fui" (Fernando Pessoa – *Desassossego*). Quantas mentiras narrei para os meus amigos sobre a casa da minha infância. Todos conhecem a grande casa da minha memória, onde eu brincava e era feliz. Se tivessem a oportunidade de conhecer a casa real, não mais confiariam no testemunho das minhas memórias.

O mundo é do tamanho de nossas fantasias. Quando nossas fantasias vão perdendo força no embate com a realidade, o mundo vai encolhendo, descolorindo-se, distanciando-se do que éramos, aproximando-se do que somos. "Da minha aldeia vejo quanto da terra se pode ver no Universo... / Por isso a minha aldeia é tão grande como outra terra qualquer / Porque eu sou do tamanho do que vejo / E não do tamanho da minha altura... / Nas cidades a vida é mais pequena / Que aqui na minha casa no cimo deste outeiro. / Na cidade as grandes casas fecham a vista à chave, Escondem o horizonte, empurram o nosso olhar para longe / de todo o céu, / Tornam--nos pequenos porque nos tiram o que os nossos olhos nos podem dar, / E tornam-nos pobres porque a nossa única riqueza é ver" (Alberto Caeiro).

O narrador só carrega de seu passado os arquétipos de si, cujo presente lhe fornece novos conteúdos, que se configuram conforme a necessidade que a obra indica, melhor: impõe. Aqui, não há compromisso com a verdade. O autor não a toma como uma obsessão a ser alcançada a qualquer custo. Diferentemente da métrica que rege a ciência, na arte, a métrica é não ter métrica, é a desobediência de uma razão que se tornou serva das regras que conquista e operacionaliza o real segundo o compasso das verdades claras e distintas. Na literatura, inclusive naquela que tem a memória como seu solo de sustentação, a verdade é uma possibilidade, não uma condição. "O que acabo de escrever é falso. Verdadeiro. Nem verdadeiro nem falso, como tudo o que se escreve sobre os loucos e sobre os homens. Relatei os fatos com exatidão que a minha memória permitiu. Mas até que ponto creio eu no meu delírio? Esta é uma questão fundamental e, no entanto, não sou eu quem decide sobre ela. Vi posteriormente que podemos conhecer tudo em nossas afeições exceto a sua força, isto é, a sua sinceridade" (Sartre – *As palavras*).

Diferente de um escritor de contos policiais, que tem pleno domínio da estrutura de sua narrativa, nada fugindo ao seu controle. O fim da trama já se encontra, desde o início, programada em cada personagem. Cada desvio, cada silêncio, cada pista encaminha-se a uma única direção: revelar a autoria de um crime. Se não cumprir esse roteiro, previamente programado, o objetivo não será alcançado. O enigma não será decifrado. Desse modo, o texto não terá cumprido o seu papel. Quem escreve memórias, não tem – nem deve ter – esse mesmo domínio, nem sobre o conteúdo, nem sobre a direção de sua narrativa. Quase sempre o texto, ao longo de sua construção, vai adquirindo autonomia própria, desobedecendo as configurações previamente estabelecidas para a sua formação. Com frequência, invertem-se os papéis, ao invés de o autor conduzir o texto, por ele é conduzido. O corpo do texto passa a depender da forma pela qual os fatos evocados da memória vão se configurando, se entrelaçando, preparando o cenário para a sua aparição. Existem infinitas possibilidades de se encenar um mesmo fato. O texto que usa o recurso da memória é aberto, nada o condiciona ou o determina. "Um acontecimento vivido é finito, ou pelo menos encerrado na esfera do vivido, ao passo que o acontecimento lembrado é sem limites, porque é apenas uma chave para tudo que veio antes e depois" (Walter Benjamin). Não poucas vezes, quanto mais o narrador precisa do testemunho da memória, mais ela se oculta, esconde-se, insinua-se, apresenta-se em partes fragmentadas, não oferecendo ao narrador uma unidade acabada, com uma estrutura definida, não se mostrando por inteiro. "Chego aos campos e vastos palácios da memória onde estão os tesouros de inumeráveis imagens trazidas por percepções de toda espécie. Aí está também escondido tudo o que pensamos, quer aumentando quer diminuindo ou até variando de qualquer modo os objetos que os sentidos atingiram. Enfim, jaz aí tudo o que se lhes entregou e depôs, se é que o esquecimento ainda o não absorveu e sepultou... [...] quando aí me encontro, posso convocar as imagens que eu quero. Algumas se apresentam imediatamente; outras fazem-se esperar por mais tempo e parecem ser arrancadas de repertórios mais recônditos. Irrompem as outras em turbilhão no lugar daquelas que procuro, pondo-se em evidência, como que a dizerem: 'Não somos nós talvez o que procuras?'" (S. Agostinho – *Confissões*).

Muitas vezes, a memória foge por completo, negando-se a aparecer quando evocada pelo espírito. Como consequência, parece ser a memória não muito confiável. Falta-nos quando mais precisamos dela. São bem comuns as expressões: "Me falta a memória", "Não me lembro", "Estou desmemoriado", "Tenho memória curta"... Montaigne, em seus *Ensaios*, reclamava de não ser dotado de uma boa memória, reconhecia-se portador de uma memória curta e não confiável: "Não há a quem convenha, menos do que a mim, apelar para a memória. Dessa faculdade careço por assim dizer totalmente e não creio que haja no mundo alguém menos bem aquinhoado a este respeito. Quanto ao resto, sou como o vulgo, mas nesse ponto meu caso merece ser assinalado" (*Dos mentirosos*). Nietzsche, por sua vez, via certo divertimento em se ser dotado de uma memória fraca: "A vantagem de ter péssima memória é divertir-se muitas vezes com as mesmas coisas boas como se fosse a primeira vez".

A imprecisão do aparecimento dos fatos na lembrança acaba por exigir do narrador um ato de transgressão: que ele vá além dos fatos, não os considere como única condição de sua narrativa. Esse trabalho de reminiscência é o exercício de se ir buscar as lembranças das camadas mais profundas da memória. Cada camada revelada anuncia, ao mesmo tempo, infinitas outras camadas que permanecem veladas, à espera de seu desvelamento. No jogo das dobras da memória, o narrador pode ter o domínio dos fatos na dobra que aparece, mas, não poucas vezes, a base que sustenta a sua verdade factual encontra-se em silêncio na dobra que a antecede, que é a sua causa originária. O problema se apresenta quando o narrador não encontra o nexo causal entre a dobra, que é efeito, a que aparece; e a dobra, que é a causa, que se encontra velada, não se mostrando por inteiro, revelando-se enquanto fenômeno, não se deixando ver em sua condição noumênica. Nesse momento, o narrador, no livre voo de sua imaginação, subordinando à ordem dos fatos aos seus delírios, desejos, ou sintomas, assume a responsabilidade de criar os nexos entre os fatos, estabelecendo entre eles uma ordem lógica, dando sentido a uma narrativa que, sem a sua intervenção, ficaria ininteligível. "Do novelo emaranhado da memória, da escuridão dos nós cegos, puxo um fio que me aparece solto. / Devagar o liberto, de medo que se desfaça entre os dedos. / É um fio longo, verde e azul, com cheiro de limos, / e tem a macieza quente do lodo vivo. / É um rio. / Corre-me nas mãos, agora molhadas. / Toda a água me passa entre as palmas abertas, / e de repente não sei se as águas nascem de mim, ou para mim fluem..." (José Saramago). Diz Afrânio Coutinho, em *Notas de teoria literária*: "A Literatura, como toda arte, é uma transfiguração do real, é a realidade recriada através do espírito do artista e retransmitida através da língua para as formas, que são os gêneros, e com os quais ela toma corpo e nova realidade. Passa, então, a viver outra vida, autônoma, independente do autor e da experiência de realidade de onde proveio. Os fatos que lhe deram às vezes origem perderam a realidade primitiva e adquiriram outra, graças à imaginação do artista. São agora fatos de outra natureza, diferentes dos fatos naturais objetivados pela ciência ou pela história ou pelo social".

O narrador deixa de ser um contador de história, um mero relator de fatos, tornando-se um criador, inventor dos mais diversos gêneros literários. Pedro Nava indica os caminhos que ele percorre para narrar as suas memórias: "Tomo quatro ou cinco pedaços de verdade, acrescento uma parte de imaginação e, tirando conclusões, faço uma construção verossímil". Nessa mesma toada, segue Proust, quando, em sua obra: *Em busca do tempo perdido*, diz que fatos, coisas, fenômenos, seja lá como o denominamos, "logo ao serem avistadas por nós, tornam-se dentro de nós algo de imaterial, da mesma natureza de todas as nossas preocupações ou sensações daquele tempo, e se mesclam indissoluvelmente a elas. Determinado nome, lido num livro outrora, contém entre suas sílabas o vento veloz e o sol brilhante que fazia quando o líamos. De modo que a literatura que se contenta em "descrever as coisas", em delas fornecer apenas um miserável sumário de linhas e superfícies, é a que, intitulando-se realista, mostra-se a mais afastada da realidade, a que mais nos empobrece e consterna, pois corta bruscamente toda e qualquer comum ligação do nosso eu presente com o passado, do qual as coisas conservavam a essência com o futuro, onde elas nos incitam a saboreá-lo de novo. É isso que deve expressar a arte digna desse nome e, se fracassa, pode-se ainda extrair de sua impotência uma lição (ao passo que não se tira nenhum dos êxitos do realismo), a saber, que a essência é, em parte, subjetiva e incomunicável".

O narrador de memórias não faz ciência, não faz história. Ele simplesmente narra – sob a sua perspectiva – fatos do passado ou do presente. Na maioria das vezes, fatos banais, que povoam mundos particulares sem que, sobre eles, pela insignificância que representam, sejam lançados holofotes. Poder-se-ia dizer que o memorialista é um egoísta. Narra fatos e experiência que ele viveu sem nenhum compromisso ou responsabilidade de alcançar os afetos alheios. Em seu mundo habitam muitos mundos. Em sua alma, todas as almas. Em sua vida, todas as vidas. Sem ser nenhum deles, ele é todos os seus personagens, porque nele todos habitam. Todos os personagens, com uma identidade própria, cada um com a sua vivência histórica determinada, torna-se objeto de inspiração do artista. Mas, de verdade, quem poderia garantir a real existência deles? E se, de fato, tendo colocado seus pés neste mundo, foram fidedignamente representados pelo artista em suas respectivas obras? A resposta a essa pergunta tem pouca importância. Já não estamos falando de um mundo real, estamos falando de outro mundo: aquele que tem no artista o seu criador. Quem há de dizer que este é mais ou menos verdadeiro que aquele? Tendo eles existido – sujeitos, cenários... – ou não, os autores deles se apropria; dá-lhes uma nova identidade, veste-os com novas roupas, retocam suas maquiagens, alteram a ordem de suas feições e os lançam no mundo, como se nele estivessem pisando pela primeira vez. Saem da história real, passam a habitar o universo das artes, em suas mais diversas expressões. "A literatura que se limita a 'descrever as coisas', a fornecer-lhes um esquema das linhas e superfície é, a despeito de suas pretensões realistas, a mais fora da realidade, pois corta bruscamente toda comunicação de nosso eu presente com o passado, do qual as coisas guardavam a essência, e com o futuro, onde nos convidam a gozá-lo de novo" (Proust).

A subjetividade do artista é fábrica de mundos e gentes. Em seu mundo cabe o mundo inteiro, junto com suas experiências, suas vivências, seus afetos. Por mais que o artista alce voo, alcance as estrelas delirantes, tente, fazendo uso de todas as técnicas de escondimento, usando todas as máscaras à sua disposição, não consegue se esconder por inteiro, sempre deixa o rasto de sua casa, de sua rua, de sua cidade, de seu mundo, de sua cultura, de suas alegrias, de suas dores. Quando o artista se comunica com o mundo, ele está, de verdade, comunicando-se com o que há de mais profundo em si mesmo. Nos caminhos de sua alma, habitam seus seres conhecidos e desconhecidos, suas sombras, sua história, suas alegrias e suas tristezas, seus amores e suas dores, enfim, suas vivências, que um dia irão compor as múltiplas configurações de sua obra. "Seja como for, quero falar; e, quaisquer que sejam estas inépcias, não deliberei escondê-las, não mais do que um retrato meu, calvo e grisalho, em que o pintor tivesse colocado não um rosto perfeito e sim o meu. Pois aqui estão também meus sentimentos e minhas opiniões; apresento-os como algo em que acredito e não como algo em que se deva acreditar.

Viso aqui apenas a revelar a mim mesmo, que porventura amanhã serei outro, se uma nova aprendizagem me mudar. Não tenho autoridade para ser acreditado, nem o desejo, sentindo-me demasiadamente mal instruído para instruir os outros" (Montaigne – *Ensaios*). Ao jovem que desejava ser um bom poeta, depois de ter lido os seus versos, Rilke indica onde está o seu erro: "O senhor está olhando para fora, e é justamente o que menos deveria fazer neste momento [...], não há senão um caminho. Procure entrar em si mesmo. [...] meu prezado [...], não lhe posso dar outro conselho fora deste: entrar em si e examinar as profundidades de onde jorra sua vida; na fonte desta é que encontrará resposta à questão de saber se deve criar". Caetano Veloso, poeta da música popular brasileira, diz: "As minhas letras são todas autobiográficas. Até as que não são, são".

Não existe Fernando Pessoa sem Portugal, sem Lisboa, terra na qual sua alma pode ser desvendada; não existe Graciliano Ramos sem a seca do sertão; não existe Drummond sem Minas Gerais, sem sua amada Itabira, que traz o ferro na alma; Euclides da Cunha sem o sertão do Beato Conselheiro; não existe Jorge Amado sem os coronéis do cacau de sua infância; Cora Coralina sem as lavadeiras do Rio Vermelho, com cheiro gostoso de sabão: "Vive dentro de mim / uma cabocla velha / de mau-olhado, [...] / Vive dentro de mim / a lavadeira do Rio Vermelho. / Seu cheiro gostoso d'água e sabão. [...] / Vive dentro de mim / a mulher cozinheira. / [...] Vive dentro de mim / a mulher do povo. / Bem proletária. / [...] Vive dentro de mim / a mulher roceira. / [...] / Todas as vidas dentro de mim: / Na minha vida – / a vida mera das obscuras" (Cora Coralina – *Todas as vidas*). A quem deseja escrever poesia, Rilke sugere o espaço onde o poeta deve colher os seus versos: "Utilize, para se exprimir, as coisas do seu ambiente, as imagens dos seus sonhos e os objetos de sua lembrança. Se a própria existência cotidiana lhe parecer pobre, não a acuse. Acuse a si mesmo, diga consigo que não é bastante poeta para extrair as suas riquezas. Para o criador, com efeito, não há pobreza nem lugar mesquinho e indiferente. Mesmo que se encontrasse numa prisão, cujas paredes impedissem todos os ruídos do mundo de chegar aos seus ouvidos, não lhe ficaria sempre a sua infância, esta esplêndida e régia riqueza, esse tesouro de recordações?" (*Carta a um jovem poeta*).

Em certa medida, aquele que se dedica a escrever memórias, fazendo dela o seu gênero literário, parece-se com o poeta. O poeta faz poesia para si próprio. Seu olhar visa ao seu eu. Sua poesia não atende à necessidade de outro eu, que não ele mesmo. É como se ele fizesse poesia para o seu próprio consumo, para atender às dores ou às alegrias de sua alma. O poeta faz poesia como se não houvesse um mundo fora de seu mundo. "Se depois dessa volta para dentro, deste ensimesmar-se, brotarem versos, não mais pensará em perguntar seja a quem for se são bons. [...], pois há de ver neles sua querida propriedade natural, um pedaço e uma voz de sua vida" (R. M. Rilke – *Idem*). Afetado por um egoísmo todo particular, constrói a sua obra depurando os seus próprios Eus. Enfrentando os seus sintomas, faz de sua arte sua terapia. "[...] acontece ainda hoje perguntar-me, quando estou de mau humor, se não consumi tantos dias e tantas noites, se não cobri tantas folhas com minha tinta e lancei no mercado tantos livros que não eram almejados por ninguém, na única e louca esperança de agradar a meu avô" (Sartre – *As palavras*). Escondendo-se por trás da multiplicidade de seus Eus, vai, aqui e ali, escolhendo, a depender de sua demanda, um *Eu* particular, para revelar ao mundo, sem nenhum pudor, sintomas de sua alma que seriam indizíveis sem o uso do recurso das máscaras que a arte lhe concede. "Na vida somos atores. A representação é a nossa condição existencial. Usamos máscaras, por trás delas nos escondemos, nos defendemos. Melhor seria dizer que no armário de nossas defesas, temos muitas marcaras, recorremos a cada uma dela seguindo nossas necessidades". (F. Pessoa). "O dominó que vesti era errado. Conheceram-me logo por quem não era e não desmenti, e perdi-me. Quando quis tirar a máscara, estava pegada à cara" (Álvaro de Campos). "Ah quantas máscaras e submáscaras, / Usamos nós no rosto de alma, e quando, / Por jogo apenas, ela tira a máscara, / Sabe que a última tirou enfim? / De máscaras não sabe a vera máscara, / E lá de dentro fita mascarada. / Que consciência seja que se afirme, / O aceite uso de afirmar-se a ensona. / Como criança que ante o espelho teme, As nossas almas, crianças, distraídas, / Julgam ver outras caretas vistas / E um mundo inteiro na esquecida causa; / E, quando um pensamento desmascara, / Desmascarar não vai desmascarado" (F. Pessoa).

Todo processo de criação, num primeiro momento, pertence por inteiro ao poeta, num segundo momento, o poeta desaparece, ausenta-se, seu desfazimento se torna a condição do aparecimento de sua obra. Abandonando o autor em seu túmulo, a obra ganha o mundo, vai em busca do outro, do desconhecido, do sem rosto, estranho e distinto de seu criador. "Sozinho vou agora, meus discípulos! Também vós, ide embora, e sozinhos! Assim quero eu. Afastai-vos de mim e defendei-vos de Zaratustra! E, melhor ainda: envergonhai-vos dele! Talvez vos tenha enganado. O homem do conhecimento não precisa somente amar seus inimigos, precisa também poder odiar seus amigos. Paga-se mal a um mestre, quando se continua sempre a ser apenas o aluno. E por isso que não quereis arrancar a minha coroa de louros? Vós me venerais, mas, e se um dia vossa veneração desmoronar? Guardai-vos de que não vos esmague uma estátua! Dizeis que acreditais em Zaratustra? Mas que importa Zaratustra! Sois meus crentes, mas que importa todos os crentes! Ainda não vos havíeis procurado: então me encontrastes. Assim fazem todos os crentes; por isso importa tão pouco toda crença. Agora vos mando me perderdes e vos encontrardes; e somente quando me tiverdes todos renegado eu retornarei a vós..." (Nietzsche – *Ecce homo*). Esse processo de desapego, que o poeta tem em relação à arte dele, estende-se e alcança todos os campos das artes. Não poderia ser diferente. Imagine um pintor que, depois de ter concluído a sua obra, apaixona-se narcisicamente por ela de tal forma que a impedisse de ser contemplada pelo olhar do mundo? Tudo poderia não passar de uma alucinação pessoal, se um solipsismoególatra que, desconhecendo o outro, torna-se, ao mesmo tempo, criador e contemplador da criatura. "Narciso acha feio tudo que não é espelho". Sem o olhar do outro, a obra não se faz presente no mundo... Se a obra, no primeiro momento, não passa de uma exposição dos silenciosos sintomas particulares do autor, no momento seguinte ela precisa ganhar o mundo, abandonar a clausura subjetiva do criador para mundanizar-se em outras subjetividades, fazendo morada em outros sintomas. Desdobrando-se em uma multiplicidade de outros *Eus* indefinidos, desconhecidos, pósteros. "Este livro destina-se aos entes raros. E talvez nem sequer encontre um único..." (Nietzsche – *Anti-Cristo*). Sem o olhar do outro, diante de todos os riscos que ele implica, o sujeito nunca terá certeza da verdade – e da validade – de sua criação, tudo pode não passar de delírios alucinatórios de uma mente que, rompendo com o mundo exterior, instalou-se em seu universo particular, em sua subjetividade pura e autossuficiente, na qual busca – e encontra – a confirmação de seus delírios. "[...] / Gênio? Neste momento / Cem mil cérebros se concebem em sonho gênios como eu, / E a história não marcará, quem sabe?, nem um, / [...] / Em todos os manicômios há doidos malucos com tantas certezas! / Eu, que não tenho nenhuma certeza, sou mais certo ou menos certo? / [...] / Em quantas mansardas e não-mansardas do mundo / Não estão nesta hora gênios-para-si-mesmos sonhando? / Quantas aspirações altas e nobres e lúcidas – / Sim, verdadeiramente altas e nobres e lúcidas –, / E quem sabe se realizáveis, / Nunca verão a luz do sol real nem acharão ouvidos de gente? [...] / Tenho sonhado mais que o que Napoleão fez. / Tenho apertado ao peito hipotético mais humanidades do que Cristo, / Tenho feito filosofias em segredo que nenhum Kant escreveu. / Mas sou, e talvez serei sempre, o da mansarda, / Ainda que não more nela..." (Fernando Pessoa – *Tabacaria*).

Não é uma escolha do autor desaparecer, desfazer-se, perder a sua identidade nos traços de sua criação; é uma condição ontológica que a epifania de sua obra requer. Morre o autor, nasce a obra. Nascem os seus personagens, com identidade própria, anunciando-se e fazendo-se presente no mundo. Saramago, concluindo o seu discurso, quando lhe foi entregue o Nobel da Literatura, disse: "[...] A voz que leu estas páginas quis ser eco das vozes conjuntas das minhas personagens. Não tenho, a bem dizer, mais voz que a voz que elas tiveram. Perdoe-me se vos pareceu pouco isto que para mim é tudo". "Não será jamais possível saber, pela simples razão que a escritura é a destruição de toda voz, de toda origem. A escritura é um neutro, esse composto, esse oblíquo pelo qual foge o nosso sujeito, o branco-e-preto em que vem se perder a identidade, a começar pela do corpo que escreve" (Roland Barthes – *A morte do autor*). Michel Foucault, em seu texto *O que é um Autor?*, diz: "Na escrita, não se trata da manifestação ou da exaltação do gesto de escrever; não se trata da amarração de um sujeito em uma linguagem; trata-se da abertura de um espaço onde o sujeito que escreve não para de desaparecer". Continua Foucault, ao longo da história, "[...] a obra que tinha o dever de trazer a imortalidade recebeu agora o direito de matar, de ser assassina do seu autor".

Se o autor morre, ao concluir a sua obra, quem nasce em seu lugar? Quem se tornará o autor da obra que não escreveu? A quem ela pertencerá? A quem pertencerá a nova digital nela impressa? Ao leitor. Ao admirador. O ato de admiração já é, em si mesmo, um ato de criação. Admirar é o ato pelo qual outro qualquer traz para si algo que tocou e despertou os seus afetos, instalando em sua alma um estado de estupefação, um estado vertigem, de espanto: "No espanto detemo-nos (*être en arrêt*). É como se retrocedêssemos diante do ente pelo fato de ser e de ser assim e não de outra maneira. O espanto também não se esgota neste retroceder diante do ente, mas no próprio ato de retroceder e manter-se em suspenso é ao mesmo tempo atraído e como que fascinado por aquilo diante do que recua. Assim, o espanto é a dis-posição na qual e para a qual o ser do ente se abre [...]" (Heidegger – *Que é isso, a Filosofia?*). "Pelos deuses, Sócrates, causou-me grande admiração o que tudo isso possa ser, e só de considerá-lo chego a ter vertigem" (Platão – *Teeteto*). Descartes, por sua vez, define a admiração como "... a primeira de todas as paixões. E ela não tem contrário, porque, se o objeto que se apresenta nada tiver em si que nos surpreenda, não somos emocionados por ele e o consideramos sem paixão" (Descartes – *As paixões da alma*). Nietzsche, em seu livro *Crepúsculo dos ídolos*, identifica, na embriaguez da alma, o momento original da arte ou de sua contemplação estética: "Para que haja arte, para que haja alguma ação e contemplação estéticas, torna-se indispensável uma condição fisiológica prévia: a embriaguez".

Ao objetivar-se no mundo, por parte de seus admiradores, a arte ganha infinitos autores. Na intencionalidade de seu olhar, cada sujeito vai recriando, ressignificando a obra a partir de suas próprias referências, tendo-a como uma criação sua. Passa a tratar a obra como sua: "o meu livro", "o meu poema", "a minha música...". Quem poderá dizer que aquele poema, colhido ao acaso no jardim dos poetas, que o amante, buscando seduzir e conquistar o coração de sua amada, ofertou-lhe, não é, de verdade, de sua autoria? O leitor se apropriou do poema porque aqueles versos já não narram as dores ou as alegrias do poeta que o escreveu, ao contrário, dele se desgarrou, abandonou sua morada originária, foi habitar outros cantos, outras dores, outros amores. A poesia existe não porque existem os poetas, mas sim, porque existem os seus amantes. Os ladrões de versos são seus verdadeiros autores. Ao artista, não caberá saber quem irá roubar os seus versos. Os versos, ao caírem no mundo, tornam-se um bem público.

O artista não tem alvo algum, não deseja alcançar uma meta determinada, um sujeito específico. Sua arte é como o ar, encontra-se por todos os cantos à espera de um alguém que sinta a sua falta, que o busque para manter-se vivo, "para não morrer de verdade". Nessa mesma toada, segue o escritor que escreve memórias; ele não tem alvo, não está mandando um recado para uma pessoa ou um tempo. Quando ele abre os armários de suas lembranças, não está querendo narrar para o leitor quem ele é, só está querendo revelar para ele mesmo, revisitando o passado dele, a sua própria trajetória existencial. Como em uma sessão de psicanálise, através de suas memórias ele está fazendo um enfrentamento com suas dores, seus sintomas, seus fantasmas.

Não exija do autor transparência, fidelidade, que ele mostre tudo, nada esconda, revele-se por inteiro, que seja alcançado pelo outro. O não dito é o que o autor quer dizer, seu silêncio fala. Mas o que esse silêncio fala? Isso jamais o autor saberá dizer. Ao contemplador basta a fluidez da contemplação. Não pergunte a quem o fez: por que ele o fez? Por que tal experiência foi assim e não diferente? Por que tal poema se concluiu dessa e não de outra forma? Por que tal obra foi pintada dessa e não de outra forma qualquer? O que aquela obra quer dizer? Aonde ele se mostra? Aonde ele se esconde? Quais são as suas técnicas de escondimento? Não cabe ao artista responder a essas perguntas. Simplesmente é assim, ele faz poesia, música, arte, narra memórias, porque é de sua natureza fazer. Querer saber o porquê dele equivale a perguntar a um pé de jaca por que ele dá jaca, a um pé de manga por que ele dá manga. Não saberia responder. Por natureza, a jaqueira dá jaca, a mangueira dá manga, o poeta faz poesia, o memorialista narra suas memórias... Simples assim: a natureza da arte seguindo o seu curso natural. "Há Metafísica bastante em não pensar em nada" (F. Pessoa). "A rosa é sem porquê. / Floresce por florescer. / Não olha para si mesma. / Nem pergunta se alguém a vê [...]" (Angelus Silesius). "[...] não se meta a exigir do poeta / Que determine o conteúdo em sua lata /

Na lata do poeta tudo-nada cabe / Pois ao poeta cabe fazer / Com que na lata venha caber / O incabível / [...] Deixe a meta do poeta, / não discuta / Deixe a sua meta fora da disputa / Meta dentro e fora, lata absoluta / Deixe-a simplesmente metáfora" (Gilberto Gil – *Metáfora*).

Para a metafísica clássica, principalmente, aquela que encontra no realismo moderado os seus fundamentos, conhecer é conhecer a ordem do *Cosmo*, como cada coisa particular se organiza e se justifica na ordem do todo. Aqui, o conhecimento não é uma produção de saber, mas, sim, uma classificação das representações do mundo oferecidas aos sentidos. Tudo obedece a uma ordem natural, cabe ao sujeito conhecer e classificar essa ordem. No *Cosmo* helênico não existe acaso, tudo obedece a uma determinação natural, tudo tem o seu sentido. Conhecer é, de fato, encontrar o sentido de cada coisa na ordem desse *Cosmo*, evitando que o mesmo permaneça no *Caos*, na desordem, na indiferença.

O que vale para a ordem do *Cosmo*, enquanto τεχνική (técnica) do saber, seja ele prático ou teórico, vale, também, para a arte em particular. No campo das artes, o artista é o ser por meio do qual as potências são atualizadas. Ele não as cria, seu papel é quase que secundário, ele só descobre, revela, faz falar o que estava em silêncio em seu ser. O belo contemplado na causa final é a atualização de um belo em si, de uma ou mais potências que se encontrava adormecida à espera do toque do artista para despertar e se fazer presente no mundo. Em certa medida, essa é a armadura conceitual com a qual a razão do senso comum operacionaliza o mundo que se apresenta aos seus sentidos. Todas as representações de mundo, fora da regência conceitual, ordenadas fora do alcance da razão, vão em direção a essa cosmovisão realista do mundo. Apreende-se o mundo pelas impressões que a realidade oferece ao espírito. Cabe à razão, como tarefa secundária, estabelecer uma ordem lógica, fazendo as devidas classificações dessas impressões primárias. A verdade encontra-se não no sujeito, mas nas próprias coisas que lhe são representadas pelos sentidos. Estamos a um passo de sacralizar essa metafísica, espiritualizando-a através de uma cosmovisão teológica do mundo. O terreno encontra-se preparado para se anunciar que tudo no universo, inclusive o homem, tem uma razão de ser, tem uma verdade que lhe foi imposta por Deus no ato de sua criação. Tudo não passa de um grande projeto da mente de Deus. Assim como a natureza produz o que já se encontra determinado em sua identidade substancial, todos os artistas, entre eles os escritores, em suas mais diversas habilidades, ao produzirem suas obras, estão atualizando as potências, os seus *dons*, que o grande gestor do universo lhes concedeu quando de seu aparecimento neste mundo. "Acerca dos dons espirituais, não quero, irmãos, que sejais ignorantes. [...] Ora, há diversidade de dons, mas o Espírito é o mesmo. [...] há diversidade de operações, mas é o mesmo Deus que opera tudo em todos. Mas a manifestação do Espírito é dada a cada um, para o que for útil. Porque a um pelo Espírito é dada a palavra da sabedoria; e a outro, pelo mesmo Espírito, a palavra da ciência; E a outro, pelo mesmo Espírito, a fé; e a outro, pelo mesmo Espírito, os dons de curar; E a outro a operação de maravilhas; e a outro a profecia; e a outro o dom de discernir os espíritos; e a outro a variedade de línguas; e a outro a interpretação das línguas. Mas um só e o mesmo Espírito opera todas estas coisas, repartindo particularmente a cada um como quer" (*Coríntios*). Não poucas vezes, diante do talento de um artista, diante da beleza de uma obra de arte por ele produzida, tira-se do artista a autoria do ato de sua criação, dizendo-lhe: "É um *dom* de Deus". Mas basta abandonar esse território, habitado pelo senso comum, para, imediatamente, perceber que o ato da criação é resultado de um longo exercício, conquistado muito mais com trabalho, com transpiração do que com inspiração. Ou, no mínimo, uma combinação desses dois conceitos, aliados a um bom trabalho da imaginação. "Os artistas têm interesse em que se acredite nas intuições repentinas, nas chamadas inspirações; como se a ideia da obra de arte, da poesia, o pensamento fundamental de uma filosofia caísse do céu feitos raios da graça. Na verdade, a imaginação do bom artista ou pensador produz continuamente coisas boas, medíocres e más, mas seu juízo, extremamente aguçado e exercitado, rejeita, seleciona, combina; como agora se deduz dos livros de notas de Beethoven que ele compilou pouco a pouco suas melodias mais soberbas e de algum modo as selecionou a partir de múltiplos esboços" (Nietzsche – *Humano, demasiado humano*).

Assim segue a vida, contando a vida, narrando a presença da existência pelas lembranças vividas. Tudo já passou, somos uma presença que não está mais presente, somos uma presença ausente. Somos as nossas lembranças. A somatória delas que repousa em nós diz quem somos. Escrever, tendo como a argila da qual se erguem os castelos de palavras é, no limite, voltar o nosso olhar para dentro de nós, tornarmo-nos caçadores de nossas lembranças, revelando-nos em nossas vivências pretéritas. Se nos imaginarmos um dia sem a posse de nossa memória, vemo-nos destituídos de nossa identidade, de nossa própria existencialidade. Sem que possamos olhar "de vez em quando para trás", perdemos as referências do presente, já não tocamos o futuro. O nosso presente nunca está presente, ele é só a presença do eterno em nós. Restam-nos as lembranças que carregamos nas paredes das nossas memórias de um passado que um dia foi um presente. "Usas um vestido / Que é uma lembrança / Para o meu coração. / Usou-o outrora / Alguém que me ficou / Lembrada sem vista. / Tudo na vida / se faz por recordações. / Ama-se por memória. / Certa mulher faz-nos ternura / Por um gesto que lembra a nossa mãe. / Certa rapariga faz-nos alegria / Por falar como a nossa irmã. / Certa criança arranca-nos da desatenção / Porque amámos uma mulher parecida com ela / Quando éramos jovens e não lhe falávamos. / Tudo é assim, mais ou menos, O coração anda aos trambulhões. / Viver é desencontrar-se consigo mesmo. / No fim de tudo, se tiver sono, dormirei. / Mas gostava de te encontrar e que falássemos. / Estou certo que simpatizaríamos um com o outro. / Mas se não nos encontrarmos, guardarei o momento / Em que pensei que nós poderíamos encontrar. / Guardo tudo, / Guardo as cartas que me escrevem, / Guardo até as cartas que não me escrevem – / Santo Deus, a gente guarda tudo mesmo que não queira, / E o teu vestido azulinho, meu Deus, se eu te pudesse atrair / Através dele até mim! / Enfim, tudo pode ser... / És tão nova – tão jovem, como diria o Ricardo Reis – / E a minha visão de ti explode literariamente, / E deito-me para trás na praia e rio como um elemental inferior, / Arre, sentir cansa, e a vida é quente quando o sol está alto. / Boa noite na Austrália!" (F. Pessoa).

A NOITE EM QUE LI SERVIDÃO HUMANA

A noite em que li *Servidão Humana* é um marco, um portal de transição existencial, entre um mundo do qual eu estava me despedindo, e um novo mundo no qual eu estava chegando. No silêncio daquela noite sem fim, lendo um livro, visitei o meu passado olhando para o meu futuro. Quando o sono nos falta, as noites parecem muito mais longas. Temos todo o tempo do mundo para guerrearmos com os nossos fantasmas, lutarmos contra os nossos medos. Sem ninguém a nos olhar, olhamo-nos, voltamos nosso olhar em direção aos cantos escondidos e silenciosos de nossa alma. Vemos os nossos limites. Inventamos nossas possibilidades. Viver dói. Dói mais ainda pensar a vida. "Estou num daqueles dias em que nunca tive futuro. Há só um presente imóvel com um muro de angústia em torno. A margem de lá do rio nunca, enquanto é a de lá, é a de cá; e é esta a razão íntima de todo o meu sofrimento. Há barcos para muitos portos, mas nenhum para a vida não doer, nem há desembarque onde se esqueça..." (F. Pessoa).

Era só uma noite avaliando uma vida. Tudo era muito pobre, sombrio, descolorido: uma pequena sala, despida de quase tudo, seu tamanho, não passava de dez metros quadrados, sem móveis, uma esteira no canto, uma mala encostada na parede, uma meia luz, uma cadeira, uma xícara de café, um silêncio sepulcral, um jovem, com um livro entre as mãos, visitando a passagem de seu tempo, entre as páginas do livro que lia.

Uma longa travessia, perigosa e arriscada, num curto espaço de tempo. Não é tarefa fácil atravessar as nossas noites. Quase sempre adiamos esse enfrentamento: amanhã visito-me, vejo-me, hoje não; amanhã, quando anoitecer, tirarei um tempo para visitar-me, hoje estou sem tempo. E assim, de tempos em tempos, o tempo perde-se no tempo e, num piscar de olhos, o tempo que tínhamos, já não o temos, já não nos resta tempo para a nossa travessia. Essa é uma estratégia de autodefesa: envidamos esforços para adiar – ou, definitivamente, evitar – esse enfrentamento que, ao menos uma vez na vida, cada homem deve fazer. Sempre achamos que não estamos preparados para começar essa viagem. Naquela noite, encontrava-me fazendo a minha viagem particular: caçava-me. Não tinha mais como adiar esse encontro comigo mesmo. Encontrava-me na fronteira dos meus tempos distintos. Não podia atravessar essas fronteiras sem antes entender os caminhos que me fizeram chegar a esse limite. Só poderia entender o meu presente se fosse capaz de entender o meu passado. Era preciso me decifrar, revelar-me. Em uma noite sem sono, o meu ontem e o meu hoje se encontraram com o mesmo objetivo: construir o meu amanhã. Comprei uma passagem, fui me visitar. "Há um tempo em que é preciso abandonar as roupas usadas... Que já têm a forma do nosso corpo... E esquecer os nossos caminhos que nos levam sempre aos mesmos lugares... É o tempo da travessia... E se não ousarmos fazê-la... Teremos ficado... para sempre... À margem de nós mesmos..." (F. Pessoa). Do anoitecer ao amanhecer na companhia do livro *Servidão humana*, olhei-me, vi-me, nas longas noites que atravessei, até que, quase ao raiar do dia, fui contemplado por uma estrela brilhante que começava a bailar no meu devir.

Era uma quarta feira chuvosa, o dia amanheceu *"cinzento e tristonho. As nuvens adensavam-se, carregadas, e pairava no ar um frio agreste"*. Aquele dia parecia com preguiça de se anunciar.

Tive uma noite agitada, o sono não me fez companhia, a ansiedade da partida não deixou Morfeu me velar. Antes de o dia amanhecer, já me encontrava de pé, com a mala arrumada, apesar de a passagem indicar que o ônibus partiria às onze horas. Não era para menos: tudo era novo e assustador. A alegria da partida não escondia o medo que eu tinha de enfrentar o meu amanhã. Eu, que me achava condenado a viver num mundo sem portas, deparei-me com uma porta se abrindo... Bastava atravessá-la, ir além dela. Mas de que adianta a liberdade para quem ainda não sabe voar? Sequer eu sabia que tinha asas. Se as tinha, nunca as percebi, elas deveriam estar coladas ao meu corpo. Encontrava-me prisioneiro de um mundo prático, voltado ao atendimento das necessidades básicas que a sobrevivência impõe. Apesar de ser quase uma criança, já era um escravo da vida, sem tempo livre para pensar coisas como liberdade ou dedicar-me às coisas do espírito... Um Senhor, invisível e perverso, teria roubado o meu ócio...

Vivia, simplesmente vivia... Como vivem os seres da natureza que, por natureza, brotam e geram os outros seres. Eu era uma mangueira que, brotando da vida, fincada por suas raízes profundas, em um mesmo lugar, alimenta-se do sol, da chuva, dos nutrientes da terra, e que, na hora certa, produz os seus frutos. Não tinha consciência de mim, não sabia quem eu era. Encontrava-me no alto de uma montanha. Um infinito espaço vazio me olhava. Apesar de não saber voar, tinha que me lançar, tinha que descobrir as minhas asas, descolá-las do meu corpo, abri-las num espaço vazio e... Qual o vento que me esperava? Em que direção ele me levaria? Quais os riscos que eu enfrentaria? Muitas perguntas. Nenhuma resposta. Restava-me o medo de um espaço vazio a me olhar e um futuro a me esperar. Não sabia, nem poderia saber que, sem riscos, sem a resistência do ar, não voamos.

Nesse dia, às onze da manhã, um ônibus me esperava para levar-me para além de mim. Ir além de mim era uma dor profunda: um parto, tanto do corpo quanto da alma. Eu não sabia desgarrar de mim. Encontrava-me prisioneiro de mim mesmo. Todas as minhas portas estavam fechadas. Para falar a verdade, sequer imaginava a existência de portas nas paredes do meu tempo. Era prisioneiro de meu mundo particular, sem portas, sem janelas, sem claraboia. De tanto conviver com as sombras não imaginava a existência de luz. Aquela porta que se abria, lançando luz sobre a minha escuridão, no primeiro momento, cegava-me, não estava acostumado a ver através da luz. Era preciso reaprender a ver o mundo. Apesar dos riscos, era isso que eu buscava. Tinha de me arriscar. Lembrei-me de um verso de um poema de Fernando Pessoa que dizia: "E que a força do medo que tenho, não me impeça de ver o que anseio". A porta se abriu. Eu parti.

Sabia de onde eu vinha. Não me reconhecia naquele lugar. Aquele não poderia ser o lugar que o universo teria reservado para mim neste mundo. Sobre a dor e a pobreza, nada me era desconhecido. Não porque tinha estudado sobre o assunto. Não era um saber teórico. Conhecia porque foram experiências vividas. Habitei a sua morada. Não tive escolha, fui lançado ao inferno sem ter a chance de ler o que estava escrito em seu portal de entrada: "Vai-se por mim à cidade dolente / vai-se por mim à sempiterna dor / vai-se por mim entre a perdida gente. Moveu justiça o meu alto feitor / fez-me a divina potestade / mais o supremo saber e o primo amor. Antes de mim não foi criado mais nada senão eterno, e eterna eu duro. *Deixai toda esperança, ó vós que entrais*" (*Inferno*, Canto III).

Estava em uma grande cidade, infinitamente maior do que aquela de onde eu vinha, mas ainda uma cidade do interior, na qual chegara com a idade de doze anos. Acompanhavam-me oito irmãos e meus pais. Dotados de poucas letras, meus pais, excluídos do mercado de trabalho, sobreviviam do trabalho informal. A precariedade da renda familiar exigia a colaboração de todos os filhos na ampliação do orçamento. Muito cedo foram lançados no mercado de trabalho. Quase todos se tornaram vendedores informais: vendiam ou entregavam nos bares e lanchonetes da cidade, guloseimas que alimentavam os frequentadores desses lugares. Vez ou outra, a pedido de minha mãe, um dos seus filhos passava a trabalhar num mercadinho, padaria, oficina, onde buscava aprender um determinado ofício. Nada era muito legal. Éramos só aprendizes, aos quais, ao final do mês, o senhor lhes oferecia uma pequena contribuição financeira, que, regiamente, era recolhida por nossa mãe e convertida em contribuição para o sustento da família. Poder-se-ia dizer: a nossa mãe era uma espécie de agenciadora da mão de obra que ela tinha disponível em casa. Sabia, como poucos, converter essa mão de obra em ampliação do orçamento familiar. Não podia ver um filho parado, logo, encontrava um lugar para que ele pudesse trabalhar. Primeiro, "para não ficar na vadiagem", como ela gostava de dizer, segundo, porque, mesmo ganhando pouco, já ajudava no sustento dos irmãos. Em relação aos filhos, ela era dotada de uma visão alargada: pensava o presente olhando para o futuro. Queria – e precisava – que seus filhos trabalhassem, mas nada que viesse a atrapalhar os estudos. Ela sempre dizia: "Os estudos vêm em primeiro lugar". Era uma mulher de poucas letras, mas tinha plena consciência de que só os livros poderiam salvar a sua prole. Sem eles, todos os seus filhos estariam condenados a viverem à margem da sociedade, executando trabalhos informais, sem nenhum reconhecimento social. Não queria perpetuar, em seus filhos, a vida de pobreza que tivera.

Nem todos os seus filhos escolheram os caminhos dos livros. Alguns se desviaram. Sem querer fazer qualquer juízo de valor, apenas constatando os fatos, aquela matriarca tinha razão: de todos os seus filhos, os que escolheram os livros venceram na vida, conquistaram um lugar onde o reconhecimento social exige uma determinada posse de conhecimentos.

Olhando-me, vejo que por muitos empregos passei. Comecei a trabalhar muito cedo. Aos doze anos já era funcionário de uma mercearia. Aos quinze já tinha carteira assinada: era um cobrador de ônibus. Claro que, antes disso, passei por vários outros trabalhos informais, sem importância, sem qualquer reconhecimento social. Mas à época, a legislação permitia que uma criança trabalhasse e tivesse sua carteira de trabalho assinada, desde que trabalhasse meio turno e recebesse um salário correspondente à metade de um salário mínimo. O que, para mim, já era uma fortuna.

A vida é surpreendente. Lançamos nossos dados sem prever o resultado. Tudo não passa de um grande enigma que, com o tempo, vamos decifrando. Esperamos a chegada do futuro para que ele confirme se os nossos sonhos foram ou não realizados. Lembro-me quando apareceu o zum-zum-zum em minha casa, ainda morando em uma pequena cidade do interior, da possibilidade de a família se mudar para uma cidade maior. Eu, em meus delírios de criança, dizia para mim mesmo: "Assim que eu chegar na cidade grande vou me tornar um cobrador de transporte coletivo". Ainda não conhecia o ônibus, só Kombi e a Rural Willys. Esses eram os meios de transportes em minha cidade natal. Tornar-me um cobrador de Kombi era o meu sonho. Achava que alcançar esse posto já era uma indicação clara de meu sucesso nesta vida. Iria ganhar muito dinheiro e, apesar de ajudar no orçamento familiar, ainda me sobraria um pouco para comprar os presentes que a vida me negara.

Não gostava das datas festivas. Principalmente, daquelas que eram comemoradas com o ritual de troca de presentes. Sentia-me abandonado, excluído, nessas datas. Mas de todas as datas, a que mais apagava o brilho da minha alma infantil era o Natal. Não poucas vezes pedi para que ele não chegasse, que essa data fosse apagada do calendário. Até parece que o Deus Menino escolheu o dia da minha tristeza para anunciar a sua chegada ao mundo.

Em minha casa, em véspera de Natal, cumpria-se o ritual que a tradição mandava: "Faça seu pedido, coloque suas sandálias na janela, enquanto você dorme Papai Noel irá aparecer trazendo o seu presente". Acordava, lá estavam minhas surradas sandálias, sem a companhia do presente tão sonhado. Ia para rua, em frente à minha casa, deparava-me com a festa da garotada, comemorando a visita do "Bom Velhinho". Nas noites de Natal meu mundo entristecia. Perguntava-me: "Por que ele se esqueceu de mim?". Não entendia como ele podia deixar umas crianças tão alegres e outras tão tristes. Ele não deveria ser bom com todas as crianças? Queria saber: qual o critério que esse velhinho usa para selecionar, entre as crianças, aquelas que ficariam alegres e as que ficariam tristes nas noites de Natal? Muitas perguntas. Nenhuma resposta. Não achava justo, mas não sabia explicar a atuação tão perversa do velhinho que se vestia de vermelho. Como eu desejava não ser quem eu era só para ter aquela bicicleta novinha com a qual meu amigo, às gargalhadas de alegria, subia e descia ladeiras. Não poucas vezes, chorei em silêncio, sentindo a dor das lágrimas dos excluídos molhando a minha face. Um choro de criança: triste, mas sem revolta. Compreendia muito bem o que a minha mãe me dizia quando me via triste por não ter recebido a visita do "Bom Velhinho": "Calma, meu filho, nem todas as crianças recebem presentes. Papai Noel já é velhinho, não tem como atender a todas as crianças. Por isso ele escolhe algumas, deixando as outras para o próximo ano, assim ele vai revezando. Tenha paciência, com certeza, no próximo Natal, se você continuar se comportando direitinho, for bem nos estudos, ele não se esquecerá de você". Assim, os natais iam se sucedendo e Papai Noel nunca visitava a minha casa. Achava muito estranho que, mesmo durante todo o ano, seguindo e obedecendo, rigorosamente, as recomendações da minha mãe, o velhinho não me visitava. Não podia acreditar que a minha mãe estivesse me enganando, mentindo... Não, ela não estava mentindo. Ela conhecia a verdade, só não queria que seu filho, ainda uma criança, tomasse conhecimento de um mundo feio, perverso e cruel. Não achava justo tirar de seu filho o direito de sonhar. Não demorou muito, perdi a esperança, passei a ter certeza de que o meu endereço não constava na lista de entregas do "mau velhinho". Deixei de esperar o Papai Noel, passei a imaginar como poderia, pelo meu trabalho, conquistar o direito de ser, eu mesmo, o meu próprio Papai Noel. Assim, vendendo qualquer coisa, que já não me lembro o que, na véspera de Natal comprei um avião de plástico. Era pequeno, de cor verde, com duas rodinhas de pouso, no bico tinha uma hélice que girava, bastava dar um piparote em uma de suas pás. Antes de deitar-me, fingindo ser Papai Noel, coloquei aquele pequeno aviãozinho de plástico sobre as minhas sandálias. Quando o dia anunciou a sua chegada saltei da cama. Ao olhar para as sandálias, lá estava o presente que Papai Noel teria deixado para mim. Era o avião mais lindo do mundo. Feliz, corri para a rua como um louco, subia e descia a ladeira, segurando aquele pequeno avião em minha mão, como se estivesse, de fato, voando: ia às nuvens, lançava-me num rasante de bico... Próximo ao chão, arremessava, voltava ao céu e, assim, fazia mil acrobacias perigosas, jamais feitas por nenhum piloto profissional. Queria que todos vissem a potência daquela máquina de voar, bem como a habilidade que tinha o seu piloto em controlá-la. Eu, que sempre tive inveja dos outros garotos, naquele dia, queria que todos tivessem inveja de mim. Carregava aquele avião, mas era como se ele estivesse me carregando. Não sentia os meus pés tocando no chão. Meu corpo levitava de alegria.

    Descobri, naquele dia, que eu não precisava de nenhum Papai Noel para conquistar os meus próximos voos. Entretanto não falei para ninguém que eu tinha sido o Papai Noel de mim mesmo. Não queria ser diferente dos outros garotos. Por uma questão de orgulho, queria que todo mundo soubesse que, naquele ano, o "Bom Velhinho" tinha encontrado o meu endereço, não tinha se esquecido de mim. Assim, encantando o meu mundo desencantado, não me senti excluído, pois, participava do mundo das crianças felizes, daquelas que nunca deixam de receber a visita de Papai Noel na noite de Natal.

A vida é feita de sonhos. Muitas vezes, não só somos os sonhadores, somos também aqueles que, esquecidos pelos Papais Noéis da vida, temos a responsabilidade de realizá-los. Naquele dia eu fui feliz, descobri que, ao longo das minhas futuras caminhadas, os melhores presentes que eu iria receber seriam aqueles que eu mesmo me daria. Assim, fui atravessando portas, sendo Papai Noel de mim mesmo.

Não demorou muito, mudamos para uma cidade maior. Depois de diversos outros trabalhos informais, fui contratado, com carteira assinada, por uma empresa de ônibus, para ser cobrador. Até a minha partida para morar na capital, vendi minha jovem força de trabalho para vários senhores, mas, para não cansar o leitor, vou me deter, por um breve tempo, nesse trabalho de carteira assinada. Tornei-me um cobrador de ônibus. Mesmo ainda sendo uma criança, aos quinze anos, tive que me tornar um homem. Aquele era um trabalho para gente grande. Só homens de coragem poderiam enfrentá-lo. Trabalhava meio turno, das cinco da manhã às quatorze horas. Sobrava-me um bom tempo livre para estudar. Não sobrando muito tempo à tarde, à noite, em uma escola pública, fazia os meus estudos. Apesar de começar a trabalhar às cinco da manhã, já que os ônibus começavam a rodar as cinco e trinta, tinha de sair de casa com uma hora de antecedência. Às quatro da manhã começava o meu calvário. Vestia-me com a farda da empresa: uma calça preta, uma camisa branca de mangas compridas e uma pequena gravata escura. Quando me encontrava fardado, transformava-me: já não era mais uma criança, era um homem na lida, em busca de sua sobrevivência. Minha mãe levava-me até à porta de casa, beijava-me, e me deixava ir à escuridão daquelas noites sem fim. Era só uma hora o tempo que demorava o percurso entre a minha casa e a garagem, de onde saíam os ônibus. Mas era a hora mais longa da minha vida. Digo sempre que o tempo de meu amadurecimento, o tempo para me tornar um homem foi muito breve: durou sessenta minutos. O tempo da dor é sempre longo. Àquela hora silenciosa, em que eu estava sozinho, enfrentando os meus próprios medos, fez-me um homem antes do amanhecer. Lançou-me em minha noite escura. Ali, as estrelas se apagaram. Não tinha saída. Não podia escolher não ir. Era uma questão de sobrevivência. Precisava daquele trabalho para sustentar-me e, ao mesmo tempo, ajudar no sustento dos meus irmãos. Era chegada a hora de lançar-me no silêncio daquelas noites assustadoras. Um tempo de pavor. As ruas completamente desertas. Quando, ao longe, um vulto anunciava sinal de gente, começava a orar, pedindo a Deus que não fosse alguém mal-intencionado, querendo colocar a minha vida em risco. Saber que Deus cuidava de mim confortava-me, dava-me força para atravessar e vencer os meus medos: "Do fundo do abismo, clamo a vós, Senhor" (*Salmos 129 - "De Profundis"*). Meu medo era tanto que, para fazer aquela travessia, tinha que acreditar que alguém, superior a mim, cuidava de mim. Era uma ilusão. Enganava-me, de forma consentida. Durou pouco, logo percebi que estava sozinho. Estava no fundo do meu abismo. Ninguém ouviria o meu clamor.

Deus já tinha me abandonado. Tinha aprendido, nas catequeses da Igreja, que Deus nunca abandona os Seus filhos. Mesmo quando achamos que estamos sozinhos, ele, silenciosamente, encontra-se ao nosso lado, cuidando-nos. Saber disso confortava a minha alma, tornava-me mais forte. Enquanto caminhava, lembrava-me que minha mãe, mesmo não sendo muito devota, sempre narrava um poema, quase uma parábola bíblica, muito conhecido entre os cristãos, que dizia: "Uma noite eu tive um sonho... Sonhei que estava andando com o Senhor, e através do céu passavam cenas da minha vida. Para cada cena que se passava percebi que eram deixados dois pares de pegadas na areia: um era o meu e o outro do Senhor. Quando a última cena da minha vida passou diante de nós, olhei para trás, para as pegadas na areia, e notei que, muitas vezes, no caminho da minha vida, havia apenas um par de pegadas na areia. Notei, também, que isso aconteceu nos momentos mais difíceis e angustiosos do meu viver. Isso me entristeceu deveras, e perguntei então ao Senhor: 'Senhor, Tu me disseste que, uma vez que eu resolvi Te seguir, Tu andarias sempre comigo, mas notei que, durante as maiores atribulações do meu viver, havia na areia dos caminhos da vida apenas um par de pegadas. Não compreendo por que, nas horas que eu mais necessitava de Ti, Tu me deixaste'. O Senhor me respondeu: 'Meu precioso filho, Eu te amo e jamais te deixaria nas horas de tua prova e do teu sofrimento. Quando viste na areia apenas um par de pegadas, foi exatamente aí que Eu, nos braços te carreguei...'". Nos primeiros dias, esse poema, recitado repetidas vezes, quase como um mantra, enquanto contava os meus passos, servia-me como apoio naquela triste travessia.

Não demorou muito, logo, os versos perderam sua força e, com isso, a minha fé em Deus foi se desbotando. Na minha inocência tinha percebido que, assim como Papai Noel, também Deus já tinha me abandonado. Com certeza, ele cuidava das crianças mais favorecidas, daquelas para as quais não faltava o pão em suas mesas, não precisavam acordar às quatro da manhã, tinham tempo para os estudos e brincavam como crianças... Deus cuidava dos escolhidos Dele. Eu não estava entre eles. Sem tristeza, constatava: excluído por Deus, encontrava-me sozinho. Essa era a minha realidade. "O próprio povo estúpido inventa as mentiras, para depois acreditar nelas" (Étienne de La Boétie – *Discurso da servidão voluntária*). Tomar consciência da minha realidade tornava-me forte, libertava-me das amarras das minhas antigas ilusões. "Conhecereis a verdade e ela vos libertará" (Jó 8:32). Sem Deus, livre dos "cuidados" Dele, tornei-me, eu mesmo, um cuidador de mim. Naquele momento, avaliando a minha vida, tomei consciência de que, se eu quisesse vencer nesta vida, não poderia fracassar na travessia daquele meu percurso existencial. Era um rito de passagem. Vencer aquela caminhada, chegar ao seu final, era a indicação de que eu estava preparado para enfrentar outros desertos que a vida haveria de apresentar-me. Era, de verdade, uma criança andante, em busca de sua emancipação existencial. "É preciso ter o caos dentro de si para dar à luz uma estrela cintilante" (Nietzsche). Sozinho, sem a tutela de Deus, seguia em frente, pedindo ao tempo que passasse depressa, para que o dia amanhecesse, lançando luz sobre os caminhos por onde eu caminhava.

Minha mãe ficava chorosa ao lançar o seu filho numa aventura tão perigosa. Mas ela não tinha outra alternativa, nada podia fazer. Apesar de ainda ser uma criança, com menos de dezesseis anos, a família dependia de mim para ajudar nas despesas da casa. Pobre não pode se dar ao luxo de ter medo. Diante do medo da fome, todos os outros medos tornam-se suportáveis. Saber disso confortava a minha alma, tornava-me mais forte. Aquela caminhada já não me assustava, estava me acostumando a conviver com ela. No limite de mim mesmo, sem medo, enfrentava todos os meus medos, lutava contra tudo e contra todos, para evitar que o maior dos meus medos me alcançasse: o olhar da fome. Poderia dizer que, por sorte minha, nunca fui alcançado por esse olhar, mas estaria mentindo.

Jogado naquela noite, sem outro caminho para escolher, por necessidade de sobrevivência, fui criando meus mecanismos de defesa, dizendo para mim mesmo que nada iria me acontecer, que eu era forte, e que o mau não me alcançaria. Minha imaginação transformava-me em super-heróis imbatíveis. Ninguém teria coragem de se aproximar de mim. Ser criança era só um disfarce, no fundo eu era um gigante preparado para combater e vencer o mal. Essas estratégias tornavam-me forte, davam-me coragem para seguir em frente. Deu certo. Sobrevivi. O dia amanheceu. Começava o meu dia de trabalho.

Um mundo de gente passava na catraca daquele ônibus, no qual eu era o cobrador. Tirando as dores da madrugada, até que aquele trabalho me dava certo prazer. Tirava-me de um mundo infantil, lançava-me no mundo dos adultos. Tudo era novidade para mim. Passei a conhecer os labirintos de uma grande cidade, onde chegara para morar. Conhecia gente. Aprendia a lidar com a responsabilidade. Somava-se a isso o prazer de estar realizando um sonho de criança: ser um cobrador de ônibus. Estava feliz. Era um vencedor. Eu tinha alcançado muito mais do que sonhara. Queria ser um cobrador de Kombi, tornei-me um cobrador de ônibus. Estava orgulhoso de mim. Conhecia, porque com eles convivia, muitos garotos, assim como eu, esquecidos pelos cuidadores do mundo, que dariam tudo para terem o emprego que eu tinha. Invejavam a minha pobreza porque a deles era ainda mais perversa... Não posso negar, saber disso me dava certo prazer, trazia conforto para a minha alma. Sempre agradecia a Deus, Senhor de todos os mundos possíveis, que, "em Sua infinita bondade", na hora em que foi escolher o mundo no qual eu habitaria, não me fez morador do pior deles. Eu fazia parte da classe dos privilegiados... Tinha um emprego... Ajudava a minha família... O prazer dos meus dias aliviava as dores das minhas madrugadas.

Um ano depois, por uma crise financeira da empresa, fui demitido. Sofri muito com a demissão. Já estava acostumando com as minhas noites escuras. Já sabia lidar com elas. Conhecia os seus segredos, elas já não mais me amedrontavam. Tornei-me um mestre na arte de dominá-las. Enfrentar os meus medos tornou-me forte. O terrível agora seria como sobreviver fora daquele domado mundo. Não queria perder aquele emprego. Por uma questão de sobrevivência, precisava dele.

Olhando retrospectivamente, o melhor que poderia ter me acontecido foi ter sido demitido. Se tal fato não tivesse ocorrido, poderia ter me aposentado naquela empresa e a única ascensão que eu poderia ter alcançado seria passar de cobrador a motorista de ônibus. Às vezes, precisamos que chegue alguém, tire tudo que nos pertence e diga: "Tirei o que lhe dava segurança, agora, sem nada, siga em frente, reinvente, a partir do nada, o seu novo mundo". Mudar é uma dor. Começar de novo é assustador. Não tinha alternativa, mudar não era uma escolha minha, era uma imposição das circunstâncias. Sempre foi assim: eu e as minhas circunstâncias. Estava sendo empurrado para um além de mim. Como seria esse além? Como ele me receberia? Silêncio...

De tudo isso, uma coisa tenho que agradecer à minha mãe. Quando ela me conseguiu esse emprego, preservou o tempo para que eu continuasse estudando. Ao pedir o emprego, ela colocou como condição que só o aceitaria se me dessem condições para que eu continuasse estudando. Sem que eu soubesse, tivesse consciência, continuar os meus estudos era a estrela que iria brilhar em minhas noites escuras. Nem tudo estava perdido. Para além das sombras, o sol anunciava uma possibilidade de libertar-me da caverna onde me encontrava.

Minha mãe dizia, com certo orgulho, que eu sempre gostei de ler. Isso é verdade. Lembro-me que, enquanto estava trabalhando como cobrador, sempre tinha a companhia de um livro. Bastava os passageiros se acomodarem, o ônibus dava a partida, eu pegava o meu livro e começava a minha viagem particular. Não vou revelar o tipo de leitura, não era das melhores. Mas se aqueles livros lidos nada acrescentaram à minha formação intelectual, tenho absoluta certeza de que foi através deles que eu adestrei o meu espírito para o hábito da leitura. Tinha aprendido a me concentrar na leitura. Era tomado de um grande prazer quando concluía a leitura de um livro. Com alegria de quem se prepara para ir a uma festa, começava a leitura de um novo livro. A leitura passou a ser uma necessidade diária. Tornei-me um leitor compulsivo. Essa conquista, tornou-se a causa de muitas outras conquistas que eu teria em minha vida. Aqueles livros, sem grande importância literária, criaram as condições para que, mais tarde, o melhor da literatura mundial viesse visitar a minha alma. Não só me tornei um leitor qualificado como, em breve, iria me tornar um cuidador de livros, responsável por uma biblioteca. Não me vejo fora do universo dos livros. Todo o meu percurso existencial está ontologicamente ligado aos livros. Vejo que tudo começou com uma leitura irresponsável, em uma viagem de ônibus, que, ao certo, eu não imaginava aonde me levaria.

Eu era uma criança bonitinha – era o que todos falavam –, mas magrinha, de corpo frágil. Isso foi fundamental para algo que iria me acontecer. Queria continuar estudando, mas estava quase na hora de cumprir as obrigações legais para com o país: "servir ao Exército". Cumprir essa obrigação cívica implicaria interromper, por um ano, os meus estudos. Isso não podia acontecer. Como sempre tive que trabalhar para sobreviver, acabei, mesmo sem querer, atrasando um pouco os meus estudos. Poderia recorrer a alguém poderoso para me livrar dessa obrigação, como os ricos faziam, mas eu era pobre, pobre não conhece ninguém poderoso, só políticos, mas esses só se lembram dos pobres em período eleitoral. Não me restava outra alternativa, tinha que me alistar e submeter-me ao processo de seleção. Fui torcendo para ser reprovado. Não queria ser um soldado. Sem saber que um dia iria estudar Filosofia, já tinha uma alma livre, recusava qualquer formação espartana, meu espírito já habitava as praças públicas de Atenas.

Em uma sala cheia de adolescentes nus, uns trinta, um senhor, vestido de verde-oliva, com os seus ombros cheios de estrelas, tendo uma varinha à mão, ia avaliando cada candidato. Um por um, era chamado a dar cinco passos à frente. Ali, na frente de todos, nu, constrangido, passava por um teste: abria as pernas – quando um dos jovens, por timidez de se expor, não abria as pernas, esse senhor pegava a sua varinha e, colocando entre as pernas do garoto, dava leves chicotadas entre elas, assim, o garoto podia expor suas partes pudicas para um melhor exame visual –, agachava, pulava, andava para a direita e para e esquerda, pesava-se, era medido, abria a boca, mostrava os dentes, respondia a perguntas, do tipo: - "Já teve alguma doença infectocontagiosa: sífilis, gonorreia, cancro mole, rubéola etc.?". Atendidas essas exigências, era convidado a se vestir, sair da sala e esperar o resultado. Depois de duas horas de espera, ouço uma voz: "Senhor Joceval Andrade Bitencourt". Respondo: "Presente". Dirijo-me à recepção e me é entregue um pequeno envelope grampeado. Tive medo de o abrir. Fechei os olhos. Lentamente, fui abrindo os olhos, como se não quisesse ver aquela realidade, ela poderia me ser desfavorável. Era um simples envelope, mas dentro dele estavam as novas coordenadas das minhas futuras escolhas. Envelope aberto, leio a seguinte frase, destacada em negrito: **Resultado da avaliação: reprovado por insuficiência física**. "Eu sou o corpo Raquítico que o teu olhar desprezou..." (Raul Seixas - *MPB*). Naquele momento, acreditei que Deus existia e que Ele, em Sua infinita bondade, teria me feito raquítico para que eu fosse reprovado no exame para o Serviço Militar. Fui tocado por um forte orgulho de ser raquítico. Diante de tamanha alegria, sequer me lembrei de que as garotas não gostavam muito dos garotos raquíticos. Esse era só um detalhe, sem grande importância naquele momento. Acabara de conquistar a minha carta de alforria. Estava livre para retomar minha caminhada na companhia dos livros... Atenas me aguardava.

Conclui o 1º ano do segundo grau. Era chegada a hora de alçar voo. Não sabia ainda para onde ir, mas já sabia que não podia ficar onde eu estava. Ficar era escolher a vida que eu não queria: era tornar-me invisível ao olhar do mundo. Olhando para todos os empregos que eu tive – ou trabalhos –, naquele canto do mundo, via, no meu futuro, o presente se perpetuando. Morria de medo de ser no futuro o que eu tinha sido desde os doze anos de idade: nada.

Três irmãos meus já se encontravam em Salvador. Um era padre, os outros dois já estavam trabalhando e tinham um bom lugar para morar. Quando eu olhava para eles sabia que eles estavam onde eu gostaria de estar.

Chegou a hora de partir para um novo mundo: Salvador me esperava. Para tanto, precisava da ajuda de meus irmãos. Éramos pobres, mas unidos. A solidariedade anda de mãos dadas com a pobreza. É a riqueza dos pobres. No limite da falta, todos se ajudavam. Em uma reunião familiar, chegou-se a um consenso de que havia chegado a minha hora de partir, ir em busca de um novo tempo. Até aí tudo bem, todos concordavam com a minha saída daquela cidade. Mas para onde ir? Tinha dezoito anos, desempregado, sem presente e sem futuro. Os irmãos, apesar da boa vontade, não tinham como me sustentar. Logo, precisavam, ao mesmo tempo: primeiro, encontrarem um lugar para eu morar; segundo, encontrar um emprego com o qual eu pudesse me sustentar.

Era uma quarta-feira. O dia amanheceu. Chegou a hora da partida. Estava sozinho, morrendo de medo dos meus próximos passos. Não sabia como seria recebido no novo mundo que buscava. Torcia para que ele não fosse tão perverso comigo quanto o fora no meu passado. Não tinha muita coisa para colocar na mala. No máximo, três peças de roupas, uma sandália surrada, um livro. Minha mudança não passava disso. A mala era grande, mas muito leve, já que seu conteúdo era quase nada. Recebi um beijo de despedida de minha mãe... Não tinha ônibus entre a minha casa e a estação rodoviária. Fiz o trajeto a pé. Aproveitei para ir me despedindo daquela cidade, da qual não levava boas lembranças e para a qual desejava nunca mais voltar. Era um menino do interior de partida para a capital. No horário marcado, o ônibus para na estação. Acomodo-me na poltrona. Aproveito o percurso, feito em duas horas, para dar continuidade à leitura que eu estava fazendo de um livro. Uma leitura do meu passado. Ao chegar à rodoviária, no meu destino final, desci do ônibus, peguei o livro que trazia e o joguei na lixeira. Era a última vez que lia aquele gênero literário. Outros livros me esperavam. Estava ansioso para conhecê-los.

Ninguém me aguardava na rodoviária. Meus irmãos tinham os seus afazeres, não podiam me buscar. Tinha o endereço e um mapa detalhando como deveria fazer para chegar onde um irmão meu me aguardava. O coletivo cortava a cidade. Não era cidade de hoje. Era uma Salvador bem menor, mas já era uma grande cidade, com tamanho suficiente para assustar um jovem, vindo do interior, em busca de um novo mundo para sonhar. Cheguei à Praça da Piedade, centro de Salvador, onde um irmão meu me esperava para me conduzir ao meu novo endereço. Para ser mais justo, meu irmão não me conduzia a um novo endereço, conduzia-me a um paraíso encantado que os deuses tinham reservado para mim.

Meus dois irmãos moravam numa comunidade de estudantes. Convenceram aquela comunidade a aceitarem mais um membro da família. Estava indo para a Ponta do Humaitá, no bairro de Monte Serrat, morar em uma igreja. Estranho. Como assim, morar em uma igreja?! Igreja não é o lugar onde os padres moram? Não, aquele canto também acolhia almas carentes, em todos os sentidos. Ao chegar ao novo endereço, tive a certeza de que minha vida estava mudando para melhor. O universo começava a conspirar a meu favor. Depois de ter sobrevivido ao Inferno, as portas do Paraíso estavam se abrindo para mim. Sem mesmo entrar na casa, olhando à sua volta, meus olhos marejaram diante de uma beleza arrebatadora. Vi, de imediato, que ali era muito mais do que um novo endereço, era o lugar mais lindo que eu já vira nesta vida. O Universo parou para que eu pudesse contemplar aquele lugar. Eu, estático, em estado de êxtase, admirava o mais belo entardecer que já vira. Era um dia da semana, quase ninguém naquele lugar. Tudo era: beleza, deserto e silêncio. Tal configuração ampliava ainda mais a sua beleza. Parece que, naquele dia, o universo arrumou a casa para me receber. Era um belo final de tarde. Um sol dourado banhava o mar. Encontrava-me encantado. Disse para mim mesmo: "Não sei se Deus existe, mas, se existe, e se tudo que falam Dele for verdade, Ele não poderia ter feito um lugar tão lindo desse para que pessoas ali fossem infelizes". Por tudo que eu passei, achava-me merecedor daquele lugar. Eu conquistei o direito de morar naquele lugar. Estava sendo recompensado. Lembro-me de que, em um livro que li, não me recordo do título, um sábio morava nas montanhas e as pessoas buscavam seus aconselhamentos. Um dia, chegou um grupo de pessoas, ele os recebeu e mandou todos se acomodarem, que cada um procurasse o seu lugar e se sentasse. Todos ficaram sem saber bem o que fazer. Olhavam um para o outro como se estivessem a se perguntar: "Onde vamos nos sentar se não existe um lugar para se sentar?". Então, um, entre eles, tomando coragem, perguntou ao guru: "Onde nos sentaremos se não existe lugar para nos sentar?". O guru disse-lhe: "Existe sim. É você que ainda não encontrou o seu lugar". A paz que tomou conta de minha alma anunciava que eu acabara de encontrar o meu lugar. Estava feliz. Lembrei-me de que, quando ainda criança, no dia em que eu subia e descia ladeiras voando com o meu avião de plástico que me dei de presente na noite de Natal, tinha sido tocado por esse mesmo sentimento de felicidade. Até aquele momento da minha vida, só me lembrava desses dois momentos em que a felicidade veio me fazer uma breve visita. Entretanto, sobre a infelicidade, minha experiência já era larga. Apesar de minha pouca idade, já a conhecia, sua casa foi minha morada por muito tempo. Não tinha como saber se eu seria feliz nessa minha nova morada, mas de uma coisa eu tinha absoluta certeza: naquele canto encantado, onde eu iria morar, não haveria lugar para a infelicidade. Ainda não tinha nada, mas já me sentia o homem mais rico do mundo. Enquanto contemplava o entorno daquele belo canto, ia me desfazendo do meu passado. Tirei todas as roupas, deitei-as fora, tomei um banho, lavei o meu corpo e minha alma, não deixei nem um pouco de pó do meu passado, só as marcas que foram gravadas, a fogo e ferro, na minha alma; delas não tinha como me livrar, seguiram-me por toda a vida, fazendo-me não esquecer das minhas origens.

Ainda não tinha entrado na casa, ainda não conhecia os meus futuros companheiros de residência. Toco a campainha. Um portão se abre. Mais do que um portão, naquele momento abriram-se os meus caminhos em direção a uma nova vida. Era o portal de transição entre o meu passado e o meu futuro. Atravessar aquele portão era, de fato, começar, ou (re)começar uma nova vida. Ao toque da campainha, uma porta se abriu: chegou a hora de atravessá-la. Tudo era novo. Ainda não conhecia esse novo mundo, mas já me encontrava completamente seduzido por ele. O infinito azul do mar convidava-me a conquistá-lo.

Monte Serrat, uma ponta de terra que adentra o mar. Em frente à singela e magnífica igrejinha, construída no século XVII, onde fica um farol, tem um muro alto, que separa a igreja do mar, uma espécie de quebra-mar. Sobre essa murada ficam os casais a celebrarem o amor, contemplando o belo pôr do sol na extrema-unção das tardes. Aquela igrejinha, cuidada pelo Mosteiro de São Bento da Bahia, além das atividades religiosas, como missas, casamentos, batizados etc., acolhia uma comunidade de estudantes. Não eram estudantes de Teologia, com vocação para a vida religiosa. Não. Se dependesse daquela comunidade, o Mosteiro teria fechado as suas portas por falta de monges. Daquela casa não saiu um único monge. O Mosteiro mantinha aquela comunidade para ajudar jovens carentes que queriam estudar, mas não tinham condições. Todos eram pobres. O Mosteiro garantia o pagamento de dois funcionários: um responsável pela cozinha, o outro, pela limpeza, além de pagar água, luz e a manutenção física do imóvel, ficando os membros da comunidade com a responsabilidade de assumir as despesas com a alimentação. Naquela comunidade tive contato com estudantes de todas as áreas do conhecimento. Quase todos já eram universitários. Eu, do meu lado, estava começando o 2º ano do 2º grau. O Mosteiro indicava um monge para acompanhar aquela comunidade de jovens. Toda quarta-feira, ao amanhecer do dia, acordávamos e, por duas horas, refletíamos sobre um determinado tema: Teologia, Literatura, Cinema Cultura, Política... A escolha do tema ficava por conta da pessoa que era o responsável por apresentá-lo na reunião. É claro que, com mais frequência, tínhamos os estudos bíblicos, coordenado pelo monge/teólogo, a quem cabia a responsabilidade de fazer o acompanhamento espiritual da comunidade.

Não demorou muito, dei-me conta de que para obter algum sucesso no mundo em que eu estava chegando, iria precisar cuidar melhor de mim. É verdade, estava diante do céu, só não sabia que para alcançá-lo teria antes de morrer. Uma nova metamorfose se apresentava em minha caminhada. Os sinais eram claros: a conquista desse novo mundo exigia ferramentas que eu ainda não dominava. Não podia permanecer onde eu estava. Tinha que me (re)inventar. Os meus pares já se encontravam bem distantes de mim. Se eu quisesse sobreviver naquele mundo tinha que os alcançar. Precisava preparar-me para dialogar com eles. Todos, ou quase todos, já portavam uma boa bagagem intelectual. Era um grupo heterogêneo, com estudantes de: Medicina, Química, Engenharia,

Contabilidade, Economia... Mas, independentemente da escolha profissional de cada um, todos tinham duas coisas em comum: primeiro, eram de origem muito simples, filhos da pobreza; segundo, encontraram nos livros o caminho de sua salvação nesta vida.

 Como já disse antes, eu gostava dos livros, mas o nível das minhas leituras era incipiente perto das leituras dos moradores daquela casa. Para acompanhá-los, eu tinha que ler o que eles liam, só que duas vezes mais. Caso contrário, não tinha como dialogar com eles, não participaria da vida intelectual daquele grupo. Era uma verdadeira maratona em busca de conhecimentos. Encontrava-me em desvantagem. Eles já estavam na metade da maratona deles, enquanto eu só estava começando a minha. Havia, ali, certa competição, como se cada um quisesse provar ao outro que era o mais sábio, o mais intelectual. Mesmo não existindo explicitamente essa regra, era evidente que os mais respeitados eram os que demostravam, na mesa do conhecimento, uma capacidade reflexiva de maior amplitude. Todos se esforçavam para serem reconhecidos pelos seus pares. Aquele que se mostrava o mais sábio conquistava a admiração de todos. Em certa medida, passava a exercer certa liderança no grupo. Sabíamos, mesmo que não falássemos abertamente, que o saber determinava a hierarquia naquela comunidade. Quem quisesse conquistar o poder tinha, antes, de conquistar o saber.

 Eu era o mais novo do grupo. Não tinha lido muito. No início, a minha ignorância me envergonhava. Quase nunca me expunha. Evitava participar dos debates.

Assim permaneci por certo tempo. Eles, vendo – e reconhecendo – que, naquela mesa, onde se disputava conhecimentos, eu não oferecia riscos, "generosamente" me ignoravam, não me convidavam para a ribalta. Ninguém me via, encontrava-me sentado no canto dos invisíveis. Era preciso mudar aquela situação. Eu tinha que encontrar o meu caminho. Tinha que fazer o sol brilhar para mim. Assim, como um náufrago, buscando salvar-me, agarrei-me aos livros. Vi, desde o início, que não me restaria outra saída, só os livros me salvariam. É claro que a vida não era feita só de leituras. Não, tínhamos que sobreviver, tínhamos que ganhar o pão de cada dia. A alimentação estava sob nossa responsabilidade. Fazíamos a feira do mês e dividíamos, em partes iguais, entre todos os membros da comunidade. Precisava trabalhar para me manter. Depois de passar por alguns trabalhos sem grande importância, consegui um emprego no Mosteiro de São Bento da Bahia. Tinha surgido uma vaga na portaria. Foi-me oferecida. Aceitei. Tornei-me porteiro daquela casa religiosa. Parecia que tudo estava se encaixando. Naquele novo trabalho, tinha tudo o que eu mais precisava naquele momento: novos livros e tempo livre para ler. Não é que não tinha trabalho, tinha sim, mas, principalmente, no período da tarde, tinha muito pouco movimento, sobrava todo tempo do mundo para as minhas leituras. Se não bastasse isso, naquele Mosteiro tinha uma grande biblioteca. Não podia ter encontrado emprego melhor. Administrando o meu tempo livre para ler e estudar fui conquistando respeito entre os meus pares. Não demorou muito, na mesa onde se compartilhava conhecimentos, eu já não era mais invisível. Quando eu falava, todos olhavam para o canto em que me encontrava sentado. A ampulheta do tempo foi passando... Conclui o 2º grau, fiz vestibular. Tornei-me um estudante de Filosofia. "Se o seu caminhar parece mais lento, ele é capaz de levá-lo mais longe. Pobre tartaruga laboriosa, não se diverte, persevera, e ao cabo de poucos anos terá ultrapassado a lebre indolente cujo andar desenvolto causava inveja a seu dificultoso caminhar" (A. -D. Sertillanges – A vida intelectual).

Por oito anos trabalhei no mosteiro de São Bento, no primeiro momento como porteiro, num segundo momento como responsável pela biblioteca, uma espécie de bibliotecário. Nessa biblioteca, com a ajuda dela, fiz o curso de Filosofia, preparei-me para o concurso da universidade. Só me desliguei desse emprego quando fui aprovado, em concurso público, para professor da universidade. Entretanto, antes disso, depois de quatro anos morando na comunidade de Monte Serrat, mudei-me para outra comunidade, agora morando com um grupo de jovens, vindos de uma mesma cidade do interior.

Tinha vinte e poucos anos, acabara de passar no vestibular para Filosofia, morava num apartamento, uma verdadeira república de jovens estudantes. Era eu um estranho no ninho. Mas não posso reclamar, todos foram muito generosos comigo. Estava entre amigos. Como estudar, morando num apartamento de dois quartos, com quase dez moradores? Todos jovens, muitas festas, muitos jogos de cartas, que começavam no entardecer da sexta-feira e terminavam no amanhecer da segunda... Era impossível buscar refúgio nos quartos, sempre tinha um casal namorando. Território de acesso proibido. Lembro-me bem, aos domingos, todos pegavam a carona de um dos moradores, que estudava Medicina, dono de um Chevette, cada qual pagando o valor de uma viagem de ônibus, que nos conduzia para o restaurante universitário, onde almoçávamos. A pobreza nunca anda sozinha, carrega em sua algibeira dores e sofrimentos. Ainda bem que, com o passar do tempo, nossas tragédias convertem-se em comédias...

Mas como cursar Filosofia se o curso requer um espaço tranquilo, silencioso, para que os conceitos possam tramar os seus percursos? Apesar da pouca idade – no máximo vinte e dois anos –, minha existência, em todos os sentidos, encontrava-se sob minha inteira responsabilidade. Era o único responsável por arcar com todas as minhas despesas. Não era fácil, para um jovem, sem nenhuma profissão definida, encontrar um emprego que lhe possibilitasse duas coisas: primeiro, ganhar o suficiente para pagar todas as suas despesas; segundo, que só lhe tomasse um turno, deixando o outro reservado para os estudos. Naquele momento eu já tinha absoluta certeza de que, por melhor que fosse o trabalho que eu viesse a encontrar, era provisório, nele não permaneceria por muito tempo. Ele me seria útil, dando-me condições existenciais para que eu pudesse alcançar o meu objetivo maior: estudar. Sabia que só por meio dos estudos eu me salvaria. Fora dele estava condenado à pobreza, a tornar-me mais um trabalhador sem uma qualificação que me possibilitasse viver com dignidade. Estudar, para mim, era a única saída. Não via outra alternativa. Todas as escolhas que eu fazia visavam criar as condições para que esse objetivo fosse alcançado. Estudar tornou-se a minha obsessão.

Cursava Filosofia pela manhã, à tarde trabalhava, à noite tentava dar conta das demandas do curso. Na primeira oportunidade, quando minha condição financeira melhorou um pouco, aluguei um apartamento. Fui morar sozinho. Um quarto e sala, no Largo Dois de Julho, rua Areal de Baixo, Ed. Joaquim Barros Varela, apartamento trezentos e dois. Esse canto encantou-me, assentou-se definitivamente em minha alma. Um canto, todo meu. Não tinha nada... Não tinha cama, geladeira, fogão, mesa, não tinha... Melhor, dizer que nada tinha é um certo exagero. Tinha uma esteira, uma almofada, que servia como travesseiro, uma mesinha de escritório, dessas que se usava para colocar a máquina de escrever – nesse tempo ainda existia –, e uma cadeira, que me fora doada. O guarda-roupa era a própria mala, encostada num canto de parede. A ausência de tudo era, ao mesmo tempo, a presença de tudo que eu precisava naquele momento: um lugar silencioso para que eu pudesse estudar filosofia. Todas as vezes que visito minha memória em busca de um momento no qual tenha me sentido feliz, encontro-o na primeira noite em que passei nesse canto encantado. Pela primeira vez na vida eu era senhor de mim e tinha um canto para chamar de meu. Não tinha nada, mas nada me faltava, tinha o que mais desejava: meus livros e o silêncio. Bastava. Na primeira noite que passei naquele apartamento, sentindo-me sozinho, busquei companhia, encontrei-a: *Servidão humana*, de W. Somerst Maugham. Detive-me na leitura dessa obra. Sem perceber, o dia já anunciava a sua chegada, mais de duzentas páginas já tinham se passado. Naquele momento, verdadeiramente, eu fui feliz. Ao amanhecer, uma certeza se fez presente em minha alma: eu gostava dos livros, se me esforçasse muito, quem sabe, não poderia me tornar – de verdade – um estudante de Filosofia. Tornei-me.

Li *Servidão humana*. Atravessar aquela noite na companhia desse livro foi libertador. Estava sozinho, mas nunca estive em melhor companhia. Era como se, inconscientemente, no silêncio daquela noite, algo estivesse se revelado para mim: "Essa noite lhe será eterna. Todas as suas noites futuras serão uma continuidade dessa noite". Um breve sorriso brotou em meus lábios. Sem saber, o sorriso confirmava que aquilo me bastava, não queria mais nada, já era um homem feliz.

Longas travessias fiz nas minhas noites escuras, muitas desertos atravessei, mas, agora, tinha certeza de que seria recompensado, tinha encontrado a minha paz. Naquela noite bailei com a felicidade. Eu acabara de conquistar o meu lugar. Estava sentado nele. O guru estava certo, cada um deve descobrir o seu lugar. Eu descobrira o meu. "Onde quer que um homem ocupe o lugar que lhe parece melhor, aí deve ele permanecer e arriscar-se sem pensar na morte ou no que quer que seja" (Platão – *Defesa de Sócrates*).

Aquele garoto, que um dia sonhou em ser cobrador de Kombi, já estava realizado e feliz. Dirigindo a sua própria vida, tornou-se senhor de si mesmo. Só desejava uma coisa: que aquela noite se eternizasse, que todas as suas noites vindouras fossem uma eterna repetição da noite em que leu *Servidão - Humana*).

ENTRE AMORES E DORES

(Eu e os Livros)

> *"Eu acho que deveríamos ler apenas aqueles livros que conseguem nos ferir, que nos apunhala. Se o livro que lemos não nos acorda com um golpe na cabeça, por que estamos lendo, então? [...] Nós precisamos dos livros que nos afetam como um desastre, que nos tormenta profundamente, como a morte de alguém que amamos mais do que nós mesmos, como ser jogado em uma floresta longe de todos, como um suicídio. Um livro deveria ser o machado para o mar congelado dentro de nós. Isso é o que eu acredito.*
>
> *(Franz Kafka)*

Entre as páginas de *Servidão humana*, as estrelas se recolheram. Após aquela longa noite de leitura, ao amanhecer, uma certeza se fez presente em minha alma: eu gostava dos livros. Fui tomado por uma sensação de transe, indicando-me que com os livros conviveria por toda vida... Mas, a contingência do mundo real nos impõe os seus limites. Não basta gostar dos livros, é preciso criar condições para que a realidade atenda aos nossos desejos. "A ave de Minerva só alça voo ao entardecer", é o que diz Hegel. Primeiro vem a vida, levando-nos a buscar satisfazer nossas necessidades imediatas no mundo, e só mais tarde, atendidas essas primeiras demandas, o espírito alça voo à procura dos seus delírios conceituais. Primeiro, buscamos nos instalar no mundo, para, depois, buscamos pensá-lo, tornar-nos o seu Senhor. Atender às demandas da existência concreta era mais urgente do que alimentar os devaneios do espírito. Não era fácil encontrar um trabalho que me possibilitasse, ao mesmo tempo, atender às minhas necessidades básicas – comida e moradia – e continuar visitando o mundo dos livros. Eu tinha apenas vinte anos. Sem ninguém a quem pudesse recorrer, era o único responsável por cuidar de mim. Como todo jovem nessa idade, não tinha nenhuma experiência profissional. Uma triste constatação: um candidato habilitado aos serviços gerais. Um tipo de trabalho que, não exigindo habilidades técnicas ou intelectuais, basta sua força física para executá-lo. As perspectivas não eram das melhores. Um momento difícil. Sentia-me como *Alice no país das maravilhas*, de Lewis Carrol, que, diante de uma encruzilhada de caminhos, sem saber qual direção deveria tomar, pergunta ao Gato: "O senhor poderia me dizer, por favor, qual o caminho que devo tomar para sair daqui?". "Isso depende muito de para onde você quer ir, respondeu o Gato". Bem que a vida poderia nos oferecer as consequências de nossas escolhas antes mesmo que elas fossem feitas. Assim não erraríamos, ou erraríamos bem menos. Mas que graça teria se assim fosse?! Seria como se jogássemos os dados da vida já sabendo, antecipadamente, o seu resultado. Naquela encruzilhada em que me encontrava, qualquer caminho que tomasse determinaria – como determinou – o que eu seria para o resto de minha vida. Aqui, ainda sem nenhuma filosofia, descobri a solidão da escolha, a angústia em saber que ninguém poderia me ajudar, ninguém poderia ser responsável pela escolha que iria fazer. Escolher era, de fato, escolher-me. Estava sozinho. Por caminhos que somente Sócrates pode explicar, encontrei um trabalho que me possibilitou atender às demandas da vida e aos delírios de um sonhador... É a roda do acaso nos conduzindo por caminhos nunca antes imaginados. Não acredito em acasos, mas as circunstâncias foram me favorecendo. Sem que eu percebesse, estava eu trabalhando numa casa que sempre foi, ao longo de sua história, uma cuidadora dos livros. Não poderia haver encontro mais feliz: um jovem que começa a gostar dos livros encontra um emprego numa casa que gostava de cuidar dos livros. Estou falando do mosteiro de São Bento da Bahia, fundado em 1582, primeiro mosteiro construído fora da Europa. Aqui na Bahia, cuidadora de uma das mais ricas bibliotecas particulares do Brasil, com um acervo de mais de 200 mil volumes, aos quais, por mais de 430 anos, o público não teve acesso. Todo esse rico acervo encontrava-se à disposição dos meus devaneios literários. Enquanto meu corpo trabalhava, minha alma visitava aquele mundo encantado. Percorria o labirinto de suas estantes de livros como se estivesse visitando mundos, conhecendo pessoas, fazendo amigos. Não poderia ter encontrado melhor lugar para trabalhar.

O mosteiro, além de cuidar dos seus afazeres religiosos, também era senhor de um grande patrimônio material, o que exigia um corpo de funcionários para administrá-lo. Encontrava-me entre eles. Minha função: porteiro, ou, para alguns, recepcionista. Não tinha muito movimento, sobrava-me bastante tempo livre. Era tempo de leituras. Ainda não lia filosofia, sequer sabia sua extensão e os perigos que ela comportava. Só mais tarde, como desdobramento das leituras que fui fazendo, foi se descortinando em minha alma o portal da filosofia, no alto do qual estava escrito: "Ó vós que entrais, abandonai toda a esperança".

Nesse período não tinha nenhum controle sobre as leituras. Lia tudo que despertasse minha curiosidade ou que alguém me indicasse. Lia vorazmente. Comportava-me como um faminto do saber, o livro se transformou no alimento do meu espírito. Era quase como um exercício espiritual, sem que eu tivesse posse do saber, as leituras somavam-se, preparavam o meu espírito para conquistar as terras áridas da filosofia vindoura. Meu ambiente de trabalho era uma mesa, um telefone e sempre um livro a nos fazer companhia. Ali me encontrava: guardião de uma porta majestosa, pela qual se acessava um grande salão, com vários conjuntos de sofás, em jacarandá, com os assentos em palhas trançadas. As belas janelas, cada uma acompanhada de duas namoradeiras, encarregavam-se de banhar de luz aquele ambiente. Tudo ali nos remetia à memória dos clássicos salões do século XVIII. Do lado direito desse grande salão abria-se um largo e extenso corredor, todo decorado com obras de artes, na maioria delas, retratos dos abades que, desde sua fundação, foram se sucedendo como superiores da casa. Ao lado esquerdo desse corredor enfileiravam-se várias salas/escritórios, onde funcionava a área administrativa do mosteiro. Encontrava-me no primeiro piso; no térreo funcionava o Colégio São Bento. Sempre que podia, principalmente nos horários dos recreios, sentado naquelas namoradeiras, contemplava as belas jovens alunas que gargalhavam sem se preocuparem com o amanhã. Ali, naquele canto, os dias sucediam-se, enquanto me esforçava para dar conta das demandas que a vida me impunha sem perder o entusiasmo pelos delírios do espírito. Naquela mesa, entre um atendimento e outro, deliciava-me com a beleza de *Gabriela*; excitava-me com as luxúria dos personagens de Jorge Amado; visitava as *Memórias do cárcere*, de Graciliano Ramos; diante das pedras que se punham no meio do meu caminho, perguntava-me: *E agora José?*, de Drummond; mergulhava no regionalismo de Guimarães Rosa; participava, como se fosse eu um dos personagens, dos dramas psicológicos de Machado de Assis; em *Vidas secas*, de Graciliano Ramos, como um nordestino que sou, também vítima da seca, reconhecia-me em Baleia, chorei a sua morte, como se de um ente muito querido; em *Morte e vida Severina*, com muita dor e sofrimento, descobri a parte do latifúndio que a vida me reservava; encantava-me o realismo fantástico de *Cem anos de solidão*, de Gabriel Garcia Marques; li *Sexo, Nexo e Plexo*, de Henry Miller; tive a felicidade de ser iniciado nas dores da alma das obras de Dostoiévski, do qual li *Crime e castigo*, *Os irmãos Karamazov, Humilhados e ofendidos*, entre outros; conheci o perigo de se viver numa sociedade vigiada pelo olhar de um Grande Irmão, em *1984*, de George Orwel; fui em busca dos bons ares da *Montanha mágica*, que Thomas Mann me indicava; em *Fausto*, de J. W. Goethe, descobri que o homem pode conquistar mais e mais conhecimentos, mesmo que, para isso, tenha que fazer um pacto com o terrível Mefistófeles, cedendo-lhe a alma; fui *Em busca do tempo perdido*, de Proust; conheci a passagem do tempo que Hemann Hesse apresentou em *Demian*, *Sidarta* e *Lobo da estepe*; conheci e vivi a minha própria *Metamorfose*, com Kafka; atravessei o portal do inferno, da *Divina comédia*, de Dante; o fatalismo das dores humanas, que as tragédias de Sófocles e Shakespeare nos oferecem; a tristeza de constatar que o inferno são os outros, em *Entre quatro paredes*, de Sartre; a desilusão em descobrir, depois de longa espera, que Godot não chegaria, ao ler, de Beckett, *Esperando Godot;* assustei-me ao saber que pode haver tesão no crime, em *Diário de um ladrão*, de Jean Genet; nos poemas de Homero, torci para que os troianos não aceitassem o presente dos gregos, na *Ilíada*; na *Odisseia*, acompanhei o retorno de Ulisses para os braços de sua amada Penélope; com Fernando Pessoa, e seus heterônimos, descobri que o poeta é um fingidor, que finge tão completamente que chega a fingir que é dor, a dor que deveras sente; em *Tabacaria*, senti-me dividido entre a lealdade que devo à tabacaria, como coisa real por fora, e a sensação de que tudo é sonho, como coisa real por dentro; como poderia me esquecer de Ferdinando Celine, *Morte a crédito*, *Auto de fé*; James Joyce, Julio Cortázar, Augusto dos Anjos, Bukowski... Se continuasse essa visita literária, a lista seria muito longa... De certa forma, poderia narrar a história de minha vida através dos livros que li... Isso porque, desde que li *O pequeno príncipe*, *Meu pé de laranja lima*, quase tudo de Monteiro Lobato, aos 15, *Olhai os lírios dos campos*, aos 17, até os dias de hoje, sempre que algo marca minha vida, encontra-se associado ao universo dos livros, seja um livro que li, que estou lendo, ou lerei. Desde que dobrei a minha primeira década, não mais abandonei os livros. Dias e livros vão se somando em mim, envelhecendo-me na contagem das páginas dos mundos que li.

Não posso negar, foram os livros o meu fio de Ariadne. Foi com a ajuda deles que encontrei a saída para todos os labirintos que a vida foi me apresentando. Não seria de grande esforço identificar um livro – às vezes mais de um – ao qual recorri em busca de um socorro existencial. Entretanto, não posso deixar de eleger dois autores que tiveram a mais profunda influência nas escolhas ontológicas que a vida me levou a fazer: Descartes e Sartre. Por um mero acaso, movido unicamente pela curiosidade, esses dois autores/livros tocaram a minha alma. Ambos são da área de Filosofia, mas só mais tarde, bem mais tarde, faria essa descoberta. Até aqui, andava entre os livros como se estivesse no meio de uma floresta, perdido, cercado de árvores, sem saber qual direção tomar. As escolhas literárias eram desprovidas de qualquer regra racional que as justificassem. Em relação ao mundo dos livros, comportava-me como aquele que experimenta o sabor de cada fruta antes de eleger uma para saboreá-la e a devorar por inteiro. Todos os livros que eu li tiveram grande importância em minha vida, foram pequenos tijolos que utilizei na construção de uma obra sobre a qual sabemos quando começa, mas jamais saberemos como irá se concluir. De todos os livros que li, indicarei apenas dois – pela brevidade deste texto –, mostrando como eles se tornaram responsáveis pelas melhores escolhas – também, as mais sofridas – que fiz nesta vida. O primeiro foi *A náusea*, de Sartre; o segundo, *Obra escolhida*, de Descartes, uma obra que reúne três obras: *Discurso do método*, *Meditações*, *Paixões da alma*.

De forma irritante, Sartre apareceu em minha vida... Lá se vão muitos anos. Tinha eu menos de 20. Sobre a vida, portava muitas dúvidas e quase nenhuma certeza. Um dia, por um acaso – já não me lembro qual –, este livro, *A náusea*, caiu em minhas mãos. Comecei a lê-lo. Com grande desconforto na alma, descobri que eu era incapaz de decifrá-lo. Era como se o texto estivesse a me dizer: "Feche-me, você não é capaz de decifrar-me, não é capaz de percorrer, e sobreviver, aos meus labirintos conceituais". Em minha infância intelectual, perguntava-me: como é possível alguém escrever um livro que eu não consigo entender? De certa forma, cheguei a Sartre por um desvio, não pela sedução de seu pensamento existencial, tão em moda à época, mas pela triste constatação, eu não era capaz de compreendê-lo, meu território conceitual não o alcançava, era-me impossível dar conta daquele drama existencial, "sem sentido", que Antoine Roquentin, o historiador, apresentava-me. Essa relação tensa, entre mim e o livro, que eu tentava decifrar, abalou-me profundamente, poderia dizer que teve um efeito devastador sobre a minha alma. Naquele momento, olhando para o livro, olhava para mim mesmo e perguntava-me: e agora? O que vai fazer? Vai fechar o livro e seguir adiante ou vai enfrentá-lo? Estava em desvantagem. Era preciso encontrar uma saída. Pensei comigo mesmo: "Quem sabe, o fato de você não estar entendendo o livro seja porque, para decifrá-lo, você precisaria de outras ferramentas que ainda não lhes foram apresentadas". Sim, essa era uma possibilidade real. Nesse momento, percebi que estava buscando uma alternativa para sair desse sofrido embate com certa dignidade. Não poderia permanecer onde estava. Encontrava-me perdido, tiraram-me a minha bússola, não sabia como voltar para casa. A náusea se instalou em mim. Minha alma se nadificou. "*Algo me aconteceu, não posso continuar duvidando. Veio como uma doença, não como uma certeza ordinária nem como uma evidência. Instalou-se pouco a pouco, eu me senti estranho, algo incomodado, nada mais* [...]. *E agora cresce*" (A náusea).

Só mais tarde fui entender que, para decifrar aquele livro, precisaria conhecer as bases conceituais do existencialismo sartreano. Não estava lendo literatura, estava lendo filosofia, apresentada em forma de literatura. Poder-se-ia dizer que esse livro inaugura o Existencialismo ateu de Sartre. Nele já se encontram os principais conceitos que serão, mais tarde, desenvolvidos em sua filosofia. O personagem principal buscando o sentido de sua existência. É um enfrentamento dele consigo próprio, deparando-se com a sua contingência diante do mundo. Tomando consciência de que nada na vida é necessário, tudo se encontra na regência do acaso. O homem se encontra lançado no mundo sem nenhuma causa que o justifique, sem nenhuma essência que o anteceda e que o determine. Cabe a ele escolher ser o que desejar ser. O homem torna-se o seu próprio autor. Escolhendo, escolhe-se. Jamais imaginei que questões tão profundas estivessem naquele livro. Um livro, na maioria das vezes, diz mais pelo que não diz do que pelo que suas linhas parecem querer revelar. O silêncio do texto diz mais do que o texto propriamente dito. Não tinha mesmo como decifrar aquele livro, o território da filosofia ainda me era desconhecido.

Olhando hoje, retrospectivamente, entendo esse drama existencial que, sem o meu consentimento, acabou por ter um papel fundamental em minha caminhada neste mundo. Se for verdade que todo processo de construção deve iniciar-se pela desconstrução, então, sem saber, estava eu no caminho certo: desconstruindo-me.

Mais tarde, através de Kafka, pude, finalmente, entender o bem que aquele encontro me fez. Pela primeira vez, encontrava-me diante de um bom livro: "De modo geral, acho que devemos ler apenas os livros que nos cortam e nos ferroam. Se o livro que estivermos lendo não nos desperta como um golpe na cabeça, para que perder tempo lendo-o, afinal de contas? [...] Precisamos, na verdade, de livros que nos toquem como um doloroso infortúnio, como a morte de alguém que amamos mais do que a nós mesmos, que nos façam sentir como se tivéssemos sido expulsos do convívio para as florestas, distantes de qualquer presença humana, como um suicídio. Um livro tem de ser o machado que rompe o oceano congelado que habita dentro de nós". Então, depois de ter atravessado muitos desertos, pude perceber que o mal que aquele livro me causou foi o de melhor que ele poderia ter feito por mim. Desconstruindo-me, ele me construiu. Abriu as portas para a minha futura morada.

Não aceitando o desconforto que a ideia de fracasso produzia em minha alma, voltei várias vezes ao mesmo livro. Sem perceber, buscando decifrar um livro, estava escolhendo o caminho que percorreria neste mundo. Tornei-me admirador da Filosofia. Decifrei o livro. Para minha surpresa, outros livros começaram a aparecer, produzindo em minha alma o mesmo desconforto do primeiro livro de filosofia. Percebi, então, que, se quisesse continuar tentando decifrar os enigmas que a razão nos narra, devia continuar, por toda a vida, sendo um estudante do curso de Filosofia.

Em relação a Descartes, um mero acaso nos apresentou. Um dia qualquer, já tocado pelo gosto da leitura, mas sem ainda saber qual rumo tomaria na vida, passando pelo Campo Grande, um bairro do centro da cidade de Salvador, deparei-me com uma barraca de livros usados. Com tempo livre, ali me detive, mais que comprando, visitando pessoas e mundos. Em um determinado momento, um livro chamou minha atenção, não pelo título ou pelo autor – nem sequer sabia de quem se tratava –, mas pelo preço, já que se encontrava nos limites das minhas parcas finanças. Comprei-o. O autor era Descartes; o livro: *Obra escolhida*. O tempo passou, esse livro foi esquecido entre outros livros de minha biblioteca inicial. Não sabia eu que, na minha mais plena ignorância, naquele momento, em um mero encontro casual, acabara de comprar um livro que teria o mais profundo impacto em minha vida. Mais tarde, já influenciado pelo fato de gostar de ler, fui seduzido pela Filosofia. Nela me formei. Nesse momento, comecei a descobrir a importância daquele livro que se encontrava esquecido num canto qualquer da estante. Tornei-me professor. Chegou a hora de seguir a carreira acadêmica. Lá vem o mestrado, lá vem o doutorado. Qual será o autor que conduzirá esses projetos filosóficos? Acreditem, será Descartes. Qual livro, em língua portuguesa, claro, servirá como base de sustentação a esses projetos filosóficos? *Obra escolhida*. Sim, o mesmo livro que, em um dia qualquer, sem saber bem o que ele significava, sem saber qual era a sua importância para a cultura ocidental, tornou-se o fundamento da minha dissertação de mestrado e da minha tese de doutorado. São os acasos a conduzir nossas vidas... Que bom que um dia eu passei pelo Campo Grande, encontrei Descartes e, com ele, entre sabores e dores, fiz uma longa caminhada nesta vida...

 Os caminhos da vida são terras desconhecidas, nunca saberemos aonde eles vão dar. Isso pouco importa, o importante não é chegar, mas continuar a caminhada na certeza de que, enquanto caminhamos, não estamos sendo infelizes. Essa é a única garantia que temos, o prazer do hoje. Sim, mas alguém poderia dizer que todas as nossas escolhas implicam um futuro. Verdade, sempre estamos escolhendo o nosso futuro. Se assim o é, então a regra é esta: escolha bem o seu futuro, dessa forma você vai sendo feliz enquanto vai preparando a chegada dele. Eu, por um mero acaso existencial, escolhi os livros. Não sei aonde e nem por onde eles irão me levar. Isso pouco interessa. O que vale mesmo é ter a certeza de que, enquanto estou convivendo com eles, ainda não fui visitado pela infelicidade. Não posso negar que o livro, aos poucos, foi me (des)contruindo, afetando a minha alma de forma violenta, impondo-me uma nadificação existencial. Em seguida, sem que eu desse por mim, uma metamorfose estava se processando em minha carne, o livro foi me (re)construindo, abrindo novas perspectivas para o meu olhar. Com os livros fui resgatado dos sem tudo. Com eles comecei uma longa viagem em busca de conhecer e conquistar um mundo desconhecido que existia dentro de mim, preparando-me para ir em busca dos mundos desconhecidos que existem fora de mim.

O CUIDADOR DE LIVROS

Sem que eu percebesse, os livros foram indicando os caminhos que eu deveria seguir na vida. Depois dos nossos primeiros encontros, como se eles tivessem vontade própria, foram me seduzindo, tornando-me prisioneiro de suas tramas. Já não podia livrar-me deles, tornei-me um dependente. Foi essa dependência que me fez, em um determinado momento de minha vida, passar de recepcionista da área administrativa do mosteiro de São Bento a responsável por sua biblioteca. Entretanto, até tornar-me cuidador de livros, um longo caminho foi percorrido. Em um texto anterior – *Entre amores e dores* – narrei a minha convivência com os livros enquanto trabalhava como recepcionista do mosteiro. Pois bem, foi ali, naquele canto, que me tornei escravo dos livros. Percebia que, quanto mais lia, mais exigentes iam se tornado minhas escolhas literárias. Não demorou muito, trouxe para o convívio da literatura minhas primeiras leituras filosóficas. Não foi um encontro fácil. Encontro de estranhamentos. Como já narrei, Sartre, por meio da leitura de *A náusea*, causou um mal-estar na minha alma. Essa primeira experiência negativa com a filosofia foi o motivo que me levou a cursar Filosofia. Acho que escolhi filosofia como um desafio pessoal. Ela teria me dito que o seu território não me pertencia, que aquele mundo estava muito distante do mundo do qual eu vinha. Minha pobreza não era só das coisas materiais, era também das coisas espirituais. Quando menos percebi estava fazendo cursinho. Em seguida, fazendo vestibular para a faculdade de Filosofia. Sentia que as pessoas me olhavam de forma estranha, como se se perguntassem: como esse moço pode ter escolhido estudar Filosofia? Como ele vai sobreviver? Não teria sido mais inteligente ter escolhido o curso de Direito? Esse será mais um que teremos que ajudar para o resto da vida? Apesar do olhar do outro, segui em frente. Fui aprovado para as duas Universidades que, à época, tinham o curso de filosofia: UFBA e UCSAL. O fato de ter sido aprovado em duas Universidades não era nenhum mérito. A procura pelo curso de Filosofia não é grande, não é um curso que requer muita inteligência para se obter a aprovação para a graduação em Filosofia. A facilidade com que se é aprovado no vestibular para o curso de Filosofia é diametralmente oposta às dificuldades que vão se apresentando em seu percurso, até a sua conclusão. Muitos entram, poucos concluem. Hora de novas escolhas. Em qual das duas instituições deveria ingressar? O curso da Universidade Federal da Bahia – UFBA, era matutino, e o da Universidade Católica de Salvador – UCSAL, noturno. As contingências da vida já determinavam a escolha a ser feita. Trabalhava os dois turnos e, por necessidade de sobrevivência, não tinha como deixar o trabalho. Portanto, só me restava uma escolha, a UCSAL. Um novo problema se apresentou: como pagar a mensalidade da Universidade já que se trata de uma instituição particular? Como acrescentar mais essa despesa àquelas que eu já tinha, relativas a aluguel, alimentação e transporte, contando apenas com um salário proporcional à atividade de recepcionista que eu exercia? Novamente, o mundo real lançando sombras sobre o mundo das ideias. O curso de Filosofia começava a se distanciar dos meus sonhos. Naquele momento, parecia que eu estava condenado a ser escolhido pela realidade que a pobreza nos impõe. Basta de sonhos, a realidade me empurrava para a vala das almas invisíveis. Com o salário que ganhava, não tinha como pagar a mensalidade que a UCSAL cobrava. Mais uma vez, a deusa Atena, acho eu, a convite de Sócrates, veio ao meu socorro. Uma senhora generosa, Oblata do mosteiro, vendo o meu drama, ofereceu-se para pagar a metade do valor da mensalidade. Não sei por onde anda essa senhora, nem sei se ainda se encontra neste mundo, mas a ela devo a possibilidade de ter trilhado pelos caminhos da Filosofia. Um novo mundo se abria para mim. *Sophia* me convidava a bailar. Ainda não sabia direito o que era Filosofia, mas ainda hoje me lembro do meu primeiro dia de aula. Com que orgulho me sentei naquela sala e comecei a ouvir Tomás Cavazzuti, um italiano, ex-jesuíta, doutor em Filosofia, professor da disciplina História da Filosofia Antiga, falando de Heráclito e Parmênides. Não entendia absolutamente nada do que falava aquele professor, mas vai lá saber por que, uma agradável sensação tomava conta do meu corpo, confirmando-me que, mesmo sem que eu tivesse plena consciência do fenômeno que ocorria naquele momento, acabara de chegar ao lugar que buscava. Uma certeza se afirmava sobre o meu espírito: encontrei a terra onde ergueria a minha morada. Finalmente, depois de andar perdido pelas cavernas da vida, encontrei-me, contemplava o sol. Estava em casa.

Durante o dia trabalhava como recepcionista, à noite estudava Filosofia. Vale lembrar que, mesmo tendo me matriculado na UCSAL, também me matriculei na UFBA, trancando a matrícula em seguida, entretanto, mantendo o direito à vaga conquistada no vestibular. Faço essa observação porque será importante para outras escolhas que teria que fazer em breve. A realidade vai traçando novos caminhos, impondo-no novas escolhas. Ao começar formalmente a cursar Filosofia, assustei-me com a distância que existia entre mim e ela. Encontrei colegas com leituras mais avançadas que as minhas. Morria de inveja ao vê-los participando das aulas, enquanto eu, um pouco prisioneiro de minha ignorância, não me expunha, recorrendo à minha timidez, protegia-me do olhar do outro. Se quisesse continuar alimentando a minha fantasia de cursar Filosofia, tinha que correr atrás do prejuízo. Tinha que ler, agora, livros mais técnicos sobre filosofia. Claro que eu já gostava dos livros, não posso negar, e isso me ajudou a enfrentar a aridez da filosofia. Por diversos caminhos possíveis, toda literatura, vez ou outra, visita a casa da filosofia. Portanto, sem que eu desse por mim, ao me entregar à literatura, em certa medida, já estava escolhendo a filosofia. Agora, o voo era mais alto, estava no mundo onde os conceitos são fabricados. A filosofia me convidava a contemplar as estrelas. Tinha que entender o percurso pelos quais os filósofos vão fabricando suas teias conceituais. O tempo livre que eu tinha no trabalho era providencial, usava-o para estudar, mas não era suficiente para dar contas das demandas do curso. Bem, nem tudo era tão ruim assim. Já morava sozinho, tinha um quarto e sala inteiro para mim e meus livros.

Um grande luxo para quem, pouco tempo antes, vivia num apartamento de dois quartos, numa república de estudantes festeiros e barulhentos. Como trabalhava o dia inteiro e tinha aula até as vinte e duas horas, já chegava em casa muito cansado, não tinha mais condições físicas para estudar. Percebi, então, que as coisas não estavam indo bem. Não bastava fazer um curso, precisava fazê-lo bem, afinal de contas, estava fazendo uma escolha de vida. De que me adiantaria um curso de Filosofia se eu não pudesse fazer uso dele para a minha própria sobrevivência? Não cursava Filosofia por um diletantismo burguês qualquer. Cursar Filosofia era uma escolha existencial. Estava apostando nesse curso para dar uma direção à minha vida. Caso contrário, continuaria na vala dos sem nada.

O acaso volta a bater à minha porta. Surgiu a oportunidade de, mantendo-me no mesmo emprego do Mosteiro, mudar de função. Eram duas vagas: uma na administração, a outra na biblioteca. A primeira era para continuar trabalhando o dia inteiro, com o dobro do salário que eu ganhava. A segunda, na biblioteca, trabalharia meio turno, mas permaneceria com o salário que recebia na função anterior. Novamente, vi-me diante de uma escolha difícil. A lógica do mundo real determinava que eu escolhesse a função que pagaria mais. O delírio do espírito me direcionava a escolher a biblioteca, mesmo ganhando um salário bem menor. O que fazer? Atender às necessidades da vida ou atender aos delírios do espírito? É claro que todos que me cercavam, conclamavam para que eu escolhesse a primeira opção, pois já que se tratava de um bom salário, dar-me-ia segurança enquanto nele permanecesse. Fiz os cálculos, não teria aumento de salário, mas poderia deixar a UCSAL e ir para a UFBA. Economizaria a metade do valor da mensalidade, por um lado, por outro, libertaria a boa senhora de custear parte dos meus estudos. Vivendo modestamente, conseguiria atravessar esse deserto caso fosse em direção aos livros. Foi o que fiz. Tornei-me responsável pela biblioteca do mosteiro de São Bento da Bahia.

De todas as escolhas que eu fiz na vida, essa foi a mais acertada. Olhando retrospectivamente, vejo que todas as minhas futuras escolhas estão, de uma forma ou de outra, marcadas e determinadas por essa escolha delirante que fiz em minha juventude. Não sei se teria sido feliz se tivesse feito outra escolha, mas sei, com absoluta certeza, que desde o dia em que aportei na ilha da filosofia, deixando-me seduzir pelo seu canto, a infelicidade não mais me alcançou.

Minha ida para aquela biblioteca provocou um verdadeiro cataclismo em minha alma. Claro que eu já a conhecia, frequentei-a por quatro anos. Mas agora era diferente, ela encontrava-se aos meus cuidados. Quando entrava naquele portal sentia-me como Maquiavel que, depois de um longo dia de trabalho, retornava para sua casa e, numa cerimônia quase que religiosa, preparava-se para ir ao encontro dos habitantes de sua biblioteca. *"A noite cai, volto para casa. Antes de entrar no escritório troco a vestimenta de todos os dias, suja e enlameada, para vestir as roupas da corte real e pontifical. E vestido apropriadamente penetro no círculo dos homens da Antiguidade. Recebido afa-*

velmente, sirvo-me do alimento que por excelência me nutre e para o qual nasci. Não tenho vergonha de conversar com eles, de interrogá-los sobre as razões do seu comportamento. E como a humanidade me respondem. Passo então quatro horas sem qualquer sobre de tédio, sem temer a pobreza, esquecido dos meus tormentos. A própria morte não me assusta". De certa forma, passei a conviver mais com livros do que com gente. Formei, em torno deles, uma comunidade de amigos, que frequentavam a minha casa, tinham acesso aos recantos de minha alma, recolhiam-se, voltavam para a morada das estantes quando eu precisava de outro amigo para substituí-los. Na companhia deles passei os melhores momentos de minha vida. Tem gente que fala com a natureza: "Bom dia, Sol", "Bom dia, flores", "Bom dia, chuva, "Boa noite, estrelas". Tenho inveja de quem tem esse dom. Não é o meu caso, não tenho essa intimidade com a natureza. Meus delírios eram outros. Falava com os livros. Melhor, falava com os seus autores. De certa forma, ler é dialogar com a mente de quem o escreveu. Como ler Kierkegaard sem conviver com os seus dramas religiosos? Como ler *Confesso que vivi* sem participar da vida política de Pablo Neruda? Como ler *Crime e castigo* e não reconhecer em seus personagens os dramas da alma de Dostoiévski? Como ler Fernando Pessoa sem dar conta de que seus heterônimos são a expressão de sua alma dividida em múltiplos pedaços? De certa forma, é possível dizer que toda obra é uma autobiografia de quem a escreve, mesmo quando, por domínio de uma técnica de escondimento, o autor busca manter-se distante daquilo que escreve. Não se esconde por muito tempo, o rabo logo aparece. A obra é um campo aberto para o exercício das neuroses de seus criadores. Então, ao meu modo, buscava conhecer, por trás do texto, quem seria o seu autor, como ele era, o que fazia da vida, onde viveu, quais os seus amores, suas dores. E buscando conhecê-lo, entre as dobras dos seus textos, sentia-me seu próximo, tomava-o como amigo, mesmo que ele nem sequer soubesse de minha existência. Os autores eram meus amigos, mesmo sem o consentimento deles. Assim, de alguma forma, todos os habitantes dos labirintos daquelas estantes eram meus próximos, eram meus amigos virtuais. Aquele território era todo meu. Naquele canto acessava mundos, visitava cidades, conhecia castelos, conquistava os meus moinhos de ventos, encantava-me com os amores alheios como se meus os fossem. Encontrava, naquelas infinitas estantes repletas de livros, o humo com o qual alimentava o meu espírito, forjando-me para o meu amanhã. Sartre, em seu livro, *As palavras*, narrando as experiências de sua infância, declara a importância que teve o livro em sua vida, revelando como foi arrebatador descortinar os segredos que se escondiam entre as estantes da biblioteca de seu avô. "Deixava-me vagabundear pela biblioteca e eu dava assalto à sabedoria humana. Foi ela quem me fez. [...] Nunca esgaravatei a terra, nem farejei ninhos, não herborizei nem joguei pedras nos passarinhos. Mas os livros foram os meus passarinhos e meus ninhos, meus animais domésticos, meu estábulo e meu campo; a biblioteca era o mundo colhido num espelho; tinha a sua espessura infinita, a sua variedade e a sua imprevisibilidade. [...] Nada me pareceu mais importante do que um livro".

À primeira vista, aquele canto era assutador. Ao anoitecer, muitos se recusavam a passar por lá, sempre diziam que viam almas mais letradas lendo entre as estantes. Nunca pude constatar tal fato. Acho que as almas penadas não gostam muito de mim, sempre estão onde eu não estou. Mesmo durante o dia, alguns visitantes se recusavam a permanecer sozinhos enquanto faziam suas pesquisas. Lembro-me bem do dia em que uma amiga foi visitar-me no trabalho, convidei-a a conhecer a biblioteca. Ela assustou-se. Primeiro, eu não sabia que a coitada era alérgica à poeira – coisa bem comum numa biblioteca. A esse desconforto inicial somou-se o fato de ela não ter gostado do ambiente: achou tudo muito estranho, um monte de livros velhos, segundo ela, um ambiente meio macabro, com aquele aspecto sombrio, à meia-luz, estantes altas, de madeiras escuras, um silêncio tumular. Tudo isso vestido de uma decoração do século XVIII. Ela, então, de forma muito direta, perguntou-me: "Como alguém pode trabalhar num lugar assim?". Percebi, naquele momento, que o que eu via, os olhos dela não alcançavam. O que para mim era o paraíso, para ela era o inferno. Não se demorou muito naquele lugar. Ao sair, como se estivesse morrendo de pena de ver seu pobre amigo trabalhando num lugar daquele, querendo salvá-lo, falou: "Vou falar com alguém que eu conheço para ver se ele consegue arrumar um emprego para você. Você merece coisa melhor". O que ela não sabia é que eu já tinha o melhor emprego do mundo. Encontrava-me no melhor dos mundos possíveis. Naquele momento fiquei triste por minha amiga, lembrei-me de Platão: o essencial é invisível aos olhos.

Trabalhava no turno da tarde e pela manhã fazia o curso de Filosofia na UFBA. Para não aumentar as minhas despesas, saía da faculdade e, antes de ir para o trabalho, almoçava no restaurante universitário da UFBA. Não gastava com o almoço, já era uma boa ajuda de custo. Fazia parte da programação de como sobreviver com um pequeno salário. Tudo que eu ganhava cobria as contas de água, luz, transporte; com o que sobrava fazia uma feira que deveria durar o mês. Não sobrava mais nada. Não tinha festa, cinema, farras, nada. Levava uma vida muito simples. Era pobre, mas não triste. Ainda não conhecia Epicuro, mas já vivia segundo os seus ensinamentos. Para ser feliz precisamos de muito pouco. Basta: "um pouco de pão, um pouco de palha, um pouco de agua, e a amizade" (*Philia*). Assim, administrando as adversidades da vida seguia meus dias fazendo o que eu mais gostava: estudar... Mais do que isso, estudar filosofia. Entretanto, sobrava-me pouco tempo para os estudos. O curso de Filosofia exige muita dedicação às leituras. Não basta passar no vestibular. As dificuldades começam quando você recebe os primeiros convites para conhecer as moradas dos filósofos. Como encontrar tempo livre para estudar? Aqueles, filhos da fortuna, com o ócio tão necessário para se dedicar aos estudos, levam uma grande vantagem sobre os filhos da pobreza, a quem, em nome da sobrevivência, o ócio lhes foi roubado. Tentando contornar minha falta de tempo para os estudos, adotei uma estratégia: chegava do trabalho às dezoito horas, às vinte horas já estava dormindo. O despertador me acordava a uma hora da manhã, levantava, tomava um café forte e começava a estudar. Tive dificuldade de me adaptar a essa forma de vida espartana, mas, aos poucos, fui adestrando o meu corpo à situação, disciplinando-me. Não demorou muito, tornou-se um hábito, já não me causava desconforto. Quando os primeiros raios de sol anunciavam a chegada do dia, parava os estudos, preparava-me para ir para a universidade – as aulas começavam às sete e trinta. E, assim, sacrificando parte do meu sono, fui ganhando tempo para os estudos, conquistando conhecimentos que me possibilitaram sobreviver no curso de Filosofia, com certo reconhecimento de meus professores que, vez por outra, deixavam-me saber que eu estava no caminho certo. Finalmente, tinha organizado o meu mundo de tal forma que ele se subordinou, adequando-se a minha prioridade: estudar. "A vida de estudos é austera e impõe pesadas obrigações. Ela recompensa, e largamente, mas requer uma dedicação de que poucos são capazes. Os atletas da inteligência, como os do esporte, devem prever privações, longos treinamentos e uma tenacidade às vezes sobre-humana. É preciso doar-se de todo o coração para que a verdade se doe. A verdade só serve a seus escravos" (A.-D. Sertillanges - *A vida intelectual*).

Agora estava, de uma vez por todas, no caminho que eu queria; era, de fato, um estudante do curso de Filosofia. Se não bastasse isso, encontrava-me como senhor daquele mundo de ideias encadernadas. Todo um acervo, com mais de 200 mil volumes, encontrava-se ao alcance dos meus delírios. Àquela biblioteca devo tudo. Nela vejo-me, nela reconheço-me. Ao longo da história ocidental, desde a sua fundação, lá pelos anos 530 d.C., em Monte Cassino, *Itália*, o mosteiro de São Bento foi, merecidamente, reconhecido como uma instituição que sempre cuidou dos livros. Ao longo do tempo, em seus claustros, os livros sempre encontraram um lugar seguro, protegidos dos conflitos históricos ou dos desastres da natureza. Esse cuidado e valorização dos livros, São Bento já demonstra na sua Rega: *Ora et Labora*, quando, no capítulo 48º, intitulado "Do trabalho manual" recomenda que, em uma parte do dia, o monge deve se dedicar à leitura, pois, através dela, o monge busca a verdade e se aproxima de Deus. Diferentemente dos monges, que buscavam na leitura um caminho para se aproximarem de Deus, eu, a quem a fé faltava, encontrava-me muito mais preocupado em salvar a minha alma neste mundo. Minha fé, minha verdadeira devoção, era pelos livros. Saber qua a minha salvação encontrava-se nos livros e que estes estavam ao alcance das minhas mãos, excitava a minha alma. Sentia-me feliz em saber que por meio da leitura eu estava assumindo a minha maior idede, libertando-me das bengalas de apoio, dos visíveis e invisíveis cuidadores de almas alheias, tornado-me o único responsável pelos meus passos neste mundo... Meu olhar estava voltado para a Ágora grega, era no templo de Heráclito, Parmênides, Sócrates, Platão, que eu buscava a minha salvação. Tornei-me devoto da deusa Atena. Nela, a minha alma buscava conforto e orientação de como sobreviver com certa dignidade neste mundo, no qual as contingências da vida me fizeram morador.

O fato de, durante todo o curso, trabalhar numa biblioteca, ajudou-me a percorrer os caminhos da filosofia com algum conforto. Não é exagero falar, mas tudo que o curso me exigia, em termos de livros, encontrava-se ao alcance de minhas mãos. Além do mais, cabia a mim a responsabilidade de fazer as compras dos novos livros. Não vou negar, tenho que confessar tal transgressão ética, vez por outra, entrava para o acervo da biblioteca, um livro novo que, por coincidência, encontrava-se nas listas dos livros que eu deveria estudar. Assim, esse pecado, se o considerarmos como tal, ajudava, por um lado, um aluno pobre a estudar e, por outro, contribuía para a renovação do velho acervo daquela biblioteca secular. Tenho certeza de que São Bento, que sempre gostou dos livros, há de interceder por mim, junto ao Pai, na hora do Juízo Final. Não me faltavam as obras dos autores, em suas mais diversas edições; enciclopédias, de fundamental importância para os estudos, já que, naquele tempo, internet não havia; os melhores dicionários, das mais diversas línguas, bem como dicionários técnicos sobre filosofia; acrescenta-se a isso, toda uma vasta bibliografia sobre os percursos da história da razão ocidental, seja narrando seus fatos históricos, seja apresentando o espaço cultural no qual ela se forma e se transforma. Se tudo isso já era bom, tinha mais. Os monges beneditinos sempre foram reconhecidos como homens cuidadosos com a sua formação intelectual. A maioria dos monges falava mais de uma língua. Um deles, abade do mosteiro, Dom Timóteo Amoroso Anastácio – sobre o qual escrevi um artigo, intitulado *O abade e o porteiro*, em cujo texto, de forma mais demorada, narro minha experiência no convívio com ele –, tinha grande domínio sobre as línguas clássicas, a exemplo do latim e do grego. Como estava sempre na biblioteca – era mais um admirador dos livros –, Dom Timóteo, com muita humildade e sabedoria, ajudava-me nas minhas dúvidas. Era uma grande honra ter daquele sábio monge orientando-me na travessia do mar revolto das línguas clássicas.

O tempo passa rápido, quando menos esperamos o nosso dia vai entardecendo. Há dois tempos: o tempo do prazer e o tempo da dor. O primeiro é muito breve, o segundo faz moradas mais longas. Encontrava-me com a alma dividida, uma certa esquizofrenia existencial. Por um lado, tudo era muito sofrido, queria que tudo chegasse ao seu fim. Que o tempo da dor me fosse abreviado. Frequentar a faculdade se tornou um fardo. Precisava concluir aquele curso. Por outro lado, sabia que precisava de mais tempo de estudos, só assim conquistaria uma desejada maturidade conceitual. Tinha que continuar estudando. Lembro-me de que, anteriormente, falei que eu corria atrás do prejuízo, agora era a hora de eu compensar as leituras que não trouxe na alma do tempo não lido. Não somente isso. Terminar o curso naquele momento era me expor ao olhar das outras pessoas que, sempre mais críticas com o outro do que com elas próprias, começaria a me cobrar: "E agora que já concluiu seu curso, o que vai fazer?", "Será que esse curso não vai lhe servir para nada?", "Será que só lhe servirá como um verniz intelectual?", "Devia saber que filosofia não enche barriga?". Sem ser muito perverso com o olhar do outro, devemos reconhecer que o nosso fracasso causa-lhe mais prazer do que o nosso sucesso. Adiar o final do curso, de certa forma, era adiar esse enfrentamento com a perversa e cruel realidade. A realidade sabe – e como sabe – ser desencantadora de sonhos. Reconheço que vivi intensamente o tempo do prazer. Ele me pertencia por inteiro, estava nos limites de minha subjetividade, tinha-o sob os domínios de minha rédea. O tempo da dor, ao contrário, encontrava-se fora dos meus domínios, subordinado, por inteiro, às suas contingências e circunstâncias. Dele não podia me esconder, colocando-me fora do alcance de seu olhar. Ele me olhava com o olhar de quem exige que você se vista uma roupa, fora de suas medidas, que não lhe cabe por inteiro. Esse desconforto faz a vida ser assustadoramente arriscada. Que bom seria se pudéssemos recolher as roupas do varal, fechar portas e janelas, agasalhar-nos confortavelmente e habitar nos nossos sonhos, protegidos pelo generosidade dos nossos delírios subjetivos. Infelizmente, não é possível. A objetividade, chamada de realidade, antes do despertar do dia, bate à nossa porta: acorda, levanta, é chegada a hora de fazer mais uma escolha, tomar mais uma decisão em sua vida. O curso acabou. O que fazer agora? Qual caminho devo seguir? Por um ano e meio vivi essa crise. Tinha concluído o curso de Filosofia, mas não sabia como fazê-lo me sustentar. Era evidente o meu medo de constatar que, depois de toda essa caminhada, não iria poder contar com a filosofia para se sustentar nessa vida. Não tendo como sobreviver com a filosofia, ela passaria a ser apenas um nobre *hobby*, e eu continuaria sobrevivendo com o meu trabalho naquela biblioteca. Não que isso me fosse uma punição da vida. Eu amava os livros. Mas era chegado o momento de continuar a caminhada, tinha que fazer o rito de passagem para uma etapa mais complexa da vida, na qual a maior idade da razão torna-se uma exigência. Encontrava-me, novamente, diante de uma encruzilhada, entre a realidade e os livros. Qual dos caminhos deveria escolher? Já tinha quase vinte e oito anos. Não era mais um adolescente. A escolha a ser feita teria que ser acompanhada de responsabilidade. Nessa encruzilhada estive por quase dois anos. Não fiquei parado, enquanto esperava, estudava. Foram dois anos de profundos estudos sobre filosofia. Já que não tinha certeza do que fazer da vida objetiva, aproveitava para viver intensamente o que me dava prazer na vida dos delírios subjetivos. Contudo, sabia que, mais cedo ou mais tarde, teria de objetivar o meu mundo subjetivo. Teria que levar a filosofia para o mundo real e nela habitar. Dizem que não se vive de filosofia. Precisava provar, para mim mesmo, o contrário dessa tese. Não podia fracassar na escolha. Se não tivesse êxito na luta contra os meus moinhos de ventos, teria que abandonar o sonho, ceder ao desencantamento da vida, lançar-me num mundo descolorido, sem a companhia da filosofia. Não haveria outra escolha: ou a filosofia ou as sombras. Naquele momento, encontro-me pedindo socorro à filosofia. Lembrei-me de que, tempos antes, tinha me tornado devoto da deusa Atena. Não seria a hora de recorrer a ela com mais devoção? Não seria a hora de entregar-me aos seus cuidados e, como um fiel devoto, resignar-me aos seus desígnios? A fé é tudo. Tenho medo dessa gente de pouca fé. Foi o que fiz. Curvei-me sobre o seu altar, entreguei-me aos seus cuidados. Não demorou muito, fiz concurso para lecionar na universidade. Fui aprovado. Tornei-me professor. Nesse momento, tive a certeza de que a deusa grega, vendo-me naquela encruzilhada, acolheu-me, indicando-me o seu caminho: o caminho dos livros. Hoje, vendo como o meu espírito se formou ao longo de minha própria história, vem a mim a mesma certeza que teve Sartre ao escrever, em seu livro, *As palavras*: "Comecei minha vida como hei de acabá-la, sem dúvida: no meio de livros".

E aqui estou eu, tantos anos depois, certo de que não errei ao escolher a deusa Atena para guiar os meus passos nesta vida. O resultado da caminhada indica que ela não me abandonou. Ela me disse um dia que eu não me arrependeria se escolhesse os livros. Hoje, depois de tantas primaveras percorrendo esse caminho, tenho que reconhecer: foi o melhor caminho que eu poderia ter trilhado. O resultado poderia ter sido melhor? Sem dúvida. Mas, entre o melhor e o possível, fiz o que as condições existenciais me possibilitaram: o possível. Mil vidas eu tivesse, mil vezes escolheria o mesmo caminho. Se pudesse, novamente retornaria ao mesmo lugar, daria os mesmos passos, sofreria as mesmas dores, faria as mesmas escolhas, como se estivesse num eterno retorno do mesmo. Sim, num eterno retorno do mesmo, do início ao fim, do fim ao início, na companhia dos livros. Assim tudo começou, assim tudo terminará.

MESTRADO E DOUTORADO

Concluído o curso de Filosofia, aprovado em concurso público para a cátedra universitária, era chegada a hora de começar a estudar de verdade. Não mais como aluno, agora como responsável por ensinar a matéria de Filosofia. Até aquele momento, todo o percurso, da literatura à filosofia, era só propedêutico, uma espécie de preparação para maratonas de longas distâncias. Se, antes, todos os estudos eram realizados de forma irresponsável, sem qualquer obrigação previamente determinada, obedecendo a um livre voo panorâmico, saltando de galho em galho, fazendo um percurso de visitação ao mundo das letras, agora era diferente, era chegado o momento de demarcar um território na filosofia e, sobre ele, lançar um olhar mais vertical, de interioridade, no qual a razão é convidada a demostrar a sua maioridade reflexiva. Essa é uma exigência para quem pretende estudar a disciplina de Filosofia a sério. Mas, essa exigência, torna-se ainda mais séria quando se escolhe ser um professor de Filosofia.

Na época em que eu fiz o concurso ainda era possível tornar-se professor universitário mesmo não sendo portador dos títulos de mestre ou doutor. Ao longo do percurso da própria docência, esses títulos iam sendo conquistados. Era raro encontrar professores que tivessem em seus currículos essas titulações. Quando eu era estudante de Filosofia, na Universidade Federal da Bahia – UFBA, Faculdade de Filosofia e Ciências Humanas – FCH, se não me falha a memória, só um professor era portador do título de Doutor, os outros, ou se acomodaram, aposentando-se sem titulação, ou foram, ao longo do tempo, buscando suas qualificações acadêmicas por meio de mestrados e doutorados.

    Naqueles tempos, eram raros os concursos para professores. Quase sempre, com as devidas exceções, os próprios alunos, ao concluírem sua graduação, apadrinhados por um professor que os teria feito seus pupilos, iniciavam em uma espécie de estágio, como monitores, auxiliando o professor na sua docência. Com o passar do tempo, acabavam substituindo o professor em algumas aulas; em seguida, tornavam-se responsáveis pela disciplina. Não demorava muito, a burocracia administrativa encontrava uma forma de efetivá-los como professores. De início, com um contrato provisório, mais tarde, ainda sem concurso, adormecia no "berço esplêndido" de um contrato definitivo. Quando não era assim, recorria-se a outra estratégia. Encontrava-se, por meio de uma indicação política, um emprego no Estado; em seguida, a universidade pedia ao Estado que cedesse esse funcionário para a Instituição. Feita a cessão, o funcionário público se tornava professor, mantendo o seu vínculo contratual originário, até que a própria universidade encontrasse um meio de efetivá-lo. Enquanto estive por lá, como aluno, todas essas estratégias para tornar-se um aluno/graduado em professor do departamento foram exitosas. Vale ressaltar que essa prática não era um privilégio do departamento de Filosofia; disseminava-se por toda a universidade. Sem dúvida, era uma prática nociva à saúde da Academia, porque, na maioria das vezes, nem sempre os escolhidos eram aqueles alunos dotados de um elevado conhecimento filosófico, mas, sim, aqueles que gozavam da amizade de um professor que, tendo certa credibilidade e respeito entre os seus pares, tinha força suficiente para fazer de seu pupilo o futuro professor da Universidade. Os departamentos eram verdadeiros feudos, geralmente sob o comando de um senhor, a quem todos obedeciam, por medo ou por lhe dever o favor de ter se tornado um professor universitário. Nessa trilha vi alunos, filhos, genros, parentes próximos, amigos, de um amigo político, até amantes, tornarem-se professores. A tragédia era que, efetivados no cargo, tornavam-se professores por toda a vida, só a aposentadoria os tirava da cátedra. Tal prática mais tarde desapareceu. Mesmo aqueles indicados por um professor, mais cedo ou mais tarde, tinham de se submeter ao concurso. É claro, não se pode negar que, não poucas vezes, o concurso era sob encomenda, uma mera formalidade protocolar, organizado para atender a um determinado candidato, quase sempre aquele que já se encontrava ensinando e que era o preferido de um determinado professor. Dos pontos escolhidos para o concurso à composição da banca que iria "avaliar" os candidatos, tudo era pensando e organizado para que o candidato, previamente escolhido, obtivesse a sua aprovação. Lembro-me de que, nos dias desses concursos, os interessados faziam uma verdadeira operação de guerra para que nada saísse do controle, não fossem visitados por uma surpresa. A qualquer custo, tentavam evitar que o candidato, previamente escolhido, perdesse a sua preparada vaga para outro candidato desconhecido. Tudo não passava de uma grande encenação teatral para legitimar uma transgressão ética. Poder-se-ia perguntar: e os outros professores concordavam com essa prática? Claro que sim. Era a famosa regra: hoje eu concordo com a sua demanda, amanhã você concordará com a minha. A velha ética do "é dando que se recebe". Prática dos velhos tempos, coisas que, "com certeza", não mais acontecem. Vi muitas pessoas sem grandes qualidades tornarem-se professores. Vi muitas pessoas com grandes qualidades intelectuais serem preteridas da cátedra por não terem um professor apadrinhador. Nem sempre onde se ensina ética, ela é praticada. Grande parte dos meus professores foi indicada por seus professores que, por sua vez, teriam sido indicados por seus predecessores, e assim foi por muito tempo.

Hoje em dia, no entanto, nas universidades públicas, pelo menos nos grandes centros, o pretendente a professor já deve ser portador de título de doutor. Os concursos, quase em sua maioria, abrem vagas para professor adjunto, o que exige que o pretendente à vaga já tenha, no mínimo, concluído o doutorado. Antes, podia-se prestar concurso para professor auxiliar, que exigia, como titulação mínima, a especialização, que se conquistava com uma pós-graduação lato sensu. Esse foi o meu caso. Fiz concurso com a titulação mínima e fui, ao longo da trajetória acadêmica, qualificando-me. Naqueles tempos não era muito fácil fazer uma pós-graduação. Poucas eram as universidades que ofereciam programas de mestrados e doutorados. Na área de Filosofia, só duas ou três universidades do Sul do Brasil ofereciam. No meu caso, houve um entrave: desempregado, sem ter como me manter, pleitear partir para o Sul em busca de uma formação acadêmica. Era preciso, antes, encontrar um emprego que me proporcionasse condições, inclusive financeiras, para encarar essa longa empreitada. Como gostava de estudar, fiz o curso de Filosofia com paixão, tinha certo reconhecimento de parte de meus professores, achei que deveria tentar a carreira acadêmica. Ainda não tinha chegado aos vinte e oito anos de idade quando conquistei, por meio de concurso público, uma vaga para ser professor da Universidade. Naqueles tempos, essa não era a idade para se ter um título de doutor. Geralmente, alcançava-se esse cobiçado título lá pelos cinquenta anos. Em linhas gerais, hoje, diferente de antes, há mestrados e doutorados oferecidos por todo o canto, não mais é preciso sair de sua cidade para fazê-los. Bem, sem querer exagerar, pode-se dizer que é possível fazer o doutorado em sua própria casa, basta você encontrar uma instituição de nível superior que o oferte, na modalidade: Educação a distância (EaD).

Depois de um período de experiência como professor universitário, era chegada a hora de tomar uma decisão: ir – ou não – em busca de minha qualificação docente. Permanecer na Universidade, sem a devida titulação, é pertencer a uma subclasse de professores, sem o reconhecimento de seus pares e, até mesmo, de seus alunos. É, em certa medida, escolher as sombras para habitar. A academia é, e sempre foi, desde Platão, um lugar de luz, em que a razão luta para se mostrar, assim como, em ser reconhecida. Quem atua nesse teatro não pode ficar atrás das cortinas, precisa expor-se, ir à ribalta, correndo os riscos dos aplausos ou das vaias. A academia é, e sempre foi, o território das vaidades, ou você disputa o seu espaço, ou você é ignorado, tornando-se indiferente, invisível à razão do outro. São os títulos acadêmicos, acompanhados de trabalhos publicados, que identificam, na academia, quem é senhor e quem é escravo, quem reconhece e quem é reconhecido. Isso não quer dizer que profissionais que nunca fizeram seus mestrados ou doutorados não possam ser grandes professores. Essa regra tem suas surpreendentes exceções. Conheci muitos que eram dotados de grandes conhecimentos, mesmo sem nunca terem atendido essas exigências da Academia. Entretanto a regra é vestir a camisa de força da Coordenação de Aperfeiçoamento de Pessoal de Nível Superior (Capes), subordinando-se às suas estruturas e exigências, validadas pelo poder do reconhecimento do saber. Aqui, mais do que em qualquer outro lugar, saber é poder. Então, fazer o mestrado e o doutorado é mais do que uma escolha, é uma obrigação, condição necessária para se progredir nas diversas etapas da carreira universitária e, ao mesmo tempo, sobreviver, com certa dignidade, no mundo acadêmico.

Se contarmos os tempos seguidos, sem os atropelamentos da caminhada, são, no mínimo, seis anos de estudos. Isso hoje, porque, ontem, a contagem do tempo era diferente. Eram quatro anos para o mestrado, cinco anos para o doutorado, no total de nove anos para cumprir as duas etapas. Poucos conseguiam cumprir essas duas etapas nesse tempo. Vi muitos dobrarem o tempo, quando isso era possível. Vi outro bater na porta dos dez anos. Da mesma forma, outros, ainda, que após esgotar o tempo normal, conseguindo as prorrogações que o programa lhes conferia, sem conseguirem concluir seus estudos, desistiram, por iniciativa própria, ou eram jubilados pelos programas que ofertavam os cursos, retornando para casa depois de todo esse tempo, sem terem conseguido vencer nenhuma dessas etapas. Não posso negar, retornar para a sua universidade, depois de tanto tempo, sem os títulos acadêmicos, deixava-os – deixa ainda hoje – em uma situação bem constrangedora. É como se todos estivessem cobrando, do mestrando ou doutorando, algo que ele não pôde entregar, já que fracassou na caminhada.

Para quem se encontra na docência há algum tempo, não é fácil submeter-se à liturgia que o mestrado ou doutorado lhe impõe. De alguém já adestrado pela rotina docente, com todos os cacoetes de ser professor, e que, de repente, passa a ser aluno, requer-se uma reeducação pedagógica. Para quem conclui sua graduação e, imediatamente, inicia seus estudos de mestrado é bem mais fácil, pois, só está passando para uma nova etapa, mas ainda não perdeu o frescor do hábito de ser aluno. É diferente de quando já se é professor: a configuração do cenário causa certo estranhamento. Já sendo professor, voltar a ser aluno. Você, que tanto orientou, volta a ser orientado. A batuta se encontra agora nas mãos do seu orientador, escolhido por você ou indicado pelo programa de seu curso.

Dançará a música nos limites da regência de seu orientador. Quem teve sob sua direção a vida acadêmica de inúmeros alunos, agora é só mais um aluno, sem qualquer privilégio, à disposição de seu orientador. Sem certa humildade, é quase impossível sobreviver a essa relação. Essa convivência só é possível quando um dos dois egos se dobra ao do outro. Naturalmente, o ego que deve se curvar em reverência é o do orientando. O do orientador não se inclina nunca, ao contrário, mantém-se altivo, afirma-se como referência, modelo, farol que, por um bom período, iluminará os passos do seu discípulo nessa sua nova caminhada. Quase sempre essa relação é construída num movimento pendular entre duas paixões: o amor e o ódio. Sem a flexibilidade, de ambos os lados, só a extremidade do ódio prevalece, aí fica impossível a convivência. Muitos interrompem suas caminhadas acadêmicas porque não tiveram a habilidade necessária para administrar essa convivência. No jogo do "amódio" das vaidades, quem manda tem maior chance de sobrevivência de que quem obedece.

Ainda me lembro de que depois de ter enviado o meu primeiro texto, com mais ou menos oitenta páginas, para a minha orientadora, ela marcou nosso primeiro encontro de orientação. Com o texto devidamente corrigido, começamos os nossos trabalhos. Em uma sala vazia, sentei-me ao seu lado. Ela retirou o texto de dentro de sua bolsa e o colocou sobre a mesa. Um ritual regido pela tensão e pela expectativa do que iria ocorrer. Ser avaliado não é algo que deixa o espírito em festa. Quando ela abriu aquele texto, em silêncio, eu entrei em pânico. O texto desapareceu entre suas anotações e observações. Falei para mim mesmo: "É o fim. Ela não aprovou nada. Estou perdido". Já me via arrumando as malas para voltar para casa. O que seria uma tragédia. Como voltar sem ter cumprido aquela obrigação acadêmica? O que dizer para os meus pares na universidade? E para os meus familiares? Eram muitos olhares, olhando-me. De fato, um momento desesperador. A orientadora, puxando sua cadeira para o lado, posicionando-se à minha frente, como se quisesse ficar me olhando, olho no olho, para melhor observar minhas reações, começou a declinar suas impressões sobre o texto que eu lhe enviara. Todas as observações que ela fazia, iam de encontro ao que eu tinha postulado naquele texto. Não estávamos nos entendendo. Comecei a ficar mais tenso. Algo estava errado, eu já era um professor, não podia ter me enganado tanto. Não podia deixar aquela senhora me desconstruir de forma tão direta. Era preciso me salvar. Era preciso me defender. Travou-se, ali, naquela sala vazia, uma luta silenciosa entre dois egos afetados por reconhecerem-se senhores de saberes. Cada um do seu lado, querendo impor a sua verdade ao outro, querendo que o outro reconhecesse e validasse a sua verdade como aquela sendo a mais verdadeira, como aquela que deveria determinar as diretrizes daquela orientação. Ela falava, eu a retrucava, tentava lhe mostrar que eu estava certo e que ela estava errada, e que tudo não passava de perspectivas hermenêuticas distintas, com as quais olhávamos o mesmo texto. Em um determinando momento, ela parou, fitou-me nos meus olhos e disse: "Joceval, assim não vai dar para continuarmos". Fez-se um breve silêncio, com uma eternidade de duração.

No silêncio, ela aguardava a minha decisão. Naquele momento, eu tinha duas alternativas: levantar-me e ir embora, ou me comportar como um aluno e subordinar-me às suas orientações. Se eu escolhesse a primeira alternativa, seria o fim daquela relação, teria que recorrer ao programa para que ele me indicasse outro orientador. Diante de tal possibilidade, que não me traria nenhuma vantagem, já que o problema não estava na orientadora, mas em mim, que, não sabendo agir como aluno, agia como um professor em disputa por território de conhecimentos. Trocar de orientador só trocaria de personagem, mas o roteiro do drama permaneceria o mesmo. Eu que deveria mudar, não o orientador. Naquele instante, fui tocado por uma conveniente humildade, e falei: "Vamos continuar, professora". Por duas horas fiquei em silêncio, ouvindo-a apontar os meus erros e meus acertos naquele texto. Ao final da orientação, um pouco envergonhado, falei para ela: "Professora, quero lhe pedir desculpa. Estou me comportando como professor. Acho que ainda não tomei consciência de que aqui eu só sou um aluno". Ela, já com o semblante menos carregado, deixando escapar um fiapo de sorriso nos lábios, olhou-me, com o olhar de uma cuidadora acadêmica, repousou a sua mão sobre o meu braço e disse-me: "Não, Joceval, sou eu quem tenho que lhe pedir desculpas. Pode ter certeza, vamos fazer um bom trabalho". Superada essa tensão inicial, continuamos nossos trabalhos por quase três anos. Mais do que uma orientadora, encontrei uma amiga. Aquilo que ela profetizou no início de nossa caminhada, concretizou-se no final: fizemos, de fato, um bom trabalho, acolhido pela banca examinadora com a nota máxima. Como bem diz o velho e sábio Platão: "O bem é o que se vê por último".

O tempo passou, e vendo, retrospectivamente, percebo que tive muita sorte com os meus dois orientadores, tanto do mestrado quanto do doutorado. Sem a sabedoria deles jamais encontraria um pouco da minha. Se o início de nossa caminhada foi um encontro conflituoso entre amor e ódio, ao final, era só amor. Admiração recíproca. Vi, com o tempo, que esse deve ser mesmo o papel do orientador. Ou ele domina o seu orientando – academicamente falando –, ou por ele será dominado. Cabe a ele, no primeiro momento, demarcar o território, indicando que a responsabilidade se encontra sob a sua batuta. No segundo momento, vendo as reais condições de seu orientando, sabendo que ele é portador de conhecimento em sua algibeira, capaz de transformar esse saber em produção acadêmica, sair um pouco de cena, desaparecer um pouco para que o seu aluno possa se mostrar, indicando que, ao final da caminhada, é ele – o aluno – quem vai brilhar; o seu orientador, que cuidou para que ele chegasse a esse ponto, deve desaparecer, dando dois passos atrás, para que o seu orientando possa ir à ribalta e, com todos os seus devidos méritos, receber os aplausos. Assim foi comigo.

Qualquer que seja a sua escolha acadêmica, de um graduando disposto a dar continuidade aos seus estudos stricto sensu, começará sempre com um processo seletivo para ingressar em uma universidade, na qual pleiteará uma vaga para cursar o seu mestrado ou doutorado. A escolha de um orientador, geralmente, é posterior à escolha do tema que se quer pesquisar. É possível que o candidato resolva pesquisar um tema que já seja objeto de pesquisa, de um determinado professor do programa. Nesse caso, o aluno já faz a seleção com um prévio aceite de seu futuro orientador. Não é incomum orientadores escolherem orientandos a partir do tema de seu interesse, o qual ele se encontra pesquisando. Trata-se de uma espécie de guarda-chuva: um grupo de pesquisadores – mestrandos ou doutorandos – trabalham em cooperação, sob a coordenação de um responsável pela pesquisa. Mas isso não é regra. Na maioria das vezes, o aspirante a mestrado ou doutorado escolhe um tema, faz seu projeto, opta por uma universidade e se submete a um processo de seleção. Aprovado, o programa indicará um professor que tenha afinidade com o seu tema de trabalho para orientá-lo durante as suas pesquisas.

Minha caminhada, tanto no mestrado como no doutorado, teve Descartes como tema. Mas a pergunta que se faz é: por que Descartes? O que leva um aluno a escolher um autor em detrimento de muitos outros para fazê-lo objeto de estudo em uma caminhada tão longa? Essa é uma pergunta bem complexa. É quase possível dizer que não há uma resposta clara e definida. Quem sabe, uma boa sessão de psicanálise não ajudaria esclarecer como o seu objeto de estudo não passa de uma grande reflexão sobre um sintoma de sua alma. Ouso dizer que o pesquisador não escolhe o tema de sua pesquisa, é o tema que o escolhe. Sem o perceber, encontra-se preso em uma grande teia de provocações conceituais, em princípio sem respostas, que lhe incomodam, levando-o a um estado febril, desconfortável, de curiosidades e espantos, a tal ponto que, para se salvar daquele estado, quase patológico, buscando restabelecer a saúde de seu espírito, resolve enfrentá-las. Em certa medida, é um enfretamento existencial. Diante de suas inquietações, sente-se como Édipo diante da Esfinge. O tema, ainda não muito claro, carregando muitas perguntas, quase nenhuma resposta, impõe-se como um enigma existencial: "Decifra-me ou devoro-te". É uma questão de vida ou morte. Chegar ao fim dessa tortuosa caminhada, com os títulos de mestre e doutor é ter vencido a Esfinge e conquistado o Reino de Tebas. No limite, é ter conquistado o respeito e o reconhecimento da academia.

Ainda não tinha uma direção definida. Encontrava-me em uma encruzilhada filosófica. Muitos eram os desejos, mas nenhum com força suficiente para se afirmar, tornando-se objeto de meu desejo acadêmico. Lendo o *Mito de Sísifo*, de Alberto Camus, deparei-me com um tema que me provocava: *o suicídio*. Se eu buscava um tema com envergadura filosófica para problematizar, acabei de encontrá-lo: "Existe apenas um único problema filosófico realmente sério: o suicídio. Julgar se a vida vale ou não a pena ser vivida significa responder à questão fundamental da Filosofia". Encontrava-me, à época, muito envolvido com a filosofia existencialista, principalmente, aquela apresentada por Sartre. "*O ser e o nada*" tomava boa parte das minhas reflexões filosóficas. Esse problema vinha ao encontro de minhas demandas intelectuais naquele momento. Mas, com o passar dos dias, sentia que, cada vez mais esse alvo ia se distanciando, desbotando-se, perdendo a vivacidade de suas cores. Quando vi, já o tinha arquivado em uma das estantes da minha alma, aquela reservada às boas literaturas.

Na maioria das vezes, quando não sabemos para onde ir, elegemos infinitas possibilidades de caminhos, mas tal atitude nos deixa mais perdidos ainda. Não demorou muito, Maquiavel bateu à porta de meus desejos. Encantava-me saber que *O Príncipe*, além de ser um manual de como Lourenço de Médici deveria governar Florença, também portava um segredo, escondido entre as suas páginas, que revelava que a verdadeira intenção de *O Príncipe* ultrapassava, em muito, a simples intenção de ensinar um governante a conquistar e melhor governar o território conquistado. O tempo em que Maquiavel vivia não estava preparado para ouvir o que ele queria revelar ao mundo. Nas últimas páginas de seu pequeno/grande livro, cap. XXVI, o pensador florentino, quase disfarçadamente, diz que a *Itália* se encontra preparada, à espera de seu redentor, aquele que a libertaria da barbárie, conduzindo à uma sociedade civilizada: "Não se deve, portanto, passar a oportunidade de a *Itália* finalmente ver o seu redentor. Nem é possível explicar com que amor ele seria recebido em todas as províncias que têm sofrido tanto devido a essas invasões estrangeiras, com que sede de vingança, com que obstinada fé, com que devoção, com que lágrimas. Quais portas se fechariam para ele? Quem lhe negaria obediência? Que inveja o prejudicaria? Qual italiano se negaria a homenageá-lo? Para todos nós, esse bárbaro domínio fede. Dei, portanto, que a sua ilustre casa se encarregue disso com aquela coragem e aquela esperança com que todas as causas são abençoadas, a fim de que, sob a sua insígnia, esta pátria se torne nobre e, sob os seus auspícios, se verifique aquele ditado de Petrarca: *Virtù contro a Furore / Prenderà l'arme, e fia il combatter corto / Che l'antico valore / Nell'italici cor non è ancor morto*".

Apesar da curiosidade em saber os desdobramentos desse segredo no conjunto da obra de Maquiavel, logo percebi que se continuasse nesse território voltaria a minha reflexão para a política, distanciar-me-ia da filosofia propriamente dita. Essa não era a minha intenção. Logo, fechei as portas para essa possibilidade. Guardei, por toda vida, Maquiavel em um lugar privilegiado em meus delírios, a quem recorro sempre, em busca de luz, quando me encontro perdido nas trevas políticas do nosso tempo.

Sabia o que eu não queria, mas ainda não sabia o que eu queria. Era preciso continuar buscando. Tomei a direção de Fernando Pessoa. Não que eu fosse dotado de um conhecimento mais profundo sobre poesia, como um todo, ou mesmo sobre a poesia de Fernando Pessoa, em particular. Não. Isso, não. Mas eu tinha me encantado pelo drama existencial do poema *Tabacaria* – sobre o qual, mais tarde, acabei escrevendo um breve texto. "Não sou nada, nunca serei nada, a parte isso, tenho em mim todos os sonhos do mundo"; "Estou hoje dividido entre a tabacaria, do outro lado da rua, como coisa real por fora, e a sensação de que tudo é sonho, como coisa real por dentro". Reconhecia-me nesses versos. Eles revelavam a minha crise existencial naquele momento. Além do mais, já sabia que, não poucas vezes, Fernando Pessoa, por meio de sua poesia, fez enfrentamentos com a filosofia – contra ou a favor –, a depender do heterônimo. Entretanto, com o passar do tempo, fui descobrindo que, nos versos do poeta português, encontrava um acolhimento mais estético/existencial do que propriamente filosófico. Apesar de ter desistido de Fernando Pessoa como objeto de estudo, o encantamento por sua poesia me acompanhou por toda a vida: tornei-me prisioneiro de seus versos.

Ainda meio perdido, buscava, sem uma clara definição, um território na filosofia em que pudesse habitar. Não seria o caso de ir logo a Platão, nascente originária – se levarmos em conta, a filosofia como uma reflexão conceitual, de natureza metafísica. Mas como estudar Platão sem o domínio da língua grega? Teria que fazer uma leitura transversal, o que, verdadeiramente, não me interessava. Além do mais, o Brasil é um país com pouca intimidade com a filosofia. Mais de dois mil anos após o nascimento da filosofia, ainda não tínhamos uma tradução de qualidade da obra completa de Platão. Melhor seria direcionar o meu encantamento para outro canto da filosofia. Qual o lugar, na história da filosofia, no qual eu me sentiria em casa? Em toda a minha formação filosófica sempre tive o meu desejo voltado para os filósofos formadores, aqueles que, como timoneiros, mudaram o rumo da história. Assim foi Platão, Aristóteles, Descartes, Hume, Kant, Hegel etc. Aqui não há nenhum preconceito por outros pensadores. Só mesmo uma escolha hermenêutica, ao invés de estudar os platônicos, os cartesianos, kantianos ou hegelianos, por que não ir diretamente à fonte? Um dia, por um mero acaso, andando, irresponsavelmente, pelas estradas da filosofia, deparei-me com uma "pedra no caminho". Um historiador da filosofia apresentou a seguinte tese: "*O sujeito é uma invenção moderna*", uma invenção do século XVII. Fui impactado com essa assertiva. Perguntava-me de que sujeito se tratava? O que teria impedido que esse sujeito tivesse sido inventado no território helênico ou medieval por meio da teologia? Teria esse sujeito sido inventado no racionalismo cartesiano ou depois dele? Qual seria a natureza desse sujeito? Se ele nasceu no racionalismo de cartesiano, quais as suas implicações lógicas e ontológicas. O autor daquela história da filosofia provocou esse cataclismo em minha alma e partiu, não se aprofundando sobre o assunto, sequer forneceu pistas que eu poderia seguir se quisesse dirimir as minhas dúvidas. Talvez tenha sido exatamente essa falta de demarcação temática, com maior aprofundamento, que tenha me instalado, definitivamente, no território que eu buscava para filosofar. Se, por um lado, sentia-me abandonado, andando em um terreno movediço, com muitas perguntas, nenhuma resposta, por outro, indicava-me que eu estava no caminho certo, tinha encontrado um problema genuinamente filosófico, com fôlego suficiente para dar conta de minhas pesquisas a nível de mestrado. Já tinha conquistado a pergunta inaugural de minha reflexão filosófica: qual é a origem do sujeito no pensamento ocidental? Já tinha uma pergunta orientadora, faltava-me encontrar o autor, no qual pudesse encontrar as bases filosóficas para responder a essa pergunta. Estava começando o meu mestrado.

Minhas inquietações filosóficas já tinham sido abaladas pela colocação de que a ideia de sujeito aparece na filosofia ocidental no humanismo renascentista. Claro que outras ideias também me incomodavam, provocavam em mim a necessidade de uma investigação mais vertical. O problema da causalidade, em Hume, encantava-me. Tinha plena consciência de que me encontrava diante de uma questão de grande densidade filosófica. A forma como o bom escocês desconstruía o otimismo da razão do século XVII, instalando-a num ceticismo, instigava-me. Queria visitar esse canto da filosofia. O desencantamento da razão destituiu o homem de poder ser o senhor que constrói verdades seguras e certas, verdades universais. Desde a sua origem, a filosofia buscou o universal e lá instalou a sua morada. Hume descontruiu essa morada, instalou a razão no chão, no mundo, no particular. Mais do que isso, indicou que a pretensão de a razão habitar no universal não passa de uma transgressão lógica. Desgarrada das representações sensíveis, a razão não passa de uma ficção. Nada chega à razão sem que antes tenha passado pelos sentidos. O problema é: como a razão faz o movimento entre o particular e o universal, como ela faz a passagem, as conexões causais, entre o presente e o futuro? Alguma lógica garante esse movimento? Se a lógica não garante esse movimento, a razão não pode tudo, tornou-se prisioneira do particular. Se assim o é, o que faz a razão buscar o universal? Encontrava-me diante de um confronto gnosiológico, entre dois territórios do pensamento filosófico: racionalismo e empirismo. Qual o limite da razão? O otimismo da metafísica ou o ceticismo do empirismo humiano? Esse embate encantava-me, achava, de verdade, que tinha encontrado, e demarcado, o campo de reflexão para a minha pesquisa. Passei alguns meses navegando por esses mares. Logo vi que meu interesse se assentava muito mais em minha ignorância do que do conhecimento que eu tinha daquele problema. Eu não tinha um problema, tinha vários. Se neles permanecesse, com certeza me perderia. Queria um problema em nível de mestrado, estava diante de um em nível de doutorado. Era preciso arrumar as malas, sair daquela morada, pegar o trem, ir em busca de outra estação filosófica. Foi o que eu fiz. Tinha interesse pela política e, nesse campo, Maquiavel me convidava a refletir sobre a invenção da teoria política moderna; tinha interesse pela ideia de que razão se torna justificadora do drama histórico, buscando, em cada ato desse drama, uma totalidade, através da qual, superando dialeticamente todas as contradições, finalmente, o real e o reacional conciliam-se em uma mesma – e única – identidade. Estava no território de Hegel, no qual, apesar das dificuldades impostas pela língua germânica, sentia-me bem à vontade; interessava-me pela poesia de Fernando Pessoa, em sua relação com a Filosofia, cheguei a pensar em trabalhar a influência da Filosofia – ou mesmo a influência de Kant – em sua poesia; entre outros temas... Mas a minha alma irrequieta não se fixava muito tempo em nenhum desses temas. Isso, de certa forma, é um perigo; saltando de tema em tema, nunca se fixar em nenhum. Nessa inconstância, o trabalho não começa, a pesquisa vai sendo adiada,

adiada, adiada e, caso não se tome cuidado, os excessos de adiamentos inviabilizam o trabalho. Delirar é até necessário para o bom exercício da Filosofia, mas chega um momento em que as tarefas da vida exigem que o bom senso seja mais prático. Encontrava-me num desses momentos. A vida é sacrifício de desejos, nem sempre podemos realizar todos que desejamos. Sem sacrifício não se vive, sem sacrifício não se pesquisa. Era chegada a hora de sacrificar vários desejos de pesquisas, concentrar-me em um e ir em frente. Mas qual? Não posso negar, estava um pouco perdido, não sabia bem qual o caminho a tomar. Nenhum demérito nesse estado de alma. Quase sempre nos encontramos nesse estado de angústia quando nos encontramos diante de diversas possibilidades, mas tendo de escolher só uma. A escolha é sempre um toque de morte na alma. Fechamos nossas portas para infinitas possibilidades e as abrimos só para uma. Qual delas? Qual a melhor? Vai lá saber!!! De verdade, nunca sabemos se as nossas escolhas nos levarão ao céu ou ao inferno. Mesmo assim temos de escolher. Não dava mais para adiar. Em minhas primeiras pesquisas já tinha identificado o autor que sustentaria o tema, objeto de minha futura dissertação de mestrado. Deixei os outros temas – e autores –, guardados no armário dos meus afetos, e fui em busca de Descartes. Queria que ele me respondesse – e me indicasse – os caminhos filosóficos por ele percorridos para demarcar a identidade inaugural do sujeito no pensamento ocidental.

Que Descartes é um filósofo do século XVII; que é ele quem inaugura o pensamento moderno; que, na cronologia do pensamento ocidental, ele se tornou o último dos antigos e o primeiro dos modernos; parece existir, entre todos os historiadores da filosofia, uma unanimidade em aceitar e tomar essas referências como verdadeiras.

Essa unanimidade, com certeza, jamais é plena quando se trata de interpretar o pensamento de Descartes como um todo, ou um tema no interior da sua filosofia. Existem divergências, entre seus intérpretes, quanto à possibilidade, ou não, de se justificar, no interior da metafísica cartesiana, o conceito de subjetividade.

Sabemos, desde há muito, que o consenso, ou mesmo a unanimidade, nunca foi, para o seu próprio bem, uma característica da filosofia. Se for possível estabelecer uma "natureza" para o discurso filosófico, ela só pode ser a da diferença, da ruptura, da quebra da unanimidade: essa é a condição e a natureza do seu próprio desenvolvimento.

O conceito de subjetividade se tornou presença comum no discurso do pensamento contemporâneo. Recorre-se a ele para fundamentar, a partir do sujeito, qualquer forma de discurso. Quando não para fundamentar, recorre-se a ele para refutar, o que é mais frequente, ou para criticar a sua natureza subjetiva e as possíveis consequências nos diversos campos do saber. Entretanto, não é muito frequente encontrarmos uma análise da origem desse conceito e do momento em que ele se constitui e se fundamenta no pensamento filosófico ocidental. O nosso objetivo no mestrado foi demonstrar que é na filosofia de Descartes que o conceito de subjetividade se constitui, pela primeira vez, no pensamento filosófico ocidental, enquanto fundamento e procedência da verdade.

Justificar e fundamentar o conceito de subjetividade na Filosofia de Descartes é tarefa excessivamente ampla, cuja extensão abarcaria toda a sua filosofia, já que é sobre a subjetividade, fundada a partir da autonomia racional do sujeito, que Descartes erguerá toda a sua construção filosófica. Por isso mesmo, sabendo do porte de tal tarefa, optamos por privilegiar uma das suas obras, *Meditações*. A escolha dessa obra se justifica por ser, segundo os maiores estudiosos do pensamento cartesiano, a obra na qual Descartes fundamenta, de forma definitiva, a sua metafísica do sujeito.

Desenvolvemos os trabalhos em três capítulos. No primeiro, intitulado *Da verdade sem sujeito ao sujeito da verdade*, mostraremos que o sujeito – fundante e fundamentador da verdade no processo do filosofar – é uma conquista da filosofia cartesiana. Antes de Descartes, todo o filosofar se inicia tendo uma verdade já dada como pressuposta, a partir da qual se ordena todo o processo do filosofar. A partir disso advém a necessidade de fazermos uma breve visita aos principais representantes do pensamento antigo e medieval para mostrar que, neles, de forma diferente, a verdade antecede ao sujeito e o filosofar passa a ser o processo pelo qual o homem, na sua racionalidade, identifica, descobre, desvela, traz à razão a verdade, a essência, a causa originária da constituição das coisas. Essa causa originária pode ser: natureza, ideia, substância ou Deus. Mostraremos, também, que a ruptura com essa antiga forma de filosofar se inicia com o ceticismo, mas, principalmente, com o nascimento da ciência moderna, e realiza-se plenamente na filosofia cartesiana. Em Descartes, pela primeira vez, a verdade passa a ser uma construção originária do sujeito. Como consequência, a verdade sem sujeito é superada pelo sujeito da verdade.

Se no primeiro capítulo nosso olhar foi de exterioridade, no segundo voltamos nosso olhar para o interior da filosofia cartesiana, em uma reflexão mais vertical, buscando, no interior do texto, a armadura gnosiológica que justificasse a ideia trabalhada. Tomamos a obra *Meditações*, como território de investigação. Tal escolha se justifica porque é nessa obra, de forma conclusiva, que Descartes demonstra a estrutura lógica e metodológica a partir da qual ele fundamentará a metafísica do sujeito.

Se no segundo capítulo trabalhamos os pressupostos gnosiológicos da metafísica do sujeito, no terceiro, intitulado: "A construção da subjetividade no pensamento cartesiano", concentramos a nossa reflexão em torno do conceito de subjetividade. Tendo como apoio a interpretação de Heidegger, buscamos mostrar que o conceito de subjetividade, enquanto instância fundadora da verdade, é uma construção originária da filosofia cartesiana. Ao falarmos em construção da subjetividade (como primado e procedência da verdade), queremos dizer que ela não é uma descoberta, um pressuposto dado e descoberto pelo sujeito no processo do filosofar; pelo contrário, queremos dizer que ela é uma invenção, uma construção e que é na metafísica cartesiana que esse conceito se constrói, pela primeira vez, e afirma-se como paradigma inaugural do pensamento moderno.

Concluído esse percurso filosófico, passamos um bom período refletindo sobre as próximas escolhas filosóficas. Não se pode negar, o mestrado é já uma tarefa pesada, mas o que vem depois dele, de fato, já é um encargo filosófico de uma responsabilidade bem maior. O doutorado é uma etapa que representa uma maturidade intelectual. Se no mestrado dissertamos sobre um tema, agora era chegada a hora de defendermos uma tese. Passamos certo tempo pensando o tema que trabalharíamos em nossa tese. Mas o que ocorre quase sempre é que os temas dos doutorados nascem no interior do tema desenvolvido no mestrado. Esse foi o nosso caso. Continuamos com Descartes. Buscando responder questões, provocações que sobreviveram, não foram solucionadas ou, de propósito, enfrentadas diretamente na etapa do mestrado. Naquele momento, a nossa reflexão voltou-se, mais especificamente, para provar que é em Descartes, ou seja, a partir da sua filosofia, que se inaugura, pela primeira vez, no mundo ocidental, o sujeito do conhecimento. Funda, a partir do sujeito, uma subjetividade a partir da qual a verdade vem ao mundo. Ali, buscamos demonstrar, em *Meditações*, que antes de Descartes, não se é possível falar de um sujeito da verdade, uma vez que esta lhe é exterior. Porém, com Descartes, afirma-se, definitivamente, o sujeito como fundamento, seguro e certo, de toda ordem do saber. Quando refletíamos sobre essas questões filosóficas, problemas surgiram que, intencionalmente, foram sombreados, já que ultrapassavam, naquele momento, os nossos objetivos de estudos. Os principais deles, em torno do qual outros gravitavam, era saber: *qual, verdadeiramente, é a função ou o papel de Deus na metafísica cartesiana? A presença de Deus na metafísica cartesiana compromete a autonomia do sujeito no processo de construção da verdade? A metafísica cartesiana realmente precisa de Deus para garantir a sua ordem de verdades? Quais os impasses lógicos enfrentados por Descartes para garantir e sustentar a presença de Deus na ordem do seu sistema metafísico? A presença de Deus na metafísica cartesiana é uma necessidade lógica ou é uma concessão político-religiosa?*

Todas essas questões, apesar de reconhecer a abrangência de cada uma delas, podem ser unificadas e traduzidas em uma única questão: *quais os limites da metafísica cartesiana*? Em busca da resposta a essa questão, construímos nosso projeto de doutorado.

De Locke a Deleuze, passando por Spinoza, Kant, Hegel, Nietzsche, Husserl, Sartre etc., encontramos concordâncias, discordâncias, negação absoluta ou parcial da metafísica cartesiana. Todos eles, cada um, segundo sua ordem de razão, está a dialogar com a razão instaurada por Descartes no século XVII; está a buscar saídas para as lacunas, os silêncios deixados na ordem da razão cartesiana que, à sua maneira, buscava, a partir da filosofia, responder a questões fundamentais sobre o homem, o conhecimento e suas possibilidades, o mundo, a moral, a ciência e Deus. Questões que provocaram Descartes ontem, provocam-nos hoje e, com certeza, provocará o homem de amanhã. A vitalidade de um autor não está, necessariamente, nas respostas que ele deu para os problemas filosóficos por ele levantados, mas, sim, na capacidade que ele tem de instaurar o problema, de provocar, a partir das suas respostas, outros problemas filosóficos, outras respostas, outras filosofias, outros tempos. Assim foi Platão, assim é Descartes. Retornar a Descartes para compreender melhor a ordem do seu próprio sistema, decifrar a trama pela qual ele teceu sua filosofia, é buscar entender o nosso próprio tempo, é buscar entender as grandes questões filosóficas da atualidade que, apesar do tempo que nos separa, também eram questões de Descartes, quiçá, de Platão. Queiramos ou não, ainda somos, hoje, herdeiros do *Cogito* cartesiano. Descartes nos é indispensável. Sartre, em seu livro *O existencialismo é um humanismo*, diz: "Não pode haver outra verdade, no ponto de partida, senão esta: *penso, logo existo*; é aí que se atinge a si próprio a verdade absoluta da consciência. Toda a teoria que considera o homem fora deste momento, é antes de mais uma teoria que suprime a verdade, porque fora deste *cogito* cartesiano, todos os objetos são apenas prováveis, e uma doutrina de possibilidades que não está ligada a uma verdade desfaz-se no nada; para definir o provável, temos de possuir o verdadeiro".

Se no mestrado concentramos nossa reflexão, propriamente dita, em *Meditações,* agora, no doutorado, a nossa reflexão ampliou-se, alcançando três momentos, a princípio distintos, da razão cartesiana: a física (*O mundo*), a metafísica (*Meditações*), a moral (*As paixões da alma*). Três momentos que se distinguem em sua intenção original, unificam-se em seu projeto metafísico final.

Descartes, por prudência, recusa-se a publicar o seu livro *O mundo*, só publicado postumamente, depois da condenação definitiva de Galileu, em 1633. Ele parece estar voltado, unicamente, para os avanços das ciências, conquistas de Copérnico e Galileu, e dele mesmo, comportando-se mais como um cientista do que como um metafísico; se assume a nova ciência, ainda não está preocupado com uma nova metafísica. Diz Descartes em *Discurso do método:* "Todavia, esses nove anos encerraram-se antes que eu tivesse tomado qualquer partido, com respeito às dificuldades que costumam ser disputadas entre os Doutos, ou começado a procurar os fundamentos de alguma filosofia mais certa do que a vulgar". A condenação de Galileu coloca em risco as conquistas da nova ciência. É diante desse risco que Descartes salta da ciência para a metafísica. Assim, a princípio, de forma ainda cautelosa, em *Discurso do método*, e, de forma plenamente amadurecida e acabada, em *Meditações*, é que Descartes vai buscar uma nova metafísica, fundada na razão natural, que possa dar conta, justificar e legitimar a nova viência. Por fim, no terceiro momento, analisamos *As Paixões da Alma*, obra por meio da qual Descartes fundamenta, a partir da sua física geométrica, conquistada já nas ciências, por meio de *Mundo* e, na metafísica, por meio de *Meditações*, a sua moral. É pela moral que Descartes buscará resolver um dos grandes problemas da sua filosofia, melhor dizendo, de sua metafísica, qual seja: a união do corpo e da alma. Se em *Meditações* Descartes estabeleceu a distinção entre as substâncias inextensa (pensamento) e extensa (matéria), afirmando a total distinção e independência entre elas, em *Paixões da Alma*, Descartes buscará, de forma definitiva, unificar essas duas substâncias. O problema é: como justificar essa união? Ela é logicamente justificável? Descartes transgride a ordem lógica de seu sistema filosófico ao propor a união dessas duas substâncias distintas? Quais as consequências para a metafísica cartesiana se essa união não fosse proposta? O que teria levado Descartes, que passou toda a sua vida demonstrando a distinção entre essas duas substâncias, a buscar demonstrar a união entre elas? Bem, essa é uma das questões que se impõe quando questionamos os limites da metafísica cartesiana. Outro problema central da metafísica cartesiana é o problema de Deus. A esse problema, subordinam-se todos os outros, inclusive o da união substancial. Este, o problema de Deus, antecede e possibilita a existências dos outros. Por isso mesmo, tomar-nos-emos como problema-alvo que irá direcionar as futuras investigações do doutorado. Em última instância, Deus torna-se a base de sustentação da metafísica cartesiana e, por extensão, de toda a sua ciência, já que a sua Física encontra os seus fundamentos em sua metafísica. "E, assim, reconheço muito claramente que a certeza e a verdade de toda ciência dependem tão só do conhecimento do verdadeiro Deus: de sorte que, antes que eu o conhecesse, não podia saber perfeitamente nenhuma outra coisa. E, agora que o conheço, tenho o meio de adquirir uma ciência perfeita no tocante a uma infinidade de coisas, não somente das que existem nele, mas também das que pertencem à natureza corpórea, na medida em que ela pode servir de objeto às demonstrações dos geômetras, os quais não se preocupam de modo algum com a sua existência". É garantido por esse Deus veraz que Descartes garante, de forma clara e distinta, as verdades do seu próprio sistema metafísico. Entretanto, é a partir da ordem racional, fundada nas ideias claras e distintas, que Descartes chega a Deus. Eis aqui um problema lógico da metafísica cartesiana. Descartes usa a razão, pelas ideias claras e distintas, para provar a existência de Deus; em seguida, recorre a Deus para garantir a veracidade das próprias ideias claras e distintas. O que queríamos saber, naquele momento, é se esse movimento circular, que faz Descartes deslizar do Eu para Deus e, depois, de Deus para o Eu, transgride e, como consequência, compromete a ordem lógica de seu próprio sistema metafísico. Perguntávamo-nos se a força do sistema filosófico de Descartes encontra-se na ordem lógica de seu pensamento (o método) e não na ordem da sua metafísica. Perguntávamos: o que teria levado Descartes a saltar do método para a metafísica? Esse salto atende a uma necessidade lógica do próprio sistema ou a uma necessidade político-religiosa? Será que tinha razão Pascal quando afirmava que a presença de Deus no sistema cartesiano é inteiramente dispensável e decorativa? Eis aí o nosso problema filosófico, em torno do qual os outros problemas gravitam. Responder a essas questões implicaria conhecer e refletir sobre todo o projeto filosófico de Descartes no limite, dar conta dos limites e das possibilidades de sua metafísica.

A pretensão de Descartes foi a de construir um saber seguro e certo, que atendesse de todos os outros saberes, um saber, por meio do qual todos os outros saberes possíveis fossem justificados e legitimados. Esse saber é a metafísica. "... a filosofia toda é como uma árvore, cujas raízes são a Metafísica, cujo tronco é a física e cujos galhos que saem desse tronco são todas as outras ciências [...]". É garantido por essa base metafísica que Descartes estabelece um saber claro e distinto, indubitável, sobre o Homem, sobre Deus e sobre o mundo. O que mobilizou a nossa reflexão foi investigar a ordem lógica desse fundamento, saber os limites e as possibilidades dessa metafísica. Toda a metafísica cartesiana está assegurada em três verdades indubitáveis: [1] primeira, a verdade do *Cogito – penso, logo existo*, substância pensante, fundamento inaugural do saber, a partir da qual se instala a produção de todo conhecimento verdadeiro; [2] segunda: Deus, verdade que garante o estatuto de universalidade e atemporalidade das verdades conquistadas pelo sujeito pensante; e, [3] terceira: a veracidade divina, verdade que garante a correspondência entre a ordem da razão e a ordem das coisas que lhes são exteriores, garante a correspondência entre a *res-cogitans* e a *res-extensa*. Essas três verdades, quando ordenadas e estabelecidos os seus graus de dependência, fundamentam toda a estrutura da metafísica cartesiana. O primeiro grande problema que se coloca à metafísica de Descartes é saber como é possível que três substâncias completamente distintas e independentes – o pensamento, Deus e a matéria –, podem unificar-se, estabelecendo, entre elas, uma única ordem de dependência necessária? O que teria levado Descartes a saltar do Eu e do Mundo (ciência) para Deus (metafísica)? Esse salto é logicamente possível, melhor dizendo, é racionalmente provado? Há alguma transgressão lógica nesse salto? E se há, ela implica ou compromete a própria ordem do sistema metafísico de Descartes? Descartes, em seu livro *Meditações*, na terceira meditação, recorre às ideias claras e distintas para provar a existências de Deus; em seguida, recorre à ideia de Deus para garantir a verdade das ideias claras e distintas. Esse é um grande problema, mesmo um impasse lógico, da metafísica cartesiana. Já nas *Respostas às objeções*, Arnaud acusa Descartes de estar raciocinando em círculo: "como evitar o autor de raciocinar em círculo, quando diz que temos certeza de que o que percebemos de maneira clara e distinta só é verdadeiro porque Deus existe? Só podemos ter certeza de que Deus existe por percebermos isso de maneira clara e distinta. Logo, para podermos ter certeza de que Deus existe, devemos poder ter certeza de que o que percebemos de maneira clara e evidente é verdadeiro". A questão que se impõe não é saber se esse raciocínio é logicamente sustentável ou não, mas saber se a ideia de Deus é necessária à metafísica cartesiana ou se ela sobreviveria sem um Deus que lhe sustentasse ontologicamente. Descarte recorreu a Deus para colocar o mundo em movimento e, em seguida, não encontrando mais nenhuma necessidade de seus serviços, o descartou? Se isso é verdade, bastaria a autonomia racional do sujeito para fundar e garantir o conhecimento verdadeiro sobre todas as coisas? A presença de Deus na metafísica cartesiana seria apenas alegórica? Deus seria a garantia da verdade, mas sua presença não se faria necessária na ordem do método? Quando se trata da metafísica, Deus se faz necessário para fornecer sua sustentação ontológica? Essa mesma necessidade desaparece quando se trata da ciência? Em relação à ciência, seria o sujeito absoluto? Se, de fato, Deus é necessário na metafísica, mas desnecessário no território da ciência, o que teria levado Descartes a tornar a sua metafísica dependente e subordinada a Deus? O que teria levado Descartes a saltar do homem para Deus? No *Discurso do método*, Descartes demonstra claramente que, por muito tempo, as questões filosóficas e metafísicas estão ausentes dos seus interesses, estes voltados, unicamente, para a Ciência, mas, especificamente, para a nova ciência, aquela que Copérnico e Galileu anunciam ao mundo. Se a ciência de Copérnico e Galileu lhe basta, por que, então, fundar uma nova metafísica para, a partir dela, legitimar as conquistas dessa nova ciência? Esta, por si só, não se sustenta? Gaukroger, em seu livro *Descartes, uma biografia intelectual*, diz: "A questão da legitimação metafísica surgiu, principalmente, em virtude de Descartes tomar o heliocentrismo como consequência direta da cosmologia mecanicista de *Le monde*, e das condenações de 1616 e, sobretudo, 1633 (condenação de Galileu), haver indicado que nenhum argumento puramente natural-filosófico seria aceito" pelos doutos e teólogos da Igreja. Mas, no limite, o Deus que oferece os fundamentos metafísicos da física cartesiana é o mesmo Deus para o qual os devotos lançam as suas orações. Seria o Deus de Descartes o mesmo Deus da Fé? Desde o início de sua caminhada, Descartes faz questão de demarcar que o Deus de sua filosofia se encontra nos limites da razão natural, fora do alcance de qualquer "razão" sobrenatural. Esse assunto ele deixa para os teólogos. "Eu reverenciava nossa Teologia e, como qualquer outra pessoa, desejava ganhar o céu; mas, tenho aprendido como certo que seu caminho não está menos aberto aos ignorantes do que os sábios, e que as verdades reveladas que a ele conduzem estão acima de nossa inteligência, não ousaria submetê-las à fragilidade de meus raciocínios. Além disso, pensava que, para empreender a sua análise e lograr êxito, era necessário contar com alguma assistência extraordinária do céu e ser mais do que homem". A questão, a saber, é se essa necessidade metafísica solicitada pela ciência atende a uma necessidade lógica ou a uma necessidade político-religiosa, ou se, ao mesmo tempo, atende e dá conta de ambas as necessidades. O próprio Descartes, diante da condenação de Galileu e como autopreservação, recusa-se a publicar seu livro *Le monde*, em que reafirmava e assumia, como suas as principais teses da ciência de Copérnico e Galileu: "E confesso que se isso é falso – as teses da nova ciência –, todos os fundamentos da minha filosofia também o são, pois se demonstram por eles, evidentemente. E se acham de tal forma ligados com todas as partes do meu Tratado, que eu não poderia destacá-los sem tornar defeituoso todo o resto". Mesmo reconhecendo as verdades do seu Tratado, Descartes recusa-se a publicá-lo para não correr o risco de ter a Igreja contra ele e as suas ideias. Em carta dirigida a Mersenne, em abril de 1634, diz Descartes: "[...] *je vous dirai que toutes les choses que j'expliquais em mon Traité, entre lesquelles était aussi cette opinion du mouvement de la Terre, dépendaient tellement les unes des autres, que c'est assez de savoir qu'il y en ait une qui soit fausse, pour connaître que toutes les raisons dont je me servais n'ont point de force; et quoique je pensasse qu'elles fussent appuyées sur des démonstration très certaines et très évidentes, je ne voudrais toutefois pour rien du monde les soutenir contre l'autorité de l'Église* [...] *bene vixit, bene qui latuit*". Apesar de Descartes ter escolhido as sombras para habitar, não abandona definitivamente o seu projeto científico, ao contrário, reformando-o, para não chocar as autoridades religiosas, vestindo-o de uma nova metafísica, o *Discurso do método* anuncia ao mundo algumas verdades do *Le monde* e, ao mesmo tempo, anuncia ao mundo uma nova metafísica à qual todas as verdades, inclusive as da nova ciência, estão subordinadas. O pensamento cartesiano segue uma ordem: à lógica, segue a física, à física, segue a metafísica. Essa sequência atende a uma necessidade, ou a uma exigência, de fundamentar as certezas: científicas e religiosas. É essa exigência que conduz e subordina a ordem da razão à ordem de um Deus Bom, Perfeito e Veraz. A questão que se coloca aqui é saber se, verdadeiramente, de forma clara e distinta, como queria Descartes, é possível essa subordinação. Não estaria Descartes dando um salto tão alto com a sua metafísica que a própria razão humana natural já não poderia alcançar? A relação entre homem e Deus não encontraria no sistema cartesiano uma fundamentação lógica? Essa relação só se justificaria por um ato de fé, fora da autonomia do Cogito, como pretendia Descartes? Se essa tese for verdadeira, o propósito de Descartes de encontrar um fundamento metafísico fundado na razão natural para legitimar a ciência estará comprometido, já que esse salto, do Eu para Deus, transgride a pretendida racionalidade científica. O que está em questão aqui é o próprio estatuto da ciência. Qual deve ser a sua base de sustentação: a luz natural da razão ou os dogmas da religião? Qual, verdadeiramente, é a natureza desse Deus defendido por Descartes em sua metafísica? Essa metafísica, suportada e garantida por Deus, vai ao encontro ou de encontro a uma metafísica religiosa garantida por uma ideia de um Deus transcendente? Ou o Deus de Descartes é o que se poderia chamar de o Deus dos filósofos e, nesse caso, não corresponde ao Deus da religião? Por que Deus só aparece na metafísica de Descartes depois que ele conquista o Eu, primeira verdade indubitável? Não queria Descartes nos dizer que não estar interessado na transcendência de Deus, mas que seu único objetivo é tomá-lo como fundamento metafísico da primeira conquista da razão natural? Se isso é verdade, mesmo assim, a metafísica de Descartes poderia estar fora do alcance do Deus cristão, mas, ainda assim, estaria fora dos limites lógicos da razão? Mas esse, verdadeiramente, não é o propósito de Descartes. Ele busca, acima de tudo, estabelecer um conhecimento fundamentado em bases matemáticas, assentados em uma razão inteiramente natural, que lhe possa garantir um saber verdadeiro, claro e distinto sobre o homem, Deus e o mundo. A sua metafísica dá conta desse propósito? O que vemos aqui são dois momentos distintos da presença de Deus no sistema cartesiano: um, na ordem do pensamento, em que o Eu antecede e afirma racionalmente a existência de Deus: "Deus existe porque eu existo, eu tenho uma ideia de Deus". Deus torna-Se a primeira verdade que o homem conhece, depois de conhecer a si próprio. Na ordem do método, o conhecimento do Eu antecede ao conhecimento de Deus; na ordem do Ser – na ordem ontológica –, a verdade de Deus antecede e garante a verdade do Eu. "E, assim, reconheço muito claramente que a certeza e a verdade de todas as coisas dependem do tão-só conhecimento do verdadeiro Deus: de sorte que, antes que eu o conhecesse, não poderia saber perfeitamente nenhuma outra coisa". A questão que aqui se coloca como demarcação para os nossos estudos no Doutorado é saber: na metafísica cartesiana, essa ordem do Ser implica ou compromete a ordem do pensamento? Só na ordem do Ser a ordem do pensamento pode se afirmar? A ordem do pensamento não seria suficiente para afirmar e garantir a ordem da verdade? Essa subordinação da ordem do pensamento à ordem do Ser atende a uma necessidade lógica ou a outras necessidades não manifestas explicitamente por Descartes? Descartes pensa em tudo que diz, mas será que ele, verdadeiramente, diz tudo que pensa? Essa implicação e subordinação do pensamento ao ser levará Descartes a grandes dificuldades lógicas. Como justificar racionalmente a imortalidade da alma? Como justificar racionalmente o problema do movimento? Como justificar a união entre a matéria e o espírito?

    Desses impasses lógicos tomemos um, a união entre matéria e espírito, para fazermos aqui uma breve reflexão. Esse é um impasse que gerou ao próprio Descartes e ainda tem gerado até os nossos dias, entre os seus intérpretes, grandes polêmicas e conflitos de interpretações. O que teria levado Descartes, depois de passar quase todo o percurso da sua obra fundamentando matematicamente a distinção entre o espírito e a matéria, a *res-cogtans e a res-extensa*, no final da *Sexta Meditação*, a buscar uma unidade dessas duas substâncias distintas? Diz Descartes, no início da *Sexta Meditação*: "[...] e, portanto, pelo próprio fato de que conheço com certeza que eu existo, e que, no entanto, noto que não pertence necessariamente nenhuma outra coisa à minha natureza ou à minha essência, a não ser que sou uma coisa que pensa, concluo, efetivamente, que a minha essência consiste somente em que sou uma coisa que pensa ou uma substância da qual toda a essência, ou natureza consiste em pensar. E, embora, talvez, "[...] eu tenha um corpo ao qual estou muito estritamente conjugado, todavia, já que, de um lado, tenho uma ideia clara e distinta de mim mesmo, na medida em que sou apenas uma coisa pensante e inextensa, e que, por outro lado, tenho uma ideia distinta do corpo, na medida em que é apenas uma coisa extensa e que não pensa, é certo que este eu, isto é, minha alma, pela qual sou o que sou, é inteira e verdadeiramente distinta do meu corpo e que pode ser ou existir sem ele". Entretanto, logo em seguida, no final da *Sexta Meditação*, quando Descartes busca justificar e provar, a partir das representações sensíveis que estão presentes no espírito, mas que dele independem, a existência do mundo material, da realidade exterior ao sujeito pensante, recorrerá, para surpresa de todos, a uma união entre essas duas substâncias distintas: "a natureza me ensina também por esses sentimentos de dor, fome, sede etc., que não somente estou alojado em meu corpo, como um piloto em seu navio, mas que, além disso, lhe estou conjugado muito estritamente e de tal modo confundido e misturado que componho com ele um único todo". Questão, de fato, embaraçosa. Como é possível que substâncias absolutamente distintas em suas naturezas, em suas essências, possam se identificar, formar-se em um único todo? O próprio Descartes, ainda em vida, teve muitas dificuldades para defender e justificar essa tese. Apesar dos vários argumentos filosóficos que ele levanta para justificar essa união, parece que nem ele próprio está convencido de, racionalmente, poder fundamentar e justificar, a contento, essa união substancial. Em carta enviada a Descartes, a Rainha Elizabeth demonstra inquietude e insatisfação com os argumentos fornecidos por Descartes para justificar e fundamentar essa união substancial. A resposta a essa carta é surpreendente. Nela, parece que Descartes desiste de vez de encontrar argumentos racionais para justificar a sua tese. É como se ele desistisse de sua própria tese, reconhecesse a impossibilidade lógica dessa união: "[...] *j'ai jugé que c'était ces méditations, plutôt que les pensées qui requièrent moins d'attention, qui lui ont fait trouver de l'obscurité en la notion que nous avons de leur union; ne me semblant pas que l'esprit humain soit capable de concevoir bien distinctement, et en même temps, la distinction d'entre l'âme et le corps, et leur union; à cause qu'il faut, pour cela, les concevoir comme une seule chose, et ensemble les concevoir comme deux, ce qui se contrarie*". Essa renúncia não compromete a tão buscada racionalidade para a sua metafísica, bem como para a sua moral? Quais as consequências dessa renúncia para todo o sistema metafísico de Descartes? Não buscou Descartes, desde o início, fundar toda a sua metafísica, inclusive a sua moral, em uma física-geométrica que lhe garantisse verdades claras e distintas de todo o seu sistema? Essas são questões bastante abrangentes e complexas que sobrevivem no interior da metafísica de Descartes e que por ele não foram solucionadas ou que as soluções por ele apresentadas continuam, até os dias de hoje, a gerarem discussões e divergências de interpretações. O que move o nosso espírito não é denunciar, se houver, falhas no sistema metafísico de Descartes, mas, sim, entender, com um olhar crítico, a própria ordem do sistema, saber até que ponto o próprio sistema suporta esses impasses lógicos. Se, de fato, como disse Descartes, todo o saber possível tem na metafísica a sua raiz, é para essa raiz que o nosso olhar estará voltado, buscando entender os limites e as possibilidades dessa Metafísica que pretende ser a base de sustentação, a "rocha firme" a partir da qual se ergue "o" saber verdadeiro sobre o homem, Deus e o mundo.

Ao longo deste texto vimos mais perguntas do que respostas, mais suspeitas do que certezas. Assim é o início de qualquer estudo, seja em nível de mestrado ou doutorado. A partir de muitas perguntas que, ao longo dos estudos, os caminhos vão sendo selecionados, as ideias vão amadurecendo à medida que o campo epistemológico escolhido para a reflexão vai se tornando mais claro, mais bem definido. Esse não é o momento de se ter muitas certezas. Para falar a verdade, não só nesse momento, mas em nenhum momento, para quem trafega pelos delírios da filosofia, é recomendável erguer moradas sobre o solo das certezas absolutas. Nisso, está certo Nietzsche, quando diz que "quanto mais suspeita, mais filosofia". O campo da reflexão é aberto, nenhuma possibilidade deve ser excluída. Quem pesquisa não deve frequentar nenhuma religião, não deve buscar em seus estudos a confirmação de verdades sacralizadas trazidas em suas algibeiras. Não, isso é um impedimento para o pensamento. Não ter nenhuma responsabilidade com a verdade é uma condição necessária para o pesquisador. Isso se justifica porque, só bem mais tarde, depois de defendido uma dissertação de mestrado e, em seguida, uma tese de doutorado, parte das questões postas no início da caminhada foram respondidas. Não todas, claro, muitas delas permaneceram, quando não se metamorfosearam em muitas outras, ainda completamente desconhecidas. Assim, a verdade estará sempre fora de alcance daquele que a busca. Sócrates, ao final de seu julgamento, depois de ter recebido a sua sentença de morte, diz: "Bem, é chegado a hora de partirmos, eu para a morte, vós para a vida. Quem segue o melhor rumo, se eu, se vós, é segredo para todos, menos para a divindade". Xenófanes, indo além de Sócrates, diz: "Contudo, a verdade certa, nenhum homem a conheceu, nem chegará a conhecer, nem os deuses, nem mesmo acerca do que menciono. Pois ainda que, por acaso, viesse a dizer a verdade final, ele próprio não saberia: pois não passa de teia urdida de pressupostos". É quase possível dizer que, depois de um longo percurso feito, tendo respondido muitas das perguntas originárias, continuamos portando muito mais dúvidas e incertezas que tínhamos no início de nossa caminhada em direção ao nosso doutorado. Ser filósofo é, de fato, habitar o mundo da dúvida, o mundo da suspeita, é permanecer sempre em movimento pendular entre a sabedoria e a ignorância, o castelo e a choupana. Esses grandes pensadores são seres perigosos, são hábeis na arte de seduzir; só não alertam, antecipadamente, dos riscos que corre todo aquele que se deixa seduzir ao ouvir o seu canto. Deles nos aproximamos com a pretensão de dominá-los, tornando-nos senhores da teia conceitual que constitui a ordem lógica de seu sistema filosófico. Só mesmo a infância de nossa razão, em nossa imaturidade reflexiva, faz-nos acreditar nessa descabida pretensão. A verdade é que, depois de uma longa caminhada, quando achamos que conhecemos a cidade conceitual de um autor, descobrimos, para nossa tristeza, que dele conhecemos muito pouco, que a nossa ignorância sobre ele é infinitamente maior do que tudo o que dele sabemos. Se o não saber socrático dá origem à Filosofia – "só sei que nada sei" –, ele deve percorrer e direcionar o saber de todos aqueles que buscam, na Filosofia, a posse de um saber verdadeiro. Sábio não é aquele que se tornou Senhor da verdade, mas aquele que se tornou Senhor de sua própria ignorância. Sábio é aquele que sabe que não sabe.

Ao concluímos este breve texto, no qual indicamos o percurso de nossa caminhada acadêmica, depois de um mestrado e um doutorado, sobre o pensamento filosófico de Descartes, temos plena consciência de que, sobre esse autor, sabemos muito pouco. De certa forma, é, ao concluirmos a caminhada, que nos sentimos preparados para iniciá-la. Se pudesse percorrer os mesmos caminhos, portando os conhecimentos que foram adquiridos na caminhada, sairíamos da floresta com mais facilidade, andaríamos menos em círculo. Mas é tarde, a caminhada chegou ao fim. Pelo menos a caminhada que a carreira acadêmica impôs: o mestrado e o doutorado. Ao se concluir um trabalho, o pesquisador sabe que apenas uma fase de sua labuta chegou ao fim, mas ele também tem consciência de que é preciso dar continuidade a novas caminhadas. Uma ou duas portas foram fechadas, infinitas outras se encontram abertas. É preciso continuar visitando a casa daquele filósofo como se o estivesse visitando pela primeira vez. Filosofar é refazer infinitas vezes o mesmo caminho, como se ele nunca antes tivesse sido percorrido. Por mais caminhos que tenhamos trilhado, a Filosofia continuará nos sendo estranha, não nos deixa tirar todos os seus véus, não se revela por inteiro. Aquele que se deixou seduzir pela *Deusa Sophia* encontra-se condenado a servir-lhe por toda a vida, condenado a ser um eterno aprendiz de seu saber.

TABACARIA

(F. Pessoa)

Entender as tensões dos versos, não a sua ordem dada em sua decifração imediata, ou mesmo as suas combinações rítmicas, mas as tensões nervosas carregadas de conflitos, dores, afetos, positivos ou negativos, que toda poesia comporta, era o que eu buscava. Estava mais interessado pela nervura existencial dos versos do que pela métrica que ordenava a sua composição. Parecia que *Tabacaria* visitava todos os cantos das tensões possíveis dos versos, como se, em um só poema, acolhesse todas as possibilidades da poesia. Não era mais um poema, era, de fato, um território de experiências de todos os poemas possíveis. Na infância dos meus afetos, sentidos – ainda não pensados –, sentia-me como se estivesse diante do poema perfeito. Mais tarde fui descobrindo que não estava de todo errado. Os poemas que nos afetam, todos eles, na ordem do tempo em que atendem às demandas de nossas almas desejantes, são perfeitos. Era como se toda a poesia produzida ao longo da história fosse uma espécie de rascunho, uma preparação para a sua chegada. Como se antes de *Tabacaria* não houvesse existido poesia, tornando Fernando Pessoa, em relação àquele poema, um Adão, ou mesmo um Prometeu, que, tendo acesso ao Olimpo dos versos, tivesse roubado de Zeus a fórmula originária do poema perfeito, derramando-a sobre o mundo para que os poetas, nela se inspirando, pudessem construir os poemas perfeitos vindouros.

Os versos falam, emitem um sentido. Entretanto, há uma expressiva metamorfose de sentido. Melhor seria chamá-lo de sentidos. Todos eles atendem a uma demanda de intencionalidade do sujeito que o interpreta. Nessa trilha, sendo a interpretação datada historicamente, os sentidos mudam quando muda o tempo histórico dos sujeitos afetados.

O poema se torna múltiplo, como múltiplas são as demandas dos leitores. Cada vez que o sujeito retorna ao poema, encontra, no mesmo texto, aquilo que nunca antes tinha visto... O poema se transmuda em um ente vivo, dinâmico, camaleônico, mudando suas cores de acordo com o olhar do seu leitor. Como se em cada momento suas mudanças fossem processadas para atender às novas demandas de seu admirador. Aqui, nunca se saberá, de verdade, se é o olhar do leitor que altera o ser do poema, ou se é o poema que altera o ser do leitor. Só é possível dizer que há, entre o leitor e o poema, uma relação mútua de afetações. Uma simbiose entre os afetos: sentidos pelo leitor e aqueles ofertados pelos versos.

Apesar da longa passagem do tempo, tenho vivo em minhas lembranças afetivas o dia em que pela primeira vez ouvi o poema: *Tabacaria*. O primeiro verso foi arrebatador, conquistou-me por inteiro, senti-me como se tivesse acabado de encontrar aquilo que buscara nos meus poucos anos de vida. Era como se eu tivesse encontrado a minha casa, aquela que acolhia, por inteiro, todas as demandas de minha alma. *"Não sou nada, nunca serei nada, à parte isso, tenho em mim todos os sonhos do mundo*". Era um verso muito desconfortável, mas dizia o que a minha alma sentia. Esse verso não foi escrito por Fernando Pessoa. Não. Ele me roubou. Esse verso era meu, eu o escrevi nos passos dados de minha breve existência. Ele foi construído enquanto eu me construía. Mesmo que um dia ele tenha ido habitar em Lisboa, tinha absoluta certeza de que a sua cidade natal era Salvador.

Já tinha visitado a casa de Fernando Pessoa, mas foi uma visita rápida, não me demorei, tomei um chá de seus versos, provei uma taça de vinho de suas dores, até repousei na rede de seus sentidos, sem metafísica, mas nada que gerasse dependência. Já tinha visitado casas melhores, meu corpo e minha alma já tinham sido alimentados com versos mais nutritivos...

Tentei ser poeta, busquei, entre os versos dos meus reversos, encontrar o acordo entre as dores, os amores e as letras. Sempre foram tentativas fracassadas. Envergonho-me de quantas matas derrubei, em forma de folhas de papel jogadas ao lixo, depois de infinitas tentativas de escrever só um bom verso, não ultrapassei um amontoado de rimas pobres, bárbaras e medíocres. Envergonhava-me em cada tentativa. As sementes que ali plantava não germinavam. A terra de minha alma mostrou-se infértil às demandas dos meus devaneios poéticos. Todo o meu ser sempre se reconheceu no universo dos delírios, mesmo que estes fossem sem grandes estardalhaços, mais contidos, quase tímidos e silenciosos. Sempre achei que sem esse estado febril da alma não há grandes movimentos do espírito. Foi, portanto, essa alma irrequieta, com sede de novos conhecimentos, que me aproximou, de início, da literatura, mais tarde, da filosofia e, finalmente, da poesia. Da literatura tornei-me um leitor voraz; da filosofia tornei-me um eterno estudante; da poesia tornei-me um desejante faltoso. Por toda a vida, convivi com essa falta. Não me restando outra alternativa, passei a sublimar, na poesia alheia, a poesia que faltava em mim. Fui caminhando em terras estranhas, andando sem rumo, sem direção... Andando sem saber onde o caminho ia dar, já que sequer sabia para onde eu queria ir. De certa forma, caminhava no mundo da poesia alheia pelo simples prazer de caminhar. Sem nenhuma intenção de fixar-me em lugar algum. Podia não saber para onde ir, mas já sabia que, no mundo dos delírios, recomenda-se que o delirante não devote fidelidade a nenhum delirante oficial. Assim, saltava de Drummond para Augusto dos Anjos, para Bandeiras, para... E assim fui...

Com Carlos Drummond de Andrade deparei-me com as pedras no meu caminho. Em sua companhia buscava entender o meu querer ser no mundo: "Que vai ser quando crescer? Vivem perguntando em redor. Que é ser? É ter um corpo, um jeito, um nome? Tenho os três. E sou? Tenho de mudar quando crescer? Usar outro nome, corpo e jeito? Ou a gente só principia a ser quando cresce? É terrível, ser? Dói? É bom? É triste? Ser: pronunciado tão depressa, e cabe tantas coisas? Repito: ser, ser, ser. Er. R. Que vou ser quando crescer? Sou obrigado a? Posso escolher? Não dá para entender. Não vou ser. Não quero ser. Vou crescer assim mesmo.

Sem ser. Esquecer"; com Cecília Meireles aprendi a conviver com o poeta, que não é alegre, nem triste, simplesmente é poeta; com Augusto dos Anjos, a crua e fria alma humana, a sua melancolia e seu pessimismo, ao mesmo tempo em que seu olhar me apresentava a face fria da morte, fortalecia-me a conviver com ela sem medo. Sempre me atraía o seu lado existencialista. Essa forma de desvestir a alma humana de sua falsa bondade, apresentando o seu lado feio, sombrio, mas real: "*Toma um fósforo. Acende o teu cigarro! O beijo amigo, é a véspera do escarro, A mão que afaga é a mesma que apedreja*"; Bandeiras me ensinou a só fixar-me na terra que eu mesmo inventei, a evitar, nesta vida, habitar terras alheias: "*Vi terras de minha terra, Por outras terras andei. Mas o que ficou marcado / No meu olhar fatigado, Foram terras que inventei*"; Mário Quintana me ensinou a ver a vida com leveza, com olhar de uma criança. Com ele caminhei sabendo que "*eles passarão, eu passarinho*"; não poucas vezes recorri aos versos de Vinícius de Moraes para tornar as minhas cartas de amor mais sedutoras, verdadeiras armadilhas lançadas sobre os corações das belas moças: "*E por falar em saudades, onde anda você?*". Qual a amada que resiste a estes versos sobre o amor: "*que seja eterno enquanto dure...*"?; quase desidratei de tanto chorar quando, no amanhecer de um domingo qualquer, ouvi Patativa do Assaré recitando o canto de morte, que narra os derradeiros momentos de sua querida filha Nanã neste perverso mundo: "Eu vou contar uma história / Que eu não sei como comece, / Por que meu coração chora, / A dor no meu peito cresce, / Aumenta o meu sofrimento / E fico ouvindo o lamento / De / minha alma dolorida, / Pois é bem triste a sentença que / Perdeu na existência / O que mais amou na vida. / Morreu na sua inocência / Aquêle anjo encantador / Que foi na sua existência, / A cura da minha dor [...] / Era Ana o nome dela, Mas eu chamava Nanã. / E, numa noite de agosto, / Noite escura e sem luá, / Eu vi cresce meu desgosto, / Eu vi cresce meu penar. / Naquela noite, / a criança / Se achava sem esperança / E quando vêi o rompê / Da linda e risonha orora, / Fartava bem pôcas hora / Pra minha Nanã morre. / Soluçando, pensativo, / Sem consolo e sem assunto, / Eu sinto que inda estou vivo, / Mas meu jeito é de defunto. / Envolvido na tristeza, / No meu rancho de pobreza, / Toda vez que eu vou rezar / Com meus joelhos no chão, / Peço em minha oração: Nanã, venha me buscar !!!"; com João Cabral de Melo Neto, aprendi a reconhecer o Severino que habitava em mim: *"Somos muitos Severinos, iguais em tudo na vida, morremos de morte igual, mesma morte Severina: que é a morte de que se morre, de velhice antes dos trinta, de emboscada antes dos vinte, de fome um pouco por dia..."*; e o que falar dos poetas malditos... Gregório de Matos, com seus versos líricos e satíricos, sempre voltados para a defesa dos injustiçados, clamando pela liberdade, ensinou-me a ter um olhar crítico diante do mundo, tornou minha alma menos ingênua, preparou-me para aliar-me, sempre que preciso, às lutas pelas justiças sociais; Torquato Neto apresentou-me a transgressão da vida, através das transgressões de seus versos: *"Quando eu nasci, um anjo louco, muito louco veio ler a minha mão, não era um anjo barroco, era um anjo muito louco, torto, com asas de avião, eis que o anjo me disse, apertando a minha mão, com um sorriso entre os dentes, vai bicho desafinar o coro dos cantantes..."*; Paulo Leminski me apresentou a poesia desobediente, uma poesia alternativa, anárquica e marginal; e o que falar de outros divinos marginais, tais como: Baudelaire, Rimbaud, Allan Poe, entre outros... Claro, não poderia esquecer o poeta que mais alimentou a minha alma infantil e marginal: Bukowski. Identificava-me com suas prostitutas, com a vida marginal de seus versos e a sua imensa capacidade de revelar um lado sombrio da alma humana que todos tentam esconder. Ele não faz poesias para almas piedosas e românticas, mas para almas fortes, que brigam com a vida. Uma vez perguntaram-lhe o que era o amor. Eis a sua resposta: *"O amor é uma névoa que queima com a primeira luz de realidade"*. Esse foi o poeta na casa do qual a minha alma passou longas temporadas...

Segui, de salto em salto, em busca de uma casa onde a minha alma faltosa pudesse repousar, mesmo que por um breve tempo. Sabia que, ao amanhecer, tinha que me lançar numa outra caminhada, ir em busca de outra morada. Tornei-me um nômade na poesia. Não se deve habitar por muito tempo a casa de um mesmo poeta. Eles são seres perigosos. Facilmente escravizam a alma daqueles que batem à sua porta em busca de um pouco de poesia para alimentar sua alma faminta. Eu não queria uma morada. Só queria um pouco de palha para que a minha alma descansasse em uma noite de sono, sem sonhar. Não era pedir muito. De certa forma, buscava, em cada poeta, na casa de quem pedia repouso, o poeta que faltava em mim. Não poucas vezes, entusiasmando-me aos primeiros versos lidos, achava que a minha alma tinha encontrado a sua morada definitiva. Demorava-me um pouco mais do que devia. Acomodava-me, na calma preguiçosa de minha alma. Pecado cometido por quem não é poeta. Não conhecendo a alma errante dos versos, deixa-se seduzir, tornando-se prisioneiro, constrói sua morada no primeiro verso que encanta o seu espírito. Mas, aos primeiros raios do amanhecer, afastava-me do poeta que me acolheu por uma noite – ou mais de uma –, continuava pelas estradas, sem bússola que me indicasse a direção certa, em busca de outro poeta que abrisse os seus versos para um andarilho cansado da caminhada. Aquilo parecia não ter fim. Todos os poetas lidos só ampliavam a minha falta. Não posso negar, todos me tocavam, mas sentia como se algo estivesse faltando, ainda não tinha encontrado um lugar que atendesse às necessidades de meu espírito febril. Tinha encontrado poetas que atendiam a parte das minhas inquietações, mas queria mais, queria um poeta que cuidasse da minha casa por inteiro, queria um poeta que atendesse a todas as minhas demandas poéticas. Não queria dividir-me, deixando cada taco de mim aos cuidados de um poeta em particular. Era quase possível dizer que, sem ter me dado conta disso, buscava na poesia uma religião, e no poeta, um Messias. Em minha ingenuidade juvenil, achava que era possível encontrar, na poesia, a minha terra prometida. É claro que eu não tinha nenhuma noção do perigo daquela busca. Em certa medida, buscando a minha liberdade estava muito próximo de encontrar a minha prisão. Impossível encontrar um poeta que, sozinho, atendesse à multiplicidade de minhas inquietações. Acho que estava buscando um poeta que fosse, ao mesmo tempo, uno e múltiplo. Claro que essa quase transferência psicanalítica indica um sintoma de esquizo. Sim, tenho que reconhecer, era um pouco esquizo, minha alma encontrava-se dividida, era preciso encontrar um poeta que, assim como eu, também tivesse sua alma dividida. Em certa medida, achava que só um ser com os mesmos sintomas que os meus poderia tanto me entender quanto me curar.

Faltava-me aquele poeta que, não sendo eu, estivesse presente em mim, fazendo-me de poeta faltante, poeta poetante. Sim, era isso que eu buscava: tornar-me dono, autor, de versos que nunca escrevi. No limite, um ladrão de versos alheios. Agora sabia o que buscava. O que já era um grande avanço. Para quem sequer sabia para onde ir, já tinha uma direção. Achei que, encontrando um poeta com muitas almas, se eu roubasse uma, fazendo-a minha, ele sequer sentiria falta. Não sabia ainda que, desde o início, quando o poete estende seus versos no varal, o que ele deseja mesmo é que seus versos sejam roubados. Com o tempo fui descobrindo que o poeta se despede de seus versos ao concluí-los. Finalizado, o verso se mundaniza, cai no mundo. Passei a ter certeza de que no universo existiam versos à espera de poetas/leitores para assumir a sua paternidade. Tomando consciência disso, perguntava-me em que canto do mundo habitava os versos que cuidariam dos meus devaneios. Pelas estradas que caminhei, pelas choupanas em que repousei, tinha quase certeza de que estava me aproximando do quintal onde estariam estendidos os versos que eu buscava, os versos do poeta que me faltavam.

O mundo dos sonhos, dos delírios, só bem mais tarde veio habitar o meu espírito. Por necessidade, comecei a trabalhar muito cedo. O trabalho nunca foi uma espécie de ocupação de tempo para um garoto que não tem muito que fazer. Não, ao contrário, no meu caso, o trabalho era condição de sobrevivência. Não tinha tempo para o ócio – no sentido grego –, tão necessário para um espírito em formação.

Com o que eu ganhava, aos treze anos de idade, já ajudava no sustento de minha grande família. Logo, troquei o mundo das brincadeiras, a que toda criança tem direito, pela seriedade de cumprir horários, assumir responsabilidade para a qual nem meu corpo, nem a minha alma, estavam preparados. A vida me fez adulto muito cedo. Minha adolescência se deu completamente distante dos livros, excetuando em relação aos livros didáticos indicados pela escola. Isso não quer dizer que eu não lia, mas eram leituras que em nada acrescentavam em camadas de cultura ao meu espírito. Entretanto, se elas nada me acrescentavam, essas tiveram a importância de adestrar-me no hábito da leitura. Segundo Hume, "o hábito é uma segunda natureza". Com essas leituras irresponsáveis, feitas ao acaso, fui forjando em mim, uma segunda natureza: a da leitura. Com a rotina das leituras tornei-me capaz de ler um livro, do início ao fim, sem achar enfadonho o ato de ler. No mundo da leitura sempre é possível conquistar algo de bom para o espírito, mesmo quando o nível do que se lê, não é dos melhores. Toda leitura vale a pena. O trágico é a ausência dela.

A vida vai seguindo seu curso. Eu, apesar da pouca idade, continuei trabalhando. Entretanto, segundo as circunstâncias e os acasos, fui me aproximando dos livros e, com o tempo, eles se tornaram os meus grandes companheiros nas "travessias dos desertos que passei".

Bem, nunca me aproximei do conceito de determinismo natural ou de predestinação. Quando, por intermédio de Aristóteles, recorro ao conceito de substância, indicando que cada ser traz, por natureza, em si mesmo, o seu vir a ser, que, em relação ao homem, cabe a cada homem atualizar aquilo que, por natureza, já lhe identifica, enquanto potência, faço-o por puro recurso literário, e não por uma questão de crenças filosóficas. Mas, não posso negar, a vida poderia ter me conduzido por outras estradas, inclusive, a do nada. Mas vai lá saber por que, sem que eu tivesse plena consciência de que tal fenômeno estivesse acontecendo, foi despertando em mim o interesse pelos livros. Esse interesse foi aumentando e, lentamente, ao mesmo tempo, afirmando-se, demarcando todas as minhas caminhadas futuras. Em uma dessas caminhadas, encontrei-me com Fernando Pessoa.

Claro, como já disse antes, já havia tido breves encontros com esse Fernando Pessoa, mas nada muito sério, sempre foram visitas rápidas, deixando gravadas na alma fracas lembranças. Agora era diferente. Poderia considerar, de verdade, esse o meu primeiro encontro com esse poeta de múltiplas personalidades.

Esse "primeiro" encontro me marcou por toda a vida. Todos os encontros anteriores foram marcados por certa indiferença. Agora, ao contrário, fui tocado pela paixão, pela a admiração, pela perplexidade. Todas as vezes que eu sentia minha alma tocada por esses afetos, sabia que ela estava se abrindo para algo que ela desejava intensamente. Tocado por essas paixões tornei-me um admirador da filosofia. Senti-me visitado por esses mesmos sentimentos quando, num primeiro momento, conheci um poema de Fernando Pessoa – *Tabacaria* – e, em um segundo momento, toda a sua obra.

Os deuses, cuidando de mim, colocaram aquele poema em meu caminho. Comecei bem. Os deuses da poesia foram generosos comigo. Aquela era a primeira vez que ouvia aquele poema. Sim, falei que o ouvi, e não que o li. De fato, foi o que aconteceu. Estava eu visitando um amigo, que é médico, com formação em Psiquiatria, que tinha o hábito de receber propaganda dos laboratórios farmacêuticos. Esses laboratórios, com a intenção de conquistar a classe dos médicos, sempre encaminhavam, junto às propagandas, um determinado brinde. No caso desse meu amigo, a propaganda que recebera veio acompanhada de uma fita cassete – o pregresso já eliminou a sua existência – com alguns poemas gravados. Como a nossa conversa girava em torno do tema poesia, ele se levantou, foi ao seu escritório, pegou a fita cassete, colocou-a num gravador e disse: "Ouça esse poema". Um simples gesto, sem nenhuma pretensão, mas que causou um profundo impacto em toda a minha vida. Pela primeira vez ouvi

– recitado, não me lembro por quem – o poema *Tabacaria*. Ouvi o poema sem saber quem era o seu autor. Só ao final fiquei sabendo tratar-se de uma obra de Fernando Pessoa.

Não posso negar, meu "primeiro" encontro com esse poeta, através de seu poema *Tabacaria*, foi arrebatador. Concentrado para ouvir o poema, fechei os meus olhos, deixei-me levar pelo ritmo daquela voz empostada que falava aqueles versos com tanta verdade que parecia narrar os dramas e a dores de sua própria existência. Ao final do poema, quem abriu os olhos não fui eu, foi um outro eu, profundamente afetado pelo que acabara de ouvir.

Ao ouvir este primeiro verso: "*Não sou nada, nunca serei nada, à parte isso tenho em mim todos os sonhos do mundo*", senti-me em casa. Sabia que tinha encontrado o que eu buscava. As portas foram abertas, fui entrando como se estivesse em minha morada, seguindo os passos dos versos seguintes, deixando-me aprisionar naquela teia de versos urdidos com perigosas palavras. Aqueles versos me drogavam. Quanto mais ouvia, menos forças tinha para me defender. Já sem nenhuma resistência, entreguei-me ao sacrifício, como se aquele pelourinho fosse a minha condição existencial. Quando, no último verso do poema, vi que o "*Esteves, sem metafísica*", dono da Tabacaria, com um breve sorriso, corresponde ao aceno do poeta, senti-me no lugar de *Esteves*, estava dizendo sim, estava acolhendo Fernando Pessoa, dizendo que o meu universo se encontrava em ordem, tudo estava normal, eu acabara de encontrar, nos versos de *Tabacaria*, o poeta que me faltava.

Ainda não sabia explicar. Aquele sentimento não tinha razão, era só paixão. Encontrava-me embriagado por aqueles versos, mas não tinha nenhuma justificativa racional para o estado em que me encontrava. Ainda não era capaz de subordinar a violência da paixão, as rédeas da razão. Como, naquele momento, meu corpo inteiro era muito mais dominado pelos sentidos do que pela razão, segui os passos dos versos, deixando-me seduzir pelo sentimento de paixão que aquela experiência provocava em minha alma. Estava apaixonado – literalmente, apaixonado – por aquele poema. Não tinha nenhum interesse em encontrar justificativas racionais para essa paixão. Simplesmente queria vivê--la, entregar-me a ela, regido unicamente pela ilusão dos amantes que, em seu primeiro encontro, cego de paixão por suas amadas, tem absoluta certeza de que encontrou o seu amor definitivo. Assim, deixei-me ir. Naqueles versos, encontrava-me, perdia-me e me (re)encontrava. Tornou-se o território para as minhas terapias existenciais.

Em relação à poesia, *Tabacaria* era a minha terra natal. Através dele fiz perigosas viagens, nos recantos mais secretos da minha alma. Não foram fáceis, bem sei. Entretanto não posso negar, de todas as viagens que fiz, essas foram as que me deram mais prazer. Não encontrei nenhum porto seguro. Com o tempo, fui descobrindo que o porto seguro nunca existiu, nem existirá. Que a chegada era o próprio caminho. Caminhava por caminhos salpicados pelos versos daquele poema. *Tabacaria* era o caminho, eu, seu caminhante.

Com *Tabacaria* tornei-me um poeta sem nunca ter escrito um só verso. Por toda a vida assim continuei, um poeta sem verso, um poeta invejoso, que vive e sobrevive dos versos roubados de poetas de verdade. Em relação a Fernando Pessoa, sentia-me como Saliere em relação a Mozart. Estava condenado, pelo resto da vida, a ser consumido pela inveja, amaldiçoando a mim mesmo pela inabilidade na arte de poetar e, aos deuses, por não me terem dado os mesmos talentos daquele poeta que eu tanto invejava.

E, assim, como uma planta parasitária, hospedava-me na poesia alheia, sugava sua seiva e alimentava o meu espírito. Fui, pela vida, fazendo de mim um poeta sem versos. Sim. Sem ter o domínio e a inspiração para escrever versos dignos de serem chamados de poesia, abandonei a possibilidade da criação e passei a vivenciar a poesia dos poetas de verdade, aqueles que eu amava por encontrar neles a poesia que em mim faltava.

Não encontrando outra saída, como desculpa para a minha inabilidade para a arte da poesia, passei a acreditar que é possível ser um poeta sem escrever poesia, bastando vivenciá-las e as amar. Acreditar nisso tornava o peso de meu fracasso um pouco mais leve. Fui em busca de uma justificativa plausível para essa minha atitude. Passei a me perguntar a quem verdadeiramente pertence a poesia: ao poeta ou ao leitor? Comecei a acreditar que o verdadeiro poeta não é quem escreve os versos – esse cumpre um dever que a natureza lhe impõe –, mas quem o lê. Sempre achei que o poeta, ao olhar para a sua obra concluída, liberta-se dela, dizendo-lhe: "Segue o seu caminho, desgarre-se de mim, vá em busca de um outro eu, que não eu, que espera por mim". No livro: *O carteiro e o poeta*, Antonio Skármeta narra a bela história da amizade entre um carteiro e o poeta Pablo Neruda. O carteiro, um homem muito simples, em seus primeiros encantamentos com a poesia, quando acusado pelo poeta de ter roubado seus poemas para, por meio deles, conquistar a sua amada, surpreende o seu mestre, dizendo-lhe que a poesia pertence a quem dela precisa: "Mário Ruopollo: 'Meu caro poeta e camarada, foi você que me colocou nessa enrascada! Agora, me tire dela! Você me deu livros para ler, você me ensinou a usar minha língua para além de lamber selos. A culpa por eu estar apaixonado é sua!'. Pablo Neruda: 'Não, senhor, eu não tenho nada a ver com isso. Eu te dei meus livros, é verdade, mas eu não te autorizei a roubar os meus poemas. Por que é que você deu para Beatrice o poema que eu escrevi para Matilde?' E eis que o discípulo, para além da crisálida do pupilo, passa a lecionar ao mestre. Mário Ruopollo: 'A poesia não pertence a quem a escreve mais do que àqueles que dela precisam'". Assim, Fernando Pessoa, separa-se dos seus versos: "Da mais alta janela da minha casa / Com um lenço branco digo adeus / Aos meus versos que partem para a Humanidade. / E não estou alegre nem triste. / Esse é o destino dos versos. / Escrevi-os e devo mostrá-los a todos / Porque não posso fazer o contrário / Como a flor não pode esconder a cor, Nem o rio esconder que corre, / Nem a árvore esconder que dá fruto. / Ei-los que vão já longe como que na diligência / E eu sem querer sinto pena / Como uma dor no corpo. / Quem sabe quem os terá? / Quem sabe a que mãos irão? / Flor, colheu-me o meu destino para os olhos. / Árvore, arrancaram-me os frutos para as bocas. / Rio, o destino da minha água era não ficar em mim. / Submeto-me e sinto-me quase alegre, / Quase alegre como quem se cansa de estar triste. / Ide, ide de mim! / Passa a árvore e fica dispersa pela Natureza. / Murcha a flor e o seu pó dura sempre. / Corre o rio e entra no mar e a sua água é sempre a que foi sua. / Passo e fico, como o Universo. (F. Pessoa – *Guardador de rebanhos*). O que serve para a poesia serve para a arte em geral. O aparecimento da arte implica na morte do seu autor. A arte não pertence ao artista, ela é pública, pertence ao leitor, ao admirador, pertence ao mundo. *As meninas*, que um contemplador anônimo admira, nunca foi pintado por Velázquez, é uma criação inteira daquele anônimo admirador; o poema *Amor é fogo que arde sem se ver*, roubado por entes apaixonados e ofertado às suas amadas, nunca foi escrito por Camões... Quanto a arte cai no mundo torna-se um ente público. Roland Barthes, em seu breve texto *A morte do autor*, diz: "O autor entra na sua própria morte, a escrita começa". *Tabacaria* não pertencia mais ao seu autor, mas aos seus leitores. A morte do autor não excluía, mas diminuía bastante a minha culpa. Tirava de mim a chancela de ser um ladrão de poemas alheios. Tinha a certeza de que estava me apropriando de algo que já me pertencia. Era como se aquele poema fosse parte da natureza do universo, assim como a luz do dia, a chuva que cai ao entardecer, o ar que respiramos ou os primeiros raios de sol que chegam "desvirginando a madrugada". Usava o poema como usava os bens que a natureza me oferecia. Colhia o poema como se estivesse colhendo um fruto em uma árvore. Buscava um alimento para o meu espírito faminto e a natureza, generosamente, oferecia-me. Estava fazendo uso de um direito que, por natureza, pertencia-me.

Tenho de confessar, em um primeiro momento sentia-me perdido nas ruas da cidade de Fernando Pessoa. Não tinha uma bússola, não tinha um mapa que pudesse me ajudar a me encontrar. Andava sem direção, sem norte, entrando em ruas, becos, vielas, em labirintos, que mais me endoidavam do que me orientavam a me localizar, indicando-me o caminho certo a seguir... Encontrava-me perdido nas complexas configurações das ruas daqueles labirintos de Eus. Às vezes, iludia-me, achando que tinha decifrado os enigmas das almas de Pessoa, que tinha conquistado a geometria dos seus delírios. Com tristeza, logo percebia o meu engano. Quando retornava ao lugar onde o tinha encontrado, lá não mais estava, tinha se mudado, fora habitar outro mundo. Mas qual mundo? Qual o endereço? Como chegar lá? "[...] Outrora eu era daqui, / e hoje regresso estrangeiro, / Forasteiro do que vejo e ouço, / velho de mim. / Já vi tudo, / ainda o que nunca vi, / nem o que nunca verei. / Eu reinei no que nunca fui". (Fernando Pessoa – *Desassossego*). Encontrava-me perdido, não sabia, entre as encruzilhadas dos seus versos, o caminho certo a tomar. Faltava-me o meu *fio* de Ariadne, o Rei Minos, não colocou a sua filha em meu caminho. Queria encontrar Fernando Pessoa, mas perguntava-me: será que ele deseja ser encontrado? O fato de sempre se mudar, nunca deixando o seu novo endereço, já não é um indicativo de que ele não deseja ser encontrado? Em *Desassossego*, diz Fernando Pessoa: *"Repudiei sempre que me compreendessem. Ser compreendido é prostituir-me. Prefiro ser tomado a sério como o que não sou"*. Os versos de Mário de Sá-Carneiro lhe cairiam bem: "Não sou eu nem o outro / Sou qualquer coisa de intermédio / Pilar da ponte do tédio / Que vai de mim para o outro [...] / Tudo quanto penso, Tudo quanto sou / É um deserto imenso / Onde nem eu estou...". Sobre um estudo feito pelo crítico literário, João Gaspar Simões, Fernando Pessoa se pronunciou da seguinte forma: "O estudo a meu respeito, que peca só por se basear, como verdadeiros, em dados que são falsos por eu, artisticamente, não saber senão mentir". Em um outro momento diz: "Se alguma vez sou coerente, é apenas como incoerência saída da incoerência"; e completa: "A origem mental dos meus heterônimos está na minha tendência orgânica para a despersonalização e para a simulação". O poeta não tinha ou não queria ter certeza de absolutamente nada: "Eu sou a sensação minha. Portanto, nem da minha própria existência estou certo". Tornou-se, ele mesmo, um paradoxo de si: "O paradoxo não é meu. Sou eu".

Era fato, também eu não sabia o que buscava. Então, mesmo perdido, aproveitava o que aqueles múltiplos cantos me apresentavam. Mas eu tinha uma certeza: queria todos aqueles cantos. Todas aquelas ruas tinham uma unidade, obedeciam, mesmo que ainda não tivessem domínio, a uma configuração lógica que atendia plenamente às demandas da minha subjetividade. Precisava conhecer a matriz que fazia aparecer no mundo todos os cantos daquele poeta. Tinha a infantil ilusão de querer conhecer a sua alma. Pensava: se eu tivesse acesso ao seu canto originário, deixaria de me comportar como um turista que visita uma cidade e a conhece superficialmente, e tornar-me-ia um morador nativo, que fez da cidade poética de Fernando Pessoa a sua morada.

    Achava estranho que um mesmo poeta fosse, ao mesmo tempo, uno e múltiplo. Como um ser pode dividir-se em tantos pedaços sem se perder entre eles? Será que também somos múltiplos e, por ignorarmos, elegemos um Eu enquanto sacrificamos – ou silenciamos – os outros Eus? Ainda não sabia explicar essa arte de dividir uma mesma alma em múltiplas partes. Naquele momento, achava que o poeta estava precisando dos cuidados de um psiquiatra. Olhando mais de perto, vi, então, que a arte de se multiplicar em vários, criando seus diversos heterônimos, foi uma técnica que Fernando Pessoa encontrou para criar novos estilos, estabelecendo uma identidade própria para cada um deles. A pluralidade de poetas, cada um sendo portador de uma forma de sentir, pensar o mundo e a existência humana, tornou possível ao poeta a conquista de uma escrita plural, na qual, cada heterônimo, assume um território que o identifica e, ao mesmo tempo, diferencia-o de todos os outros. Assim, o uno encontra-se no múltiplo e este, por sua vez, encontra-se no uno. A unidade da poesia de Fernando Pessoa só pode ser encontrada na multiplicidade de seus heterônimos.

"Enquanto não atravessarmos na dor de nossa própria solidão, continuaremos a nos buscar em outras metades. Para viver a dois, antes, é necessário ser um". Diz Ricardo Reis, um dos seus heterônimos: "Vivem em nós inúmeros; Se penso ou sinto, ignore / Quem é que pensa ou sente. Sou somente o lugar / Onde se sente ou pensa. Tenho mais almas que uma. Há mais eus do que eu mesmo. Existo, todavia / Indiferente, a todos. Faço-os calar: eu falo. Os impulsos cruzados / Do que sinto ou não sinto / Disputam em quem sou. Ignoro-os. Nada ditam / A quem me sei: eu escrevo".

Ninguém melhor que o próprio Fernando Pessoa para falar sobre as origens de seus heterônimos. Em janeiro de 1935, respondendo a uma pergunta feita por Adolfo Casais Monteiro, diz: "[...] *Passo agora a responder à sua pergunta sobre a génese dos meus heterónimos. Vou ver se consigo responder-lhe completamente. Começo pela parte psiquiátrica. A origem dos meus heterónimos é o fundo traço de histeria que existe em mim. Não sei se sou simplesmente histérico, se sou, mais propriamente, um histero-neurasténico. Tendo para esta segunda hipótese, porque há em mim fenómenos de abulia que a histeria, propriamente dita, não enquadra no registo dos seus sintomas. Seja como for, a origem mental dos meus heterónimos está na minha tendência orgânica e constante para a despersonalização e para a simulação. [...] Desde criança tive a tendência para criar em meu torno um mundo fictício, de me cercar de amigos e conhecidos que nunca existiram. (Não sei, bem entendido, se realmente não existiram, ou se sou eu que não existo. Nestas coisas, como em todas, não devemos ser dogmáticos). Desde que me conheço como sendo aquilo a que chamo eu, me lembro de precisar mentalmente, em figura, movimentos, carácter e história, várias figuras irreais que eram para mim tão visíveis e minhas como as coisas daquilo a que chamamos, porventura abusivamente, a vida real. Esta tendência, que me vem desde que me lembro de ser um eu, tem-me acompanhado sempre, mudando um pouco o tipo de música com que me encanta, mas não alterando nunca a sua maneira de encantar. [...] Esta tendência para criar em torno de mim um outro mundo, igual a este mas com outra gente, nunca me saiu da imaginação. Teve várias fases, entre as quais esta, sucedida já em maioridade. Ocorria-me um dito de espírito, absolutamente alheio, por um motivo ou outro, a quem eu sou, ou a quem suponho que sou. Dizia-o, imediatamente, espontaneamente, como sendo de certo amigo meu, cujo nome inventava, cuja história acrescentava, e cuja figura — cara, estatura, traje e gesto — imediatamente eu via diante de mim. E assim arranjei, e propaguei, vários amigos e conhecidos que nunca existiram, mas que ainda hoje, a perto de trinta anos de distância, oiço, sinto, vejo. Repito: oiço, sinto vejo... E tenho saudades deles..."*.

    A arte da heteronímia, tão bem exercida por Pessoa, é a arte do fingimento, do escondimento, a arte do uso das máscaras. Não diz se tudo, não se diz nada, ou, quem sabe, diz tudo, tudo se revela sobre a ausência do sujeito que fala, do sujeito que, usando o não eu, revela o seu eu, fingindo ser quem ele não é ou, de verdade, é, só não tem a intenção de se revelar. A arte do fingimento exige a arte do escondimento. Não sei quem eu sou, encontro-me dividido em vários pedaços de mim, sem que nem um deles – em particular – me revele por inteiro. Sou o que não sou, sendo eu o que eu sou. Alexander Search, um dos vários semi-heterônimos de Fernando Pessoa, em outubro de 1908, disse: "Enfureço-me. Queria compreender tudo, saber tudo, realizar tudo, dizer tudo, gozar tudo, sofrer tudo, sim, sofrer tudo. Mas nada disso faço, nada, nada. Fico acabrunhado pela ideia daquilo que queria ter, poder, sentir. A minha vida é um sonho imenso. Penso, às vezes, que gostaria de cometer todos os crimes, todos os vícios, todas as ações belas, nobres, grandiosas, beber o belo, o verdadeiro, o bem de um só trago e adormecer em seguida para sempre no seio tranquilo do Nada". Parece, então, que o poeta, buscando ser inteiro, divide-se em várias metades. Fingindo ser quem não é, torna-se capaz de sentir as dores do mundo. Sendo quem é. *"O poeta é um fingidor. Finge tão completamente/ Que chega a fingir que é dor/A dor que deveras sente"* (F. Pessoa).

 A poesia, assim como arte como um todo, nunca teve compromissos com a verdade ou com a realidade. Se a ciência se afirma – mesmo que provisoriamente – sob os fundamentos da verdade, a poesia, ao contrário, transgride a ordem de qualquer verdade. O poeta não quer fazer ciência, só quer fazer poesia. Platão, em *A república*, propõe que os poetas sejam expulsos da cidade. Segundo ele, a arte dos poetas deseduca, produz simulacros, distancia-se da verdade, vive de ilusões, imitações, fingimentos. Os poetas são seres perigosos para a saúde espiritual da cidade. A cidade precisa de ciência, não de poesia. Ao excluir o poeta da arte de educar, Platão acabou relegando a imaginação – território da poesia – a uma ordem inferior do espírito, aquela sob a qual nenhum saber verdadeiro pode ser erguido. A cultura ocidental, ao trilhar os caminhos indicados por Platão, elegeu a razão como o único caminho para o conhecimento da verdade, indicando qualquer outro caminho como (des)caminho, desvio, que nunca chega a lugar algum. A "boa" razão deve evitar habitar essas bandas inseguras e incertas. A razão sadia é aquela que é capaz de se defender dos ataques sedutores, por isso mesmo perigosos, do mundo dos sentidos, da imaginação, das sombras. A boa razão é aquela que fabrica os conceitos. A poesia, que sempre desdenhou do mundo subordinado e contido no limite dos conceitos, foi degredada a um plano inferior, passando a viver à margem do saber oficial e, como consequência, o seu criador, o poeta, tornou-se um ser marginal, a vagar pelo mundo da *Doxa*. "Para nosso uso, teremos de recorrer a um poeta ou contador de histórias mais austero e menos divertido, que corresponda aos nossos desígnios, só imite o estilo moderado e se restrinja na sua exposição a copiar os modelos que desde o início estabelecemos por lei, quando nos dispusemos a educar nossos soldados. [...] Porque seríamos obrigados a dizer, segundo creio, que a respeito dos homens tanto os poetas como os oradores cometem os mais graves erros, quando afirmam terem sido felizes muitos homens injustos, e infelizes muitos justos; que a injustiça é proveitosa, quando não descoberta, e que a justiça, por sua vez, implica dano próprio

CONFISSÕES *(quase)* FILOSÓFICAS

e vantagem alheia. Teríamos de proibir-lhes tudo isso e recomendar-lhes que cantem e digam justamente o contrário, não te parece? [...] Nessas condições se viesse à nossa cidade algum indivíduo dotado da habilidade de assumir várias formas e de imitar todas as coisas, e se propusesse a fazer uma demonstração pessoal com seu poema, nós o reverenciaríamos como a um ser sagrado, admirável e divertido, mas lhe diríamos que em nossa cidade não há ninguém como ele, nem é conveniente haver; e, depois de ungir-lhe a cabeça com mirra e de adorná-lo com fitas de lã, o poríamos no rumo de qualquer outra cidade" (Platão – *A república*).

Mas quem disse que poeta quer fazer ciência, quem falou que o poeta ama a verdade? Não. Nunca. O poeta quer viver e falar da vida como ela é, em sua transitoriedade, em sua total imprecisão. A poesia é como a vida: imprecisa. Por isso, ao invés de buscar precisão sobre a vida, abandonando qualquer porto seguro, qualquer verdade que o ancore, escolhe navegar pela vida com uma imprecisão existencial. *"Navegar é preciso; viver não é preciso"*.

Assim, como um poeta que se pensa com a totalidade de ser, mesmo quando dividido em seus heterônimos, vemos Fernando Pessoa, a partir de Alberto Caeiro, rebelando-se contra a Filosofia inteira. Desde aquela que instalou a verdade no *Mundo das Ideias*, condenando a realidade sensível ao simulacro que aprisiona e engana o espírito, impedindo-o de contemplar os conceitos; ou mais tarde, numa filosofia que trouxe a verdade para ordem do *cogito*, subordinando-a à bitola do método geométrico; ou, quem sabe, um saber, que só é saber porque nasce de uma *Razão Pura*, fundada na força da verdade dos *juízos sintéticos a priori*; e, finalmente, à *Filosofia do Espírito*, que, realizando-se na razão histórica, só se reconhece ao final de sua caminhada enquanto *Espírito Absoluto*. Opondo-se a essas filosofias, que elegeram a razão como o único meio através do qual a verdade pode ser produzida, inventada e estabelecida, Fernando Pessoa anuncia a sua forma de fazer a verdade aparecer no mundo: *"Sou um guardador de rebanhos. / O rebanho é os meus pensamentos / E os meus pensamentos são todos sensações. / Penso com os olhos e com os ouvidos / E com as mãos e os pés / E com o nariz e a boca"*. *"Eu não tenho filosofia, tenho sentidos"*.

Mesmo, como é o caso em *Guardador de Rebanho*, quando Fernando Pessoa nos apresenta Alberto Caeiro como um antimetafísico, um poeta regido pelos sentidos, que busca compor uma poesia livre das armaduras conceituais, noutros momentos, com outros heterônimos, como veremos mais tarde, sua poesia irá se aproximar da filosofia. Mais do que isso, ela traz a herança filosófica que Fernando Pessoa teve quando, em seus estudos, visitou as filosofias grega, alemã e francesa. O que conta é não tomar um dos seus heterônimos e, a partir dele, fazer a hermenêutica do pensamento poético de Pessoa. Um heterônimo dá conta dele mesmo, circunscreve-se no estrito limite de seus sintomas. Não se pode saltar de Alberto Caieiro para Álvaro de Campos como se fosse um mesmo poeta. Não, são completamente distintos. É isso que torna a poesia de Pessoa ainda mais encantadora. Muitos poetas em um só. Entretanto, vale ressaltar, essa autonomia dos seus heterônimos não destitui a poesia de Pessoa de uma unidade. Ao contrário, todos os Eus, representados em seus heterônimos, unificam-se em uma única forma de pessoa, em suas múltiplas possibilidades de ver, sentir e interpretar o mundo.

A dicotomia entre corpo/alma, sensível/insensível, verdade/mentira, matéria/espírito, razão/sentido, desaparece na obra de Fernando Pessoa. Aqui, a razão se alia aos sentidos, os sentidos se aliam à razão. Em um acordo mútuo, entre os opostos nasce a verdade de sua poesia. Mesmo quando um ou outro heterônimo, separadamente, parece privilegiar um determinado aspecto em detrimento do outro, ao fim e ao cabo, na ordem do todo, na unidade poética de Fernando Pessoa, afirma-se uma aliança indissolúvel entre o pensamento e a vida, entre a razão e os sentidos, entre Apolo e Dionísio.

Entende-se, assim, porque Fernando Pessoa dividiu seu Eu em tantos Eus. Sua heteronomia é uma necessidade ôntica de um ser que, dividindo-se em muitos, buscou melhor dar conta da multiplicidade de mundos que habitavam a sua delirante alma.

Chegou-se a classificar setenta e dois heterônimos criados por Fernando Pessoa ao longo de sua trajetória literária. Muitos foram definitivamente abandonados, outros, esquecidos por um tempo, retomados, e novamente esquecidos. Uns viveram na sombra, outros, receberam pouca luz, entretanto, alguns se fizeram sol, alcançaram a ribalta, suas cortinas não mais se cerraram.

Pela brevidade do texto, voltamos nosso olhar sobre os quatro heterônimos mais conhecidos: Fernando Pessoa, Ricardo Reis, Alberto Caeiro, Álvaro de Campos. A este último dedicaremos um pouco mais de tempo.

Fernando Pessoa, nascido em Lisboa, em 13 de junho de 1888, morre em novembro de 1935. Tem o homem como objeto de sua poesia. Confessa-se ateu. "*De Mensagem*" é o seu poema principal. Em "*Mar Português*" o poeta nada as dores daqueles homens que foram em busca da conquista do mundo além-mar. Apesar das dores, das lágrimas, para fazer valer a pena, basta não ter a alma pequena. "Ó mar salgado, quanto do teu sal / São lágrimas de Portugal! Por te cruzarmos, quantas mães choraram, Quantos filhos em vão rezaram! Quantas noivas ficaram por casar / Para que fosses nosso, ó mar! Valeu a pena? Tudo vale a pena / Se a alma não é pequena. Quem quere passar além do Bojador / Tem que passar além da dor. Deus ao mar o perigo e o abismo deu, Mas nele é que espelhou o céu".

Alberto Caeiro, nascido em Lisboa, em 16 de abril de 1889, morre em 1915. O próprio Fernando Pessoa narra o estado de êxtase do qual foi tomado no dia em que deu vida a esse heterônimo: "Ano e meio, ou dois anos depois, lembrei-me um dia de fazer uma partida ao Sá-Carneiro – de inventar um poeta bucólico, de espécie complicada, e apresentar-lhe, já me não lembro como, em qualquer espécie de realidade. Levei uns dias a elaborar o poeta, mas nada consegui. Num dia em que finalmente desistira – foi em oito de março de 1914 – acerquei-me de uma cómoda alta, e, tomando um papel, comecei a escrever, de pé, como escrevo sempre que posso. E escrevi trinta e tantos poemas a fio, numa espécie de êxtase cuja natureza não conseguirei definir. Foi o dia triunfal da minha vida, e nunca poderei ter outro assim. Abri com um título, O Guardador de Rebanhos. E o que se seguiu foi o aparecimento de alguém em mim, a quem dei desde logo o nome de Alberto Caeiro. Desculpe-me o absurdo da frase: aparecera em mim, o meu mestre. Foi essa a sensação imediata que tive"; Caeiro, um homem de poucos estudos, regido muito mais pelos sentidos do que pela razão: *"Não tenho Metafísica, tenho sentidos". Seu principal poema: "O Guardador de Rebanho", expressa s*ua total entrega à ordem dos sentidos: "Há metafísica bastante em não pensar em nada! O que penso eu do mundo? Sei lá o que penso do mundo? Se eu adoecesse pensaria nisso. Metafísica? Que metafísica tem aquelas *árvores*. A de serem verdes e copadas e de terem ramos / E a de dar frutos na sua hora, o que não nos faz pensar / A nós, que não sabemos dar por elas. Mas que melhor metafísica que a delas, / Que é a de não saber para que vivem / Nem saber que o não sabem?". "Constituição íntima das coisas"... / "Sentido íntimo do Universo"... / Tudo isso é falso, tudo isto não quer dizer nada. É incrível que se possa pensar em coisas dessas. É como pensar em razões e fins / Quando o começo da manhã está raiando, e pelo lado das árvores / Um vago ouro lustroso vai perdendo a escuridão. Pensar no sentido íntimo das coisas / É acrescentado, como pensar na saúde / Ou levar um copo à água das fontes [...]"; Ricardo Reis, nascido na Cidade do Porto, em setembro de 1887, exila-se no Brasil e não mais se ouvirá falar dele. Um poeta de formação clássica. Versa sobre o desencanto. Um epicurista, defende a relatividade dos acontecimentos da vida. Toma o prazer como o caminho para a felicidade. Busca encontrar a Ataraxia. "Suave é viver só. Grande e nobre é sempre viver simplesmente. Deixa a dor nas ruas, como ex-voto aos deuses"; Álvaro de Campos nasceu em *Tavira*, em 1890. Diferente dos outros heterônimos, esse não morreu, não teve um fim, permanecendo vivo por todo o sempre. Os conflitos da alma humana são o território no qual ele ergue a sua poesia. *Tabacaria* é o seu poema mais conhecido.

"Estou hoje dividido entre a lealdade que devo à tabacaria, como coisa real por fora e a sensação de que tudo é sonho, como coisa real por dentro". Sentia-me como Pessoa: dividido em múltiplos pedaços. Quando conheci sua poesia encontrava-me num rito de passagem, entre a juventude e a quase maturidade. Tinha acabado de entrar para a Universidade. Estava batendo às portas da Filosofia, queria conhecer a sua morada. Tudo era novo. O velho que eu carregava na algibeira encontrava-se no tribunal da razão, passando por uma avaliação crítica. Meu antigo mundo ruía atrás de mim, ainda não tinha construído uma nova habitação. Encontrava-me sem lar. Um morador de rua existencial. Buscava reconstruir-me, mas não sob os velhos alicerces. Era preciso construir a nova morada sobre novos alicerces.

A Filosofia me oferecia os conceitos críticos para, por meio deles, avaliar todos os meus antigos valores, as minhas antigas verdades, todas elas construídas no território das crenças, das superstições, da religião, sedimentadas em meu espírito pela força e autoridade da tradição.

Enquanto não encontrava uma morada segura para habitar, escolhi a dúvida como morada provisória. A dúvida se tornou a bitola com a qual eu avaliava a mim mesmo e ao mundo. Vieram ao encontro desse estado de incertezas as minhas primeiras escolhas filosóficas. O existencialismo atendia às primeiras demandas de um espírito irrequieto, que buscava conhecer-se. Queria me desconstruir, queria eliminar todas as minhas essências que marcavam e determinavam as minhas escolhas, que formavam e davam sentido à minha vida. O existencialismo oferecia-me uma Filosofia sem essência, sem determinismo. Em sua companhia, sentia-me livre. Encontrava-me, por inteiro, aos meus cuidados. A ideia de que cada homem é o único responsável pelo seu projeto de vida, que são suas escolhas que irão determinar a sua essência, encantava-me. Se eu queria tomar posse de mim, tornar-me o meu Senhor, acabara de encontrar um território conceitual que dava sentido e direção ao projeto existencial que eu buscava – naquele momento. Era o espírito do recomeço que direcionava os meus passos. Sentia-me representado nesses dois versos da canção popular: *"Sem lenço, sem documento, nada nos bolsos ou nas mãos"*, *"começar de novo e contar comigo"*. Tal qual Adão, acabara de chegar ao Paraíso. Estava olhando, sentindo, tocando e tomando posse do mundo pela primeira vez.

Acabara de encontrar Apolo, agora, buscava Dionísio. Não queria subordinar-me unicamente à frieza dos conceitos, tornar-me prisioneiro do rigor de uma razão pura. Queria, também, paixão, vida, desmedida, (des)razão. Buscava conciliar estes dois cantos de minha alma: razão e paixão.

Entre tantos caminhos possíveis, naquele momento – especificamente naquele momento –, buscava encontrar na poesia algo que me faltava na filosofia, na qual começava a dar os meus primeiros passos. Mas não era uma poesia qualquer que eu buscava. Procurava uma poesia que atendesse às minhas demandas dionisíacas sem, necessariamente, confrontar-me ou expulsar-me da morada que Apolo me oferecia. Fernando Pessoa aparece com um universo de possibilidades. Muitos poetas em um só poeta. Era a chance que eu procurava. Qual dos Pessoas iria acolher uma alma dividida, uma alma esquizofrênica, cheia de espanto, de dúvidas, de suspeitas?

Como já disse, meu encontro com Fernando Pessoa foi puramente casual. Abri a porta da minha alma sem saber quem ele era e o que trazia em sua algibeira. Simplesmente, fechei os olhos e deixei-me ser conduzido pela voz que recitava o poema *Tabacaria*. O que eu acabara de ouvir era mais do que um poema, era o que o meu espírito buscava na poesia sem negar o que eu já havia encontrado na Filosofia. Sem a intenção, comecei na poesia pelos mesmos caminhos que comecei na Filosofia. Filosofia e poesia se encontravam, sem conflitos, com um mesmo objetivo: conduzir aquele espírito jovem, portador de uma alma em conflito, cheia de dúvidas e incertezas. Quando acabei de ouvir *Tabacaria*, tive a certeza de que acabara de encontrar uma poesia que falava de uma Filosofia que eu buscava. Portanto, com esse poema, não precisei sair da Filosofia, ao contrário, trouxe-a para habitar a casa de Apolo.

Todos os grandes temas que eu encontrava no existencialismo, e que atendiam, naquele momento, as demandas da minha alma, estavam presentes no poema que eu acabara de conhecer. Estava dividido entre o que eu era e o que eu desejava ser, entre o meu ser e o meu não ser. "Não sou nada. Nunca serei nada. Não posso querer ser nada. À parte isso, tenho em mim todos os sonhos do mundo". Minha alma encontrava-se irrequieta com as imprevisibilidades de tudo. Em torno de mim tudo era silêncio. Minhas antigas verdades não respondiam às minhas perguntas do presente. Encontrava-me sem nenhuma verdade para me orientar no mundo. "O silêncio desses espaços infinitos me apavora" (Pascal). Certo pessimismo acompanhava os meus passos. Todas as escolhas se equivaleriam, elas não me levariam a lugar nenhum. Seria melhor não escolher? Não escolher já não seria escolher? Sem nenhum otimismo infantil do futuro, escolhia, regido pela contingência que as ordens das coisas apresentavam e se impunham ao meu espírito. Tudo isso me levava a um certo niilismo, um desencanto da alma que descoloria o futuro e despia o presente de sentido. "Falhei em tudo. Como não fiz propósito nenhum, talvez tudo fosse nada. A aprendizagem que me deram, / Desci dela pela janela das traseiras da casa, / Fui até ao campo com grandes propósitos. Mas lá encontrei só ervas e árvores, / E quando havia gente era igual à outra. Saio da janela, sento-me numa cadeira. Em que hei-de pensar? Que sei eu do que serei, eu que não sei o que sou? Ser o que penso? Mas penso ser tanta coisa! E há tantos que pensam ser a mesma coisa que não pode haver tantos! Génio? Neste momento / Cem mil cérebros se concebem em sonho génios como eu, / E a história não marcará, quem sabe?, nem um, / Nem haverá senão estrume de tantas conquistas futuras. Não, não creio em mim". "Em todos os manicómios há doidos malucos com tantas certezas! Eu, que não tenho nenhuma certeza, sou mais certo ou menos certo? Não, nem em mim... Em quantas mansardas e não-mansardas do mundo, / Não estão nesta hora génios-para-si-mesmos sonhando? Quantas aspirações altas e nobres e lúcidas – Sim, verdadeiramente altas e nobres e lúcidas –, / E quem sabe se realizáveis, Nunca verão a luz do sol real nem acharão ouvidos de gente? O mundo é para quem nasce para o conquistar / E não para quem sonha que pode conquistá-lo, ainda que tenha razão [...] Serei sempre o que não nasceu para isso; / Serei sempre só o que tinha qualidades; / Serei sempre o que esperou que lhe abrissem a porta ao pé de uma parede sem porta...". Naquele momento, encontrava-me instalado num sentimento de angústia. Vivia a angústia, mas não tinha, sobre ela, um domínio conceitual. Estava começando na Filosofia, meus voos eram curtos. Estava me caçando. Encontrava-me sozinho: sem Deus, sem otimismo, sem presente, sem futuro... Claro que uma centelha de consciência filosófica já habitava em mim. Sabia que esse estado de angústia não me nadificava, mas me conduzia a assumir-me, a me tornar, eu próprio, senhor de mim. Até porque, fora dessa assunção, não tinha saída, fora de mim, restava o nada. Naquele momento, não adiantava gritar, ninguém ouviria a minha voz. A parede não tinha portas. Poderia dizer, nesse sentido, que a angústia, ao mesmo tempo que, como uma faca cega, rasgava a minha carne, dava-me certo prazer, pois, sem que eu ainda pudesse me dar conta disso – só viria saber mais tarde –, esse era o processo pelo qual eu fazia a passagem entre os meus mundos, estava, mesmo sem ter plena consciência, começando a construir a minha nova morada. "E cantou a cantiga do Infinito numa capoeira, / E ouviu a voz de Deus num poço tapado. Crer em mim? Não, nem em nada. Derrame-me a Natureza sobre a cabeça ardente, / O seu sol, a sua chuva, o vento que me acha o cabelo, / E o resto que venha se vier, ou tiver que vir, ou não venha. Escravos cardíacos das estrelas, / Conquistámos todo o mundo antes de nos levantar da cama; / Mas acordámos e ele é opaco, / Levantámo-nos e ele é alheio, Saímos de casa e ele é a terra inteira, / Mais o sistema solar e a Via Láctea e o Indefinido. (Come chocolates, pequena; Come chocolates! Olha que não há mais metafísica no mundo senão chocolates. Olha que as religiões todas não ensinam mais que a confeitaria. Come, pequena suja, come! Pudesse eu comer chocolates com a mesma verdade com que comes! Mas eu penso e, ao tirar o papel de prata, que é de folhas de estanho, / Deito tudo para o chão, como tenho deitado a vida.) Mas ao menos fica da amargura do que nunca serei / A caligrafia rápida destes versos, / Pórtico partido para o Impossível. Mas ao menos consagro a mim mesmo um desprezo sem lágrimas, / Nobre ao menos no gesto largo com que atiro / A roupa suja que sou, sem rol, pra o decurso das coisas, E fico em casa sem camisa". Resistia-me a me instalar em uma desilusão existencial, ao mesmo tempo, achava que tudo que eu encontrava – e em que, provisoriamente, acreditava – mostrava-se com igual valor, o que tornava as minhas escolhas mais imprecisas, melhor, sem sentido. Uma certa letargia abatia a minha alma, como se não valesse a pena acreditar no próximo amanhecer. "[...] Escravos cardíacos das estrelas, conquistamos todo o mundo antes de nos levantar da cama; Mas acordamos e ele é opaco, / Levantámo-nos e ele é alheio, / Saímos de casa e ele é a terra inteira, / Mas o sistema solar e a Via Láctea e o Infinito". Tudo parecia seguir a ordem da repetição, não havendo mudança: sempre uma coisa depois da outra, sempre a realidade do entardecer apagando as luzes do amanhecer. Era um certo retorno do tempo. A grande roda gigante da existência dando volta em torno de seu próprio eixo, mas sempre retornando ao seu ponto de partida. Nada de novo. Tudo se repetindo eternamente. Essa era a realidade de minha alma, essa era a realidade do poema que eu estava lendo. No limite, *Tabacaria* reforçava os meus sentimentos, dizia-me que existia entre aquele poema e eu uma concordância atávica. Nossas almas se assemelhavam, éramos espelhos, éramos irmãos siameses de alma. Restava-me, entanto, seguir em frente, percorrendo as estradas do desencantamento, tomando o mundo como ele verdadeiramente é, não como eu gostaria que fosse. Essa constatação, em certa medida, acalmava a minha alma, preparava-me para o enfrentamento de mim mesmo e do meu mundo sem nenhuma fantasia metafísica. Apesar da dor, a consciência desse momento não me enfraquecia, ao contrário, fortalecia-me, libertava-me de um futuro fantasioso, instalava-me num presente real. Podia abrir a janela, contemplar o sol de hoje, repetindo o sol de ontem e anunciando que amanhã o mesmo sol nasceria. "[...], levanto-me da cadeira. Vou à janela. O homem saiu da Tabacaria [...] Ah, conheço-o: é o Esteves sem metafísica. (O Dono da Tabacaria chegou à porta.). Como por um instinto divino o Esteves voltou-se e viu-me. Acenou-me adeus, gritei-lhe *Adeus ó Esteves!*, e o universo Reconstruiu-se-me sem ideal nem esperança, e o Dono da Tabacaria sorriu".

Assim, Fernando Pessoa, no primeiro momento, por meio do poema *Tabacaria*, em seguida, por toda a sua obra poética, tornou-se a minha referência. Se, na Filosofia, sempre que me encontrava em labirintos conceituais recorria a Platão, na poesia, quando minha alma se encontrava enferma, era ao Boticário de Fernando Pessoa que eu recorria em busca do elixir da cura.

Sempre achei que não é de bom tom você cair nas teias urdidas de pensadores como Platão, Nietzsche, Fernando Pessoa etc. Eles são pensadores perigosos, facilmente você se torna prisioneiro de suas armadilhas. Suas verdades sacralizam-se, tornam-se absolutas. Se o leitor não tomar cuidado, perde seu senso crítico, tornando-se um mero devoto que congrega numa dessas igrejas. A culpa não é deles, é nossa. A infantilidade da nossa razão, nosso desprovimento de senso crítico, impede-nos de fazermos uso de nosso martelo. Ao invés de quebrar os nossos ídolos, passamos a adorá-los e os cultuar.

Não é fácil matar a quem se ama. Se tal homicídio não é cometido, você não se liberta, não se torna livre para visitar outros cantos do mundo. Sei que, com o tempo, distanciei-me de Fernando Pessoa, assim como fiz com Platão. Mas não posso negar, todas as minhas futuras escolhas poéticas, as que mais me marcaram, foram profundamente influenciadas pelo primeiro olhar que tive sobre o poema *Tabacaria*. Como disse anteriormente, conheci muitos outros poetas, visitei infinitas casas de delirantes, mas por mais que eu caminhasse, por mais estradas percorridas, por mais mundos conhecidos, sempre voltava para a minha casa originária, sempre voltava para Fernando Pessoa; mais do que isso, sempre voltava para *Tabacaria*. Nele, do início ao fim, a minha alma encontrou a sua morada. Sobre Platão ficou conhecida a máxima: "Toda filosofia ocidental não passa de anotações no pé de página de Platão". Será que, sobre a poesia, poderíamos dizer o mesmo em relação a Fernando Pessoa? Seria um risco tal afirmação. Mas, posso dizer, com pureza na alma, durante toda a minha vida tomei *Tabacaria* como o poema, a referência, o modelo, por meio do qual eu olhava esse canto da literatura. Hoje, já no meu entardecer, tenho que reconhecer, sem nenhuma vergonha de assumir as minhas limitações, que, durante toda a minha vida, fui leitor de um único poema: *Tabacaria*.

ANATOMIA DE UM CRIME

Tudo começou no dia em que entrei em uma livraria com uma única intenção: roubar um livro. Às doze horas e trinta minutos entrei na livraria. Só tinha um vendedor tomando conta. No silêncio daquela hora morta, vendo-me sozinho, fora do alcance do olhar do outro, com a frieza de um matador de aluguel, executei o meu plano: roubei um livro. Era dois de maio de 1985, dia do meu aniversário. O livro roubado foi um presente que me dei. Fazia um calor de desidratar a alma e a livraria oferecia uma sombra acolhedora. Hora do almoço. Quase ninguém visita livrarias nesse horário. Somente eu, visitando as estantes, e um funcionário cuidando dos seus afazeres. Parecia sorte ter encontrado condições tão favoráveis à execução de meu plano. Não foi sorte. Sorte é coisa de amador. Tudo tinha sido minuciosamente planejado. A escolha daquele horário fazia parte da estratégia da ação que estava prestes a se consumar. O ambiente era propício para que a contravenção fosse cometida. Não posso negar que, apesar do medo, depois de realizado aquele ato delituoso, fui tomado por uma sensação de prazer desconhecida à minha alma. Todo o meu corpo festejava aquele feito. Aquilo, de certa forma, era mais do que um roubo, era um grande ritual simbólico, no qual eu celebrava minha primeira transgressão existencial. Acabava de me libertar de meus fantasmas morais. A data, dois de maio, dia do meu aniversário, foi escolhida ao acaso, mas caía muito bem. Era um dia de alegria e eu merecia aquele presente. Se o crime hoje é revelado é porque, pelo Código Penal Brasileiro, esse delito já se encontra prescrito.

Não sei bem se o roubo de um livro pode ser considerado um crime. Só mesmo quem não tem o que fazer lança seus holofotes sobre um ato tão banal. Assim é o cronista, que fala de coisas desprovidas de qualquer importância. Enquanto ninguém consegue ver nada, ele é capaz de vislumbrar e dar valor ao que não existe. Considera-se um alquimista das palavras, tem a pretensão de transformar pedra em diamante. Logo, não é justo ser punido com cadeia por ter roubado um livro. Lembrei-me de que, em 1655, o Padre Antônio Vieira escrevera *O Sermão do Bom Ladrão*, proferido, naquele mesmo ano, na Igreja da Misericórdia, na cidade de Lisboa, diante de D. João IV, seus juízes e conselheiros, cujo texto o escritor português demonstra a injustiça de prender alguém que rouba para matar a fome do corpo – ou do espírito, como era o meu caso –, quando os grandes ladrões, que roubam o povo, estão soltos. Enfim, minha transgressão, o desejo de roubar um livro, estava plenamente acolhida e justificada nas palavras do bom Vieira: *"O ladrão que furta para comer, não vai nem leva ao inferno: os que não só vão, mas levam, de que eu trato, são outros ladrões de maior calibre e de mais alta esfera; os quais debaixo do mesmo nome e do mesmo predicamento distingue muito bem São Basílio Magno. Não só são ladrões, diz o santo, os que cortam bolsas, ou espreitam os que se vão banhar para lhes colher a roupa; os ladrões que mais própria e dignamente merecem este título são aqueles a quem os reis encomendam os exércitos e legiões ou o governo das províncias, ou a administração das cidades, os quais já com mancha, já com forças roubam cidades e reinos: os outros furtam debaixo do seu risco, estes sem temor nem perigo: os outros se furtam, são enforcados, estes furtam e enforcam".*

Todo ladrão de livro deveria ser perdoado. Quem rouba livro está investindo em cultura. O Estado, em vez de penalizar o infrator, deveria ter uma verba no orçamento do Ministério de Cultura com a seguinte especificidade: ressarcir à livraria o valor do livro ou dos livros que foram roubados. Livro não deveria ser vendido. O governo deveria disponibilizar os livros, assim como, disponibiliza vacinas para combater as doenças do corpo. Quando o cidadão se encontra com o seu corpo enfermo procura um hospital público para tratar-se, tudo por conta do Estado. Por que, então, não pagar um livro que o cidadão roubou para cuidar de sua alma enferma? Acho perfeitamente justo. Sei que essa minha noção de justiça não é acolhida pela maioria das pessoas. Podem dizer: "Essa sua ética é seletiva. Ela lhe é conveniente. Você a usa para minimizar e justificar a transgressão que acabou de cometer". Não tiro a razão de quem pensa assim. Todo bom ladrão encontra uma justificativa legal para a sua ação ilegal.

Tive colegas muito mais corajosos que eu. Sentia-me seduzido pelo crime, mas a minha formação religiosa me imobilizava. Fui criado obedecendo, cegamente, aos preceitos morais da doutrina cristã. Minha formação se tornava um impedimento para que meus desejos, imorais e transgressores, alcançassem o mundo. Na igreja de Santo Antônio, lugar que eu frequentava religiosamente quando criança, principalmente aos domingos, doutrinavam-me sobre as ideias do certo ou errado, do bem e do mal. Nas homilias dominicais, aprendia como renunciar a este mundo, onde reinava o pecado, e voltar o meu espírito para as coisas do alto. Saía da Igreja cheio de medo, cheio de pavor do mundo. Queria ser feliz nesta vida, no entanto, com a doutrinação recebida na missa dominical, aprendia que a verdadeira felicidade me aguardava quando eu não estivesse mais neste mundo. Sem que eu me desse conta, naquela igreja, eu estava sendo vítima de um crime. Eu era só uma criança, sendo vítima da "América católica". Não sabia, nem tinha como saber, que o padre estava mentindo. Eles sempre mentem. Lembro-me de que, aos 12 anos, tive meu primeiro encontro com a ideia da morte. Vi-me diante de minha própria finitude. Eu era um ser já condenado a deixar de ser. Mais do que isso, era uma morte anunciada, já tinha até data marcada para que esse fatídico acontecimento se consumasse. Quase todos os domingos o padre nos assustava dizendo que deveríamos nos preparar porque o fim dos tempos estava se aproximando e que todos nós seríamos convocados a prestar conta a Deus pelos nossos atos. Todas as nossas faltas estavam anotadas num grande livro. Quando chegasse a nossa hora, o grande julgador pegaria o livro e faria a contabilidade de nossas faltas. Ao final dessa avaliação indicaria qual a direção que deveríamos tomar: se o Céu ou se o Inferno. Não conto as noites em que adormecia revisando as minhas faltas, querendo saber se alguma delas tinha gravidade suficiente para já estar assentada no livro das faltas eternas. Imaginava-me um ser alado, com asas poderosas, capaz de ir ao Céu e, escondido de Deus – fingia não ter aprendido na catequese que Deus é onipotente, onisciente, onipresente –, apagar as minhas faltas naquele livro do juízo final. De tanto medo do Inferno, vivia reprimido. Viver se tornou um grande perigo. A todo o momento, tinha que conter todos os meus desejos, inclusive os do corpo. Tornei-me um repressor de minha imaginação, a qual, muito frequentemente, visitava os corpos das meninas. Vivia um grande dilema: meu corpo desejava o mundo, minha alma queria ganhar o Céu. Tornou-se um tormento administrar a escolha entre esses dois caminhos. Era uma criança, mas já portava uma alma escravizada pela moral cristã. O fim do mundo já estava muito próximo.

Falava para mim mesmo: "Poxa, as pessoas mais velhas deram mais sorte que eu. Vão morrer, é fato, mas já viveram bastante. E eu, que acabei de chegar a este mundo, já estou de partida!". Não achava isso muito justo. Mas não iria discutir isso com aquele que é, em si mesmo, a própria justiça. Restava-me obedecer. Eu, em minha inocência, vivia fazendo contas para saber quantos anos eu ainda teria de vida. A angústia passou a habitar a minha alma. Não queria que o tempo passasse. Cada dia que se ia, mais perto eu me encontrava da morte. Pedia para o tempo parar. Não queria morrer. Passei a ter raiva do grande gestor do universo.

Se não bastasse esse pesado fardo que a moral doentia da religião me impunha aos doze anos, impedindo-me de ser feliz, instalando-me no mundo da dor, do sofrimento, do medo, eu carregava em minha memória a história que um amigo meu – tínhamos a mesma idade – me contou e que teria se passado com ele. Um dia, ele chegou em casa com algo que não lhe pertencia, tentou esconder de sua mãe. Sua mãe, de posse de um tição tirado do fogo, mandou que ele abrisse a boca e disse: "Ou você me fala a verdade sobre isso que você tenta me esconder ou eu vou colocar esse tição dentro de sua boca". Ao falar isso, aproximou o tição da boca do filho para mostrar que estava falando sério. Meu amigo sentiu a temperatura daquela brasa em chamas tocando em sua alma. Diante de tal crueldade, nunca se nega um crime. Ante a tortura, os fortes se tornam fracos. Assume-se um crime mesmo que dele nunca se tenha participado. Foi o que fez o meu amigo. Livrou-se do tição em chamas, mas não de uma surra que deixou seu corpo em marcas. Esse mundo agressivo me apagava. O que aconteceu com esse meu amigo poderia muito bem acontecer comigo. Morria de medo de ser torturado.

Lembrava-me de uma vizinha que, quando um dos seus filhos transgredia alguma norma imposta por ela, aos gritos ela o ameaçava. Nós, de nossa casa, podíamos ouvi-la dizer: "Olha, você tome jeito nessa sua vida! Não brinque comigo! Se eu te fiz, eu te desmancho!". Essa assustadora frase me acompanhou por toda a minha vida. Eu, do meu lado, ficava morrendo de medo de que a minha mãe, de tanto ouvir essa máxima, também resolvesse adotar a pedagogia do desmanche. Era uma criança cercada de medos por todos os lados. Sempre que me encontrava na iminência de cometer uma transgressão qualquer, ouvia uma voz que me alertava: "Cuidado, você pode ser desmanchado". Quando escutava essa voz, ficava me perguntando: quem está falando? Era a minha vizinha ou a minha mãe? Não sabia ao certo!

Roubar um livro, de certa forma, era um grito de liberdade, era a conquista de minha carta de alforria. Estava me libertando, ao mesmo tempo, da perseguição da moral cristã, da torturadora de meu amigo e, finalmente, da pedagogia do desmanche de minha vizinha. Tinha que mostrar para mim mesmo que eu estava livre. Poderia roubar o meu livro em paz. Em certa medida, roubar um livro foi o meio que eu encontrei para rir de Deus, mostrando-lhe que Ele já não me assustava, já não podia me alcançar, que eu poderia lhe virar as costas e seguir em frente. Naquele ato de rebeldia, cumpriria meu rito de passagem, conquistaria, definitivamente, o direito de ser senhor de mim, de tomar em minhas próprias mãos o meu destino. Chamava isso de liberdade. Portanto, roubar um livro, não era pouca coisa, era um acerto de contas com o meu passado. No limite, era eu, enfrentando-me.

Habitava o mundo da universidade. Território livre para todas as transgressões. Ali, estudantes de todos os lados, ainda buscando construir a sua identidade. Era o lugar ideal para cada jovem fazer a sua troca de pele, abandonar a velha ordem que lhe fora imposta e, na rebeldia que sua formação lhe direcionava, construir uma nova visão do mundo, na qual se sentisse mais confortável. Saía de um mundo onde tudo estava previamente determinado, como se tivesse que cumprir, rigorosamente, um roteiro moral que lhe indicava o caminho certo a seguir nesta vida, e entrava num outro mundo, onde o principal roteiro era não ter roteiro, ou melhor, poderia desconstruir o velho roteiro, eliminar todos os roteiros, escolher viver num mundo sem roteiro. Ali, naquele canto das Ciências Humanas, tudo era possível. Vivíamos "*numa sociedade alternativa*": "Faça o que tu queres pois é tudo da lei" (Raul Seixas – *MPB*). Éramos livres, podíamos seguir "caminhando contra o vento, sem lenço e sem documentos" (Caetano Veloso – *MPB – Alegria, alegria*). Sentia-me chegando em um novo mundo. Pela primeira vez, apesar dos guardiões da moral que habitavam em mim, sentia-me livre. Estava chegando em um mundo completamente novo para mim, excitava-me a possibilidade de conquistá-lo. Se esse espírito de liberdade valia para quase todos os alunos da universidade, como se estivesse inaugurando a sua nova chegada ao mundo, erguendo, no topo de sua morada, a bandeira da liberdade. Se esse espírito de liberdade valia para quase todos os alunos da universidade, como se estivessem inaugurando a sua nova chegada ao mundo, erguendo, no topo de sua morada, a bandeira da liberdade, valia muito mais para os alunos do curso de Filosofia que, por natureza, sempre teve como objetivo a desconstrução dos castelos aonde habitam as verdades absolutas. Os filósofos sempre se identificaram com os movimentos iconoclastas. Naquele novo mundo encontrei gente de todas as configurações morais. Era um verdadeiro território de experiências lícitas e ilícitas. Aprendia-se de tudo. Quando se era muito esforçado, ainda sobrava tempo para aprender um pouco de filosofia.

Eu, muito curioso que era, queria aprender tudo ao mesmo tempo. Aquele universo de novas ideias me encantava. Estava conhecendo, pela primeira vez, o mundo da liberdade, onde eu era senhor de mim mesmo. Buscava atravessar o Inferno de Dante, aproveitando todos os afetos que aumentassem a minha potência de ser que aquele novo mundo me oferecia.

Apesar dessa imensa abertura para o conhecimento do mundo, todos os caminhos me levavam a uma única direção: a Filosofia. Percebia isso, claramente, em minhas escolhas de amizade. Sempre me aproximava dos colegas que, não importa a forma, estavam perto dos livros. Dentre eles, conheci um que, por meio de sua prática, acabou por despertar em mim o desejo de cometer o meu primeiro delito. Depois, no processo de aprendizagem, busquei outros mestres, mas não posso deixar de reconhecer a grande dívida que eu tenho para com esse meu primeiro professor de ilicitudes.

Esse colega também cursava Filosofia, apesar de não ter muita intimidade com ela. Sempre estava acompanhado de bons livros, o que causava inveja a todos, inclusive a mim. A companhia daqueles livros lhe imprimia uma aparência de intelectual, um verdadeiro frequentador dos jardins de *Academus*. Ele pertencia à classe média alta, logo, tinha dinheiro para comprar livros. O que lhe faltava mesmo era a habilidade para lê-los e os interpretar. Uma vez, indo para a faculdade, em um dia chuvoso, o livro que levava caiu em uma poça de lama, ficando bastante sujo. Depois dos cuidados recebidos, ficou em condições de uso. Quando eu o encontrei, ele me perguntou: "Quer comprar este livro?".

Vontade não me faltou, mas dinheiro eu não tinha. Eu era um estudante pobre. Qual o estudante de filosofia que não gostaria de ter, como seu, as *Obras completas* de Aristóteles, em volume único, papel bíblia, com mais de mil e seiscentas páginas, da Editora Aguilar? É o sonho de consumo de qualquer estagiário da fábrica dos conceitos. Sentia-me como uma criança pobre que morre de inveja ao ver seu amigo desfilando com a bicicleta de seus sonhos. Falei que, apesar da vontade de ter o livro, não tinha condições de comprar. Não sei se por pena ou querendo se livrar daquele livro sujo de lama, ele me falou: "Vou lhe propor um negócio: você me compra um par de tênis e eu lhe dou o livro. O que acha?". Nunca fui um grande negociante, mas, naquele momento, achei que estava diante de um negócio vantajoso para mim. Não podia perder aquela oportunidade. Era um grande feito: um aluno de filosofia já possuir as *Obras completas* de Aristóteles. Diante de tal possibilidade, senti-me orgulhoso. Eu iria ter aquilo que até grande parte dos professores não tinha. Mas, apesar da vontade, não havia como manter o meu ego em alta. Se eu não dispunha de dinheiro para comprar o livro, também não o teria para comprar um par de tênis. Era uma conclusão óbvia. Então, o meu colega me apresentou a solução do impasse: "Se você não tem dinheiro para comprar o tênis à vista, pode comprá-lo em prestações". Fiquei feliz com essa alternativa. Animei-me. Comprei o par de tênis em doze prestações. O livro foi para as mãos do encadernador de livros da biblioteca – onde eu trabalhava. Era um artista na técnica de encadernar livros. Cuidou do livro como se estivesse cuidando de uma obra de arte. Retirou todas as sujeiras, com a guilhotina cortou uma camada bem fina em torno do livro, finalizou os seus cuidados, vestindo-o com uma linda capa de couro. Não sei se esse meu colega ainda tem o par de tênis que lhe comprei, acho que não, mas eu, de minha parte, ainda gozo do prazer da companhia dessa obra tão importante para a cultura ocidental. Dizem que os filósofos não sabem muito bem lidar com as coisas do mundo, são seres que vivem com a cabeça na lua. Não é bem assim. Pelo menos, nesse negócio, mostrei ser um bom negociador: saí lucrando. Ao longo da vida, estive diante de outros negócios, como compra de carros, compra de utensílios, compra de apartamentos etc. Mas, de sã consciência, tenho que reconhecer, de todos os negócios que eu fiz nesta vida, nenhum me foi mais lucrativo do que aquele em que troquei um par de tênis por um livro. Anos depois dessa transação, todas as vezes em que preciso dessa obra, ela, generosamente, coloca-se aos meus serviços.

Ninguém desconfiava daquele jovem estudante de filosofia. Tínhamos certeza de que os bons livros que lhe faziam companhia eram frutos da boa mesada que deveria receber de seu pai. Ledo engano. Eram todos adquiridos à margem da lei. Sem saber, tornei-me receptador de uma obra roubada. Um dia, estando com ele em uma livraria, em um horário de pouco movimento, mandou que eu escolhesse um livro. Obedeci. Ele, ao meu lado, selecionou vários livros. Feitas as escolhas, dirigimo-nos ao único vendedor que, naquele momento, encontrava-se na loja. O vendedor pegou os livros, somou os valores e, para a minha surpresa, não nos cobrou. Estávamos autorizados a sair da livraria sem fazer o devido pagamento dos livros adquiridos. Levei um susto. Não sabia muito bem o que estava acontecendo. Ao seu lado, o meu colega me deu pressa para deixar aquele ambiente. Ali não era lugar para tirar dúvidas. Achando que iria ganhar um livro de presente, acabara de participar de um roubo. Sem querer, tornei-me um ladrão, ou, pelo menos, cúmplice de um. Naquele momento, dei-me conta de que já era autor de outro delito. Já não era um réu primário, já tinha um crime assentado em minha folha corrida. Ao comprar, em mãos daquele meu colega, as *Obras completas* de Aristóteles, estava, de fato, cometendo meu primeiro crime. Eu, sem saber, era um receptador comprando um livro roubado. Saí daquela livraria envergonhado e triste. Em solidariedade ao meu amigo, acabara de me tornar um transgressor da lei. Sem que eu percebesse, estava nascendo ali, naquele momento de muita tensão e medo, o desejo de, também, eu ter um crime para chamar de meu. Não apenas participar de um crime alheio, mas ser, eu mesmo, o protagonista, o mentor de um crime que fosse todo meu. Naquele momento, eu era um coadjuvante, o crime não era meu. Eu era uma "mula", uma espécie de carregador do produto do roubo. Bem, muito nervoso, exigi uma explicação do meu amigo para o que acabara de acontecer, já que eu não estava entendendo nada. Então, já fora do local do crime, ele passou a me explicar o seu *modus operandi*: o pai dele era dono de um restaurante bem conhecido em Salvador. No final de semana ele ajudava o pai, dando plantão no restaurante, e, assim, justificava a sua mesada. Frequentador de livraria como era, selecionava, em cada livraria, um vendedor, e o convidava a frequentar o restaurante do seu pai. A visita deveria ser feita no dia em que ele estivesse de plantão. Tudo era bem organizado. Não podia ir, em um mesmo final de semana, mais de um vendedor de livrarias distintas. Tinha que ser um vendedor de cada vez. Não podia chamar a atenção de seu pai. Cada vendedor poderia levar, no máximo, mais duas pessoas, além dele próprio. Concluída a noite de farra, a conta não era cobrada, transformava-se em uma espécie de crédito, que seria negociado em um outro dia, em uma visita, previamente agendada, com aquele vendedor que teve sua farra dispensada de pagamento. Ficou claro porquê de meu colega ter sido dispensado de pagar pelos livros que acabara de levar da livraria, inclusive o meu fora dado de presente. Em um mesmo dia, cometi um crime e tomei conhecimento de que, antes deste, já havia cometido um outro crime: quando comprei aquela obra de Aristóteles. No mundo do crime, já tinha uma folha corrida considerável. Distanciei-me desse meu colega, ele não era uma boa companhia. Mas, não vou negar, depois de ter participado, mesmo que, indiretamente, de meu primeiro delito, uma ideia passou a me perseguir: o desejo de roubar o meu primeiro livro. De tanto manter comigo essa ideia, ela se tornou bastante sedutora ao meu espírito. Será que eu conseguiria colocá-la em prática? Não faz muito tempo, voltei a encontrar esse meu colega. Disse-me que não tinha vocação para a Filosofia, por isso a teria abandonado e optado pela carreira do Direito. Achei que foi uma escolha sábia. O Direito lhe caía bem.

Comecei a investigar crimes dessa mesma natureza. Não queria conhecer outros crimes, com certeza, mais complexos, sem que antes tivesse pleno domínio desse, sobre o qual já tinha duas experiências. Geralmente, nesse processo de investigação, o primeiro campo a ser examinado é a nossa própria memória. Será que já não teria conhecido outro ladrão de livros, diferente desse meu colega, que usasse outra técnica de roubo? Sim, só me interessaria se a técnica fosse diferente; afinal de contas, deveria ampliar meus conhecimentos a respeito de novas técnicas de ação criminosa. Não demorei muito, localizei em uma das esquinas de minha memória outra experiência, de alguém que eu teria conhecido, mas que, até aquele momento, nunca tinha dado muita importância. Agora, identificado como autor de um crime que eu gostaria de cometer, resgatei-o do baú das lembranças, lancei sobre ele a intencionalidade do meu desejo e passei a estudar cuidadosamente o seu *modus operandi*.

Devo lembrar que a pessoa, a quem me refiro, ainda pode se encontrar em pleno exercício dessa atividade. Logo, por questão de segurança, não o identificarei, passarei a chamá-lo pelo nome de uma cidade: Xangai. Um grande profissional na arte de roubar livros. Era dono de uma técnica apurada. Nunca foi pego. Causava inveja aos amadores o ver em ação. Usava um livro para roubar livros. Eis a sua técnica: ele pegava o dicionário de Aurélio, mais conhecido como o "aurelhão", devido ao seu grande tamanho, e, de posse de uma régua e um estilete, começava a trabalhar. Riscava na primeira folha a forma geométrica do livro e, depois, usando o estilete, cortava todas as páginas, na mesma dimensão da primeira página, que servia de modelo. Ao final do trabalho, tinha um espaço no interior daquele dicionário, que dava para colocar dois ou três livros, a depender da quantidade de páginas de cada um. Geralmente, procurava as livrarias nos horários de pouco movimento. Às doze horas era o melhor horário, pois, além de as livrarias estarem quase vazias, só havia um, no máximo dois funcionários, os outros se encontravam no horário de almoço. Entrava na loja portando seu dicionário, previamente trabalhado, embaixo do braço. Dirigia-se ao vendedor, puxava um assunto qualquer só para passar o tempo. Era o momento propício para o vendedor perceber que ele entrara na livraria levando um dicionário, logo, aquela máquina de roubar livro não pertencia à livraria. Ao perceber que o vendedor já se encontrava familiarizado com o seu livro, retirava-se e se dirigia às estantes. Por ali ficava folheando os livros, mas o que estava fazendo, de fato, era escolhendo aqueles que seriam subtraídos. Livros escolhidos, certificava-se de que não estava sendo observado e, com a rapidez de um bote de cobra, fora do alcance da visão humana, perceptível somente por uma gravação em *slow motion*, recolhia o objeto de seu desejo e o guardava dentro do dicionário. Deixava o dicionário sobre a mesa e continuava representando a cena do comprador de livros. Depois de certo tempo, demonstrando não ter encontrado o que procurava, pegava seu dicionário, já recheado de livros, e batia em retirada, não sem antes despedir-se do vendedor, demonstrando certa proximidade, quase amizade, com ele. Fazia parte da técnica. Devia se mostrar amigo dos vendedores da livraria. Os amigos nunca são suspeitos. Se fosse reconhecido como um amigo da casa teria mais liberdade para agir. Como era um sujeito muito simpático, facilmente conquistava a todos. Dele ninguém desconfiava. Toda a sua ação era regida com a frieza de um legista que disseca um corpo cuja alma não mais o habita. O bom ladrão deve se mostrar firme e seguro na sua ação. O nervosismo pode colocar em risco toda a ação. Era um profissional, tinha bastante experiência no assunto. Nervosismo é coisa para amador. Lembro-me de que um dia, sem que ele percebesse, eu o vi em ação. Fiquei admirado com tamanha habilidade. Tive inveja, desejei ser ele. Perguntei-me: "Será que um dia conseguirei roubar um livro com a mesma eficiência?". Acho que não. Não teria tamanha coragem, era um covarde, um fraco. Consumado o roubo, Xangai seguia seu curso tranquilamente, como se tivesse acabado de participar de uma cerimônia religiosa. Era uma ação desacompanhada de qualquer reflexão sobre o certo ou o errado. O único fundamento ético que acompanhava aquela ação era cumprir bem o que tinha se determinado fazer. Consumar o roubo sem que nenhum olhar o alcançasse só comprovava seu profissionalismo no trabalho executado. Se usasse sua experiência para ampliar seu campo de ação, com certeza seria bem-sucedido. Gostaria de saber que fim levou Xangai, o que ele faz hoje da vida. Teria se tornado um banqueiro? Um político? Um advogado? Não sei, mas, com certeza, deve ter levado por toda a vida a sua grande experiência do passado. Nunca mais foi visto no território da filosofia. Tomou outro rumo. Era um moço inteligente. Desde cedo, treinava outra possibilidade de trabalho, sabia que não conseguiria viver com dignidade se dependesse do salário de professor de Filosofia.

Bem mais tarde, lendo O *diário de um ladrão*, de Jean Genet, no qual o autor descreve sua convivência com ladrões, assassinos, prostitutas, homossexuais, marginais de toda natureza, fazendo-se, durante toda a vida, um deles, descobri que Genet recorria a essa mesma técnica, só que usando uma pasta de fundo falso para roubar livros nas livrarias de Paris. Diz Ganet: "Nunca antes eu teria pensado que livros poderiam justificar um assalto. Não roubamos aqueles livros, mas foi isso que me deu a ideia de frequentar as livrarias. Inventei uma pasta de fundo falso e me tornei tão habilidoso nesses roubos que me dava ao luxo de sempre executá-los sob as vistas do livreiro". Fico me perguntando: será que Xangai, já naquela época, teria lido essa obra e teria tomado Genet como o seu mestre na arte de roubar livros? Isso nunca vou saber.

Já tinha domínio de três *modus operandi*, mas ainda não estava contente. Algo me faltava, mais de que como roubar um livro, uma mera transgressão das leis dos homens, subordinada ao Código Penal, estava na iminência de desobedecer a uma lei moral de Deus: não roubar. Tinha conhecimento de que o *sétimo mandamento* classifica o roubo como um pecado grave. Fui criado num território demarcado pela legislação cristã. Transgredir essa lei seria pior que transgredir a lei dos homens e isso poderia me condenar à danação eterna. Tinha mais medo de Deus do que dos homens. Tal medo só tornou o meu ato mais distante do meu desejo. Pensei em me recolher à prisão dos valores cristãos, aos quais minha alma já servia. Não sei se Deus existe, mas, nessas horas, por precaução, melhor não duvidar. Estando prestes a desistir da ideia, veio-me a pergunta: "Será que, mesmo biblicamente, o roubo é sempre proibido?". Fui, então, em busca dos conhecimentos obtidos em minha catequese, guardados em uma das dobras mais antigas da minha memória, e vi que, mesmo na Bíblia, o roubo pode ser justificado, a depender das circunstâncias. Quando um homem é explorado por outro, é justo o explorado se reapropriar daquilo que o explorador lhe subtraiu. Como pobre, sentia-me exatamente assim, explorado. O Estado constrói os pobres e os ricos. Queria me vingar do Estado por ter me colocado entre os pobres. O livro não era um bem do Estado, era um bem social, portanto me pertencia, mesmo que o Estado dissesse que não. Não estava roubando, só estava me apropriando do que já era meu. Pensando nessas coisas, lembrei-me de que, na Bíblia, em determinada circunstância, Deus orienta um povo a roubar. Era mais uma experiência que buscava. Agora queria conhecer o *modus operandi* de Deus. Voltei-me para a Bíblia. Vi que no Êxodo, *Livro 3:21-22*, na véspera de o povo de Israel deixar o Egito, Deus passa a Moisés suas últimas orientações. Dentre elas, recomenda que os israelitas cometam um roubo, tomando emprestado sem pagar. Claro que tal ato se justifica porque, segundo Deus, o povo de Israel foi explorado pelo povo do Egito, portanto, aquilo não era propriamente um roubo. Israel estava pegando de volta aquilo que lhe fora indevidamente tomado. Bem, a justificativa pode justificar o ato, mas não muda a sua natureza. Assim, em sua partida, Deus autoriza os israelitas a cometer uma forma de roubo: "Farei com que o povo conquiste a simpatia dos egípcios, de modo que, ao partir, não saiam de mãos vazias. As mulher pedirão às suas vizinhas e às donas de casa, com quem estiverem alojadas, objetos de prata e ouro, e roupas para vestir seus filhos e filhas; assim, vocês vão despojar os egípcios". Aqui, parece que roubar não é pecado. Mais tarde, noutras circunstâncias, o mesmo Deus de Moisés, no *sétimo mandamento*, indicará que o roubo é um pecado. São circunstâncias diferentes. Então, a transgressão, no caso, o roubo, em si mesma, é desprovida de qualquer fundamento moral e o que determina a sua ilegalidade é a lei das circunstâncias. Senti-me aliviado. Eu também tinha os meus faraós. Logo, meu ato era legal, estava me apropriando do que já era meu. Estava roubando o que me fora roubado. Que alívio! Acabara de receber o beneplácito de Deus para o meu delito. Agora podia roubar em paz.

Todas as vezes que eu entrava na livraria, por puro exercício, simulava o roubo. Quando era bem-sucedido, uma forte descarga de adrenalina conduzia todo o meu corpo a um estado de prazer. Se eu obtinha êxito na simulação, com certeza não fracassaria quando chegasse a hora de colocar o plano em prática. Nesses momentos de treinamentos, a culpa, a vergonha, a raiva, o constrangimento, nada disso me acompanhava. Era um ato destituído de qualquer fundamento moral. No limite, era um ato que estava acima do bem e do mal. Um ato livre e absolutamente gratuito. Torcia para que os sentimentos pelos quais era tomado no treinamento fossem os mesmos que estivessem presentes na hora da realização do roubo. Como um atleta que se impõe um limite e treina, exaustivamente, até alcançar o seu objetivo, eu me exercitava para ser bem-sucedido no meu objetivo: roubar um livro. Nesses meus treinamentos, meu maior cuidado era com o olhar do outro. Nenhum ladrão é ladrão para si mesmo. É o olhar do outro que o identifica, classifica-o e o determina como tal. Sem o olhar do outro eu não seria um ladrão. Era preciso que o olhar do outro não me alcançasse.

Era um ato puramente gratuito, sem dignidade, sem culpas, sem moral. A escolha do objeto a ser subtraído já indicava a insignificância do ato. Tinha pouca importância o valor do objeto a ser subtraído. Ninguém arrisca tanto para roubar algo de tão pouco valor. O que importava ali não era o valor do objeto, mas a pura fluidez da transgressão. O que contava não era o objeto a ser roubado, mas o roubo em si. O que eu desejava era sentir o prazer de cometer aquele ato ilegal. O gozo era o roubo em si, não o seu produto. Se não bastasse isso, não era a necessidade que me fazia cometer aquele ato. Eu trabalhava em uma biblioteca, com mais de duzentos mil exemplares. Livro não me faltava. Se fosse de minha natureza roubar livros, havia um monte deles à minha disposição. Não, não era esse o caso. Era só uma questão de inveja. Tinha inveja de meus amigos. Eu era muito certinho. Invejava o comportamento transgressor que eles portavam. Tinha consciência de que, assim como eles, também habitava em mim um ladrão. Investigando como o ladrão deles atuava, buscava, de verdade, despertar o meu, que se encontrava adormecido. Queria, pelo menos uma vez na vida, fazer o que fazia meu colega de Faculdade. Quase como um rito de passagem, aquele ato me autorizava a ser membro da confraria dos transgressores da lei, dos rebeldes sem causa. Lutava para conquistar esse passaporte.

Era dois de maio, dia do meu aniversário quando entrei naquela livraria... Cumpri com precisão as etapas do roteiro, previamente preparado e ensaiado. Tudo não levou mais de trinta e cinco minutos. Consumado o roubo, fiquei mais uns dez minutos gastando o tempo, depois me dirigi à saída, não sem antes me aproximar do vendedor e me despedir dele, demonstrando certa intimidade. Tinha aprendido isso no estudo do *modus operandi* dos meus mestres. Aquele vendedor, de tanto me ver por ali, já nutria por mim certa amizade. Não se desconfia dos amigos. Saio da livraria. Meu objetivo fora conquistado. Fim. Tudo que não senti na execução do roubo me veio em excesso na saída daquela livraria. Já na rua, encontrei-me bastante nervoso, quase trêmulo, a taquicardia acentuada, o calor contribuía para uma sudorese em excesso. A configuração daquelas ruas por onde eu passava, aproximava-se do Inferno. Se não bastasse esse desconforto após o roubo, sentia-me acuado, como se todas as pessoas que passavam por mim fossem testemunhas oculares do crime que eu acabara de cometer. Seus olhares me identificavam e me revelavam: esse é um ladrão, acabou de roubar um livro: prenda-o. Precisava me esconder do olhar alheio. De julgadores bastavam os meus olhares, olhando-me. Procurei um bar mais próximo. Sentei-me. Contemplando o produto do roubo, fui relaxando, como se a passagem das páginas, num movimento quase mecânico, tivesse o poder de diminuir a tensão em que me encontrava. Dizia para mim mesmo: "Calma, acabou, tudo terminou bem". Já relaxado e tranquilo, achei que deveria comemorar o êxito daquele dia de trabalho. Tenho que reconhecer, comportei-me como um profissional. Tive orgulho de mim. Sim, mereço comemorar. Peço uma cerveja. Tomo o primeiro copo e continuo folheando e admirando o objeto do meu roubo. Ao acaso, entre páginas, meu olhar se fixou em um parágrafo em que estava escrito: "Sou um homem livre – e preciso da minha liberdade. Preciso estar sozinho. Preciso meditar na minha vergonha e no meu desespero em retiro; preciso da luz do sol e das pedras do calçamento das ruas sem companhias, sem conversação, frente a frente comigo, apenas com a música do meu coração como companhia". Enquanto lia essas palavras, a chegada de uma jovem chamou a minha atenção. Ela me olhou e se aproximou, com um olhar de quem queria companhia. Convidei-a para se sentar. Ela aceitou. Como ainda não tinha idade para consumir álcool, pediu um suco. Vendo o livro em minhas mãos, perguntou-me: "Você também gosta de horóscopo?". Meio sem entender a pergunta, mas sem querer me aprofundar, dei-lhe um breve sorriso, desses que nada querem dizer. Então ela falou: "Estou perguntando, porque estou vendo você ler um livro que parece falar sobre o signo de Câncer". Percebi, então, que ela tinha interpretado o título do livro – *Trópico de câncer*, de Henry Miller –, como um livro que tratava dos signos zodiacais. Falou-me que o seu signo era Capricórnio, mas que gostava muito do povo do signo de Câncer. Então, me deixei ficar ali por alguns minutos, ouvindo suas declinações sobre o mundo dos astros. Disse-me que Câncer "é o quarto signo do Zodíaco, que as pessoas desse signo são românticas, próximas à família, fazem de tudo para serem bem aceitas nos lugares, só que elas têm um defeito: apresentam muita dificuldade no momento de aceitar as mudanças. Apesar da pouca idade, mostrou-se bem segura quanto ao conhecimento sobre os mistérios dos astros. Ouvir aquela garota decifrando os segredos da astrologia me fez relaxar. Perguntei se ela gostava de ler. Respondeu-me: "Não muito, mas de vez em quando, leio sim". Vendo que ela se interessara pelo livro, dei-o de presente. Achei que ela entendia mais de literatura do que eu. Ela ficou alegre com o presente. Eu paguei a conta, despedi-me da garota, segui o meu caminho...

UM AMOR PLATÔNICO

Existem pessoas que têm uma esplêndida habilidade com a imaginação. Narram histórias que você não é capaz de identificar se são fatos ou lendas, verdade ou ficção. Quando não são verdadeiras, pelo livre voo dos delírios, completamente desgarradas dos fatos, tornam-se ainda mais encantadoras. Temos que reconhecer, todo escritor é um bom mentiroso. Sem mentiras não há literatura, tampouco poesia. *"Dizem que eu finjo ou minto, tudo que escrevo. Não. Eu simplesmente sinto, com a imaginação. Não uso o coração"* (F. Pessoa). Eu, que não tenho essa habilidade, tornei-me dependente de ouvir histórias alheias. Perco a noção do tempo quando me encontro a ouvi-las, contadas por habilidosos mentirosos... Algumas vão embora ao amanhecer, outras, mesmo desbotadas pela memória do tempo, permanecem em nossas lembranças, desgarrando-se de tal forma do seu dono que, de tanto conviver com elas, parecem nos pertencer. Acreditando nisso, saímos por aí, espalhando essas mentiras pelo mundo...

Eu tinha um amigo, chegamos a estudar juntos na faculdade de Filosofia. Filho da cidade de Cachoeira, Recôncavo da Bahia, ele era mestre no bom exercício da inventividade. Sua imaginação era tão fértil que tinha o poder de me narrar um filme melhor do que o filme verdadeiramente era. Eu brincava com ele dizendo: "Cara, da próxima vez nem vou assistir ao filme, vou te contratar para que você o narre para mim". Ele, em resposta, dava um leve riso, como se estivesse confirmando que, parte do filme ele vira, outra parte, isso era resultado de sua imaginação. Muitos poderão dizer que esse meu amigo nunca existiu, não passa de um personagem que eu criei com o objetivo de transferir para ele pecados por mim cometidos. Não, não é verdade. Tenho duas amigas, uma delas se aposentou como professora de Filosofia; a outra, também filósofa, seguiu os caminhos da administração, tornou-se, por mais de vinte e cinco anos, dona de um agradável restaurante de comida italiana. Elas podem testemunhar que esse contador de história existiu de verdade. Ainda me lembro da criatividade com que esse amigo me narrava a história do livro que ele estava escrevendo. O livro se chamava: *O dragão dorme comigo esta noite*. Acompanhei todo o processo de criação do livro que nunca foi escrito, só existia na imaginação de seu criador. Era uma bela história. O mundo merecia ter conhecido essa obra.

Hoje vou narrar uma nova história, contada por ele. Mas, de antemão, vou avisando, não posso garantir a veracidade dessa história. Quem sabe, tudo não passa de mais um dos seus devaneios literários?

Ele ainda era uma criança, tinha entre dez e onze anos, morava em uma cidade do interior da Bahia, da qual não me lembro do nome, só sei dizer que era uma cidade pequena, onde todos os moradores se conheciam e se encontravam nas missas dominicais realizadas na igreja matriz de Santo Antônio. Tinha tudo que tem qualquer cidade do interior. Tinha dois doidinhos, queridos e cuidados por todos; tinha a fofoqueira, que passava o dia de braços cruzados sobre o peitoral da janela, cuidando da vida alheia; tinha o avarento, que, segundo a lenda, de tanto economizar teria morrido rico. Havia um colégio estadual, um municipal, o foro, a igreja e a prefeitura, demarcando o centro da cidade; um pouco mais acima, um largo, onde funcionavam as lojas comerciais, tendo ao centro o mercado municipal, um verdadeiro centro de abastecimento para a comunidade. Ali, aos sábados, dia de feira, a cidade abastecia suas despensas. Não me recordo bem, mas parece que ele teria me dito que seu pai trabalhou por muitos anos nesse mercado. Naquela cidade, ninguém tinha segredos, pois, mais cedo ou mais tarde, mesmo que o padre não revelasse, a cidade inteira tomava conhecimento dos segredos mais íntimos dos seus habitantes. Claro que os fatos que se espalhavam pela cidade eram, geralmente, sobre os moradores ricos. Segredos dos pobres, aí ninguém se interessava.

Como faltava sala de aula no colégio municipal, esse meu amigo estudava em uma casa a qual funcionava como uma extensão do seu colégio. Vida comum como a dos outros garotos. Estudar, brincar, chegar em casa todo sujo, receber um carão ou um puxão de orelha da mãe, já que não tinha tomado cuidado com a farda. O universo seguia o seu curso, conforme a calma e lenta contagem do tempo daquele pequeno canto do mundo.

Ele ainda se lembrava de sua professora. Uma única professora, responsável por todas as disciplinas. Não lembrava o nome dela, somente dos seus aspectos físicos. Uma senhora feia, mas simpática, com um corpo avantajado, mancava um pouco, pois, tinha uma perna mais curta que a outra, motivo pelo qual usava uma bengala para melhor se equilibrar, já tinha a idade avançada. Bem, isso é relativo, pois quando se tem dez anos de idade, qualquer pessoa com o dobro dessa idade já se parece muito velha. Tudo corria normalmente naquela escola. Para surpresa de todos, ficaram sabendo que a professora iria se aposentar, já estava cansada de trabalhar. Quem iria substituí-la? Gerou uma grande expectativa na sala, bem comum a uma turma que espera a chegada de uma nova professora. Aqui, segundo ele, outra história vem ao encontro dessa que ele estava narrando. Como ele disse antes, na cidade, as notícias corriam rápido, os segredos, mesmo os mais íntimos, espalhavam-se pelo ar. Na cidade, era de conhecimento de todos que uma moça estava para chegar, vinda de outra cidade, para se casar com um senhor, conhecido e querido por todos, que trabalhava numa loja de tecidos. De verdade, esse senhor já era noivo da tal moça, só que esse fato ainda não era conhecido de todos. Não demorou muito, correu a notícia de que a tal moça já se encontrava na cidade e que em breve as bodas se consumariam.

A professora se aposentou e, por conta disso, a turma ficou uma semana sem aula. Estavam à procura de uma nova professora para aquela turma. Em uma segunda-feira, todos retornaram às aulas. A sala era um burburinho só. Especulavam: quem seria a nova professora? Era feia, bonita, gorda, nova, velha...? A diretora entra na sala e avisa: "Tenham calma, a nova professora já está chegando. Recomendo que a recebam de forma carinhosa, que seria muito bom se a professora, no seu primeiro dia de aula, tivesse uma boa impressão da turma". Não demorou muito, algo de extraordinário aconteceu para ele: a nova professora apareceu à porta. Fez-se um silêncio na sala. Enquanto a sala se encontrava em um silêncio tumular, seu coração batia tão forte que ele teve medo de que, naquele silêncio, a turma percebesse o seu coração descontrolado. Colocou a mão sobre o peito, como se quisesse conter as batidas. Aquela mulher, que apareceu à porta, dizendo ser a nova professora, não era desse mundo. Ele só teria visto algo semelhante no altar da igreja de Santo Antônio, que ele frequentava aos domingos. Não era humana, era divina. Encantou-se, imediatamente, por sua nova professora. Foi uma paixão arrebatadora. Segundo ele, a diferença de idade não era tanta, ele tinha entre dez e onze anos e ela deveria estar se aproximando dos trinta anos. Se ela o amasse tanto quanto ele a amava, poderia esperá-lo mais um pouco e eles seriam felizes para sempre. Naquela sala, mais do que estudar, ele construía seu projeto de vida ao lado de sua amada. Era um rapaz sério, não queria algo superficial, ao contrário, queria namorar, ficar noivo, casar, ter vários filhos, ficar velhinho e, de mãos dadas, sentados num banco da praça, contemplar as noites de luar. O que ele ainda não sabia era que a sua amada já se encontrava comprometida com outro. A professora era a tal moça que chegara à cidade para se casar com o empregado da loja de tecidos. Quando tomou conhecimento dessa notícia, o mundo ruiu aos seus pés. Tinha que disputar a sua amada com outro homem. Ele tinha uma elevada autoestima. Achava-se bonito, atraente. Achava que seus cachinhos loiros encantavam as mulheres. Quando era criança adorava ouvir uma música tocando no rádio que, entre seus versos, dizia: "Cabelo loiro, vai lá em casa passear, vai, vai, cabelo loiro, vai acabar de me matar". Ele tinha absoluta certeza de que essa música era um recado que a moça do rádio mandava para ele. Seguro disso, mesmo na sua timidez, achava que as mulheres saberiam reconhecer o seu poder de sedução. Aquela professora, linda e inteligente, jamais o trocaria por um velho. Sim, para ele, o noivo de sua professora já era um ancião, apesar de ainda não ter chegado aos quarenta anos. Travou-se ali, no silêncio de sua paixão platônica, uma luta mortal entre dois amantes. O vencedor ganharia o coração daquela linda mulher. Batalha inglória para o seu rival. Já se sentia vitorioso. Sua amada se encontrava todos os dias naquela sala por sua causa. Tudo que ali ocorria, de uma forma ou de outra, dizia respeito a ele. Sua imaginação, ainda completamente vestida de inocência, seguia seus passos, seu olhar, seu sorriso, seus pequenos movimentos, como o piscar dos olhos, tudo nela era uma mensagem que ela lhe enviava. Ele, correspondendo aos sinais de sua amada, também lhe enviava sinais. Entre os amantes secretos não havia palavras, comunicavam-se com a linguagem do corpo. Ele não tinha nenhuma dúvida: estavam namorando. Um dia, para sua surpresa, a mão dela tocou em seus cabelos e desceu levemente sobre a sua face. Gesto comum que, com frequência, uma professora faz com seus alunos. Nada disso. Podia ser um gesto comum com os outros alunos, não com ele. O toque dos seus dedos sobre a sua face era a confirmação do seu amor. Era, de fato, a amada fazendo um carinho em seu amado. O toque da amada o deixou em estado catatônico, de tal forma que ele morreu de medo que ela percebesse. A presença daquela "deusa" estava a atrapalhar os seus estudos. Diante dela suas ideias ficavam embaralhadas. Era a mulher mais bonita que existia em sua pequena cidade. Não era nem baixa, nem alta, cabelos curtos e negros como as asas da graúna, rosto arredondado como o de Nossa Senhora, pele clara e sedosa. Sobre os outros atributos físicos, a imaginação dele ainda não alcançava. Mulher mais linda no universo não havia.

Era uma sexta-feira, dia treze, de um mês qualquer. O dia amanheceu anunciando trovoadas, as nuvens apagaram a luz do céu, fazia frio, um dia que não deveria ter amanhecido. Sua mãe, vendo a natureza triste, recomendou a ele se agasalhar e tomar cuidado, porque aquele não seria um bom dia. Coisas de mãe, sem saber a causa, acertou no efeito. Verdade, aquele seria um dos dias mais tristes de sua inocente vida. Até no colégio, sem que ninguém soubesse sobre o seu amor – já que ele não tinha coragem para confessar para outra pessoa –, reinava um ar de tristeza, como se todos naquela sala estivessem solidários com a dor que logo se abateria sobre sua pobre alma indefesa. Não demorou muito veio a notícia fatídica: sua amada convida todos os alunos para o seu casamento, a ser realizado em menos de quinze dias. O mundo dele desabou, seu corpo gelou, um frio lhe subiu pela espinha, sua taquicardia aumentou. Morrendo de raiva, ali ficou, parado, trêmulo, não acreditando que tinha perdido o seu primeiro amor para aquele homem, cuja idade já se avançara no tempo. Por um breve tempo, mais do que de si mesmo, teve pena de sua amada. Ela acabara de perder o homem que veio ao mundo com uma única missão: fazê-la feliz. Na sala, logo uma algazarra festiva se formou, todos comemoravam o futuro casamento da professora. Menos ele, que permaneceu, por toda aula, como se não estivesse mais ali, melhor, como se não estivesse mais neste mundo. Pela primeira vez, aos dez anos de idade, ele viu a sua vida perder o sentido. Teve vontade de morrer. Seu mundo se desencantou, descoloriu-se. A professora, ao longo da aula, foi percebendo que algo de errado estava acontecendo com ele. Seu olhar estava parado, como um lago sem movimento, a luz dos seus olhos se apagou. Aproximando-se dele, ela perguntou: "Tudo bem, meu filho?". Filho!!! Não acreditou que ela lhe teria chamado de filho. Ele era o seu homem, não o seu filho. Timidamente, quase envergonhado, ele respondeu com palavras que resistiam a sair de seus lábios: "Tudo bem, professora". Ela comentou: "Estou achando você tristinho". Sim, nisso ela acertara, ele estava muito triste. Mas ele era um homem, não a deixaria perceber que a sua alma estava em prantos. Voltou a responder a sua professora: "Está tudo bem, professora". Ela fez um breve carinho em sua face e se afastou. Essa foi a última vez que a mão de sua amada tocou em seu corpo. Aquele último toque sobre seu corpo teve o efeito de um beijo de despedida. Sem saída, reconhecendo-se derrotado, recolheu-se, foi cuidar das feridas que o seu primeiro amor causou à sua alma. Logo ela se casou. Não demorou muito, ele se mudou, foi morar numa outra cidade do interior, em seguida passou a morar em Salvador. O tempo tem o divino poder de curar todas as feriadas, inclusive as de amor. Mas as lembranças carregam por toda vida o primeiro amor, mesmo que ele tenha sido só um amor platônico. Calmo, tranquilo, sem incomodar, ele ergue uma morada na alma e nos acompanha por toda a vida. Sem darmos conta, nossas futuras escolhas amorosas seguem, em certa medida, marcadas pelo olhar de nossa primeira escolha. Ninguém se livra de seu primeiro amor. Fica tatuado na alma. Escrevendo sobre esse assunto, veio-me à memória uma passagem em que Descartes declara, em uma de suas correspondências, a experiência que teve com um amor de sua infância: "Quando eu era criança, me apaixonei por uma garota da minha idade que era ligeiramente estrábica; em consequência, sempre que olhava para os seus olhos, a impressão daquela visão no meu cérebro ficou tão ligada ao que despertava a paixão do amor que, muito tempo depois, sempre que via uma mulher estrábica sentia-me inclinado a me apaixonar mais por ela do que por outras, simplesmente por causa daquele defeito". Bem, vamos voltar à narrativa de meu amigo. Ele deu seguimento à sua vida. Trabalhos, estudos, universidade, amores, ilusões, desilusões, tudo que rege a vida ordinária de qualquer mortal sem grande importância na vida. Muitos anos se passaram. Eis que, um dia, ele recebeu um convite. Uma querida tia iria comemorar bodas de ouro de seu casamento. Foi intimado a comparecer à festa, não tinha como declinar de tal convocação. As bodas seriam comemoradas em sua cidade natal. Ele tinha voltado à sua cidade natal outras vezes, mas dessa vez era diferente. Era uma grande festa. Muita gente da cidade lá estaria. Oportunidade para rever antigos amigos e parentes que o tempo separou. Ele não teve dúvida, foi ao encontro da festa. Tudo foi realizado na fazenda do casal. Naquele canto, tudo era festa e alegria. A sede fora pintada nas cores azul e branca, estava como se fosse nova. Em frente à sede, um grande terreiro, todo enfeitado de bandeirolas coloridas, no qual, depois da cerimônia religiosa, seria realizado um grande baile, com muitas comidas, músicas e danças. Ao lado direito da sede foi erguido um grande galpão, onde seria celebrada a missa de renovação dos votos nupciais do casal. Como tinha alguma habilidade na arte de fotografar foi escolhido para registrar os belos momentos da festa. Enquanto todos estavam concentrados nos ritos da missa, ele, no exercício de seu trabalho, andava por todos os lados, clicando olhares, caras e bocas dos convidados. Ao lado direito do altar encontrava-se um grupo de jovens que faziam parte do coral da igreja matriz da cidade. Foram à festa abrilhantar a cerimônia religiosa com seus cantos. Fotografou tudo e todos. Mas algo aconteceu durante a celebração da missa – segundo ele, coisa de Deus. Por várias vezes, ele fotografou o coral e, em uma das vezes, seu olhar se dirigiu a uma das garotas. Algo teria chamado a sua atenção naquela garota. Aquele rosto não lhe era estranho. Era como se ele já a conhecesse, mas não conseguia se lembrar nem onde, nem como. Ele não deixou de notar que, mesmo por um breve momento, o olhar da garota também teria ido ao encontro do seu. Não sabia por que, ao ver aquela garota, novamente lhe veio a imagem de Nossa Senhora. Não seria porque ela estava vestida com uma túnica toda azul – farda do coral –, cor do manto da Santa? Bem, ele não soube explicar.

Suas ideias estavam embaralhadas, entre o presente e o passado, mas ele não sabia, nem tinha como fazer conexões lógicas entre fatos ocorridos nesses dois tempos. Fim da cerimônia religiosa, era hora de começar a festa profana, a melhor parte. Todos se dirigiram para o terreiro e, aos primeiros acordes, começaram a dançar. Ele, que também estava trabalhando, não podia se entregar à festa, tinha que continuar registrando os melhores momentos daquelas bodas. Entretanto, ao ver a menina do coral, esqueceu o seu compromisso, não resistiu e a chamou para dançar. Seus corpos, melhor, suas almas se tocaram pela primeira vez. Algo estranho estava acontecendo. O leve toque daquela mão sobre a sua nuca não lhe pareceu estranho. Parecia que seu corpo acusava ter reconhecido aquele toque. Não se falaram, apenas os corpos se comunicaram. Ao final da primeira música se afastaram um pouco, mas mantiveram suas mãos entrelaçadas, como se estivessem esperando a próxima dança. Dançaram mais duas músicas. Alguém a chamou. Educadamente, ela pediu desculpa e se retirou. Ele continuou a fotografar a festa. Não demorou muito, uma de suas primas o chamou, queria lhe passar um recado: "A garota do coral mandou lhe dizer que gostou de você". Ele, por sua vez, mandou um recado para ela: "Diz a ela que eu também gostei dela". Assim, entre as doze da manhã até as dezoito horas, eles namoraram, melhor, atualizando a linguagem: eles ficaram. Segundo ele, aquele encontro parecia um encontro de almas. Acabara de conhecer a garota, mas já parecia amá-la desde a sua infância. Quando o sol estava se recolhendo, a turma do coral anunciou a hora da partida. Ela tentou ficar, mas não foi possível, sua mãe não iria gostar de saber que ela teria se desgarrado do grupo e ficado sozinha na festa. Ele ainda iria permanecer mais um dia na cidade. A festa foi até altas horas da madrugada. No dia seguinte, ainda com um pouco de ressaca, ele foi para a cidade, queria voltar a encontrar a menina do coral. E a encontrou. Passaram a manhã e parte da tarde juntos. Ele estava muito feliz por ter ficado com aquela garota. Era chegada a hora da partida. Vontade ele teve de permanecer para sempre naquela cidade. Despediu-se da garota com a certeza absoluta de que já a conhecia, mesmo que fosse em uma encarnação passada, apesar de ele não acreditar nessas coisas de reencarnação. Mas, sabe lá, nessas horas acreditamos até no que não acreditamos.

Voltou para a casa de sua tia, tinha que arrumar a sua bagagem para partir. Ao chegar à casa, encontrou suas primas sentadas em torno de uma grande mesa, na cozinha. Comentavam sobre os acontecimentos da festa no dia anterior. Ao vê-lo chegar, ele se tornou o centro das atenções. Foi parabenizado por todos, por ter namorado uma das meninas mais bonitas da festa. Então, ali, naquela cozinha, um quebra-cabeça se fechou. As conexões foram estabelecidas entre o passado e o presente. Tudo que parecia sem sentido, num turbilhão de sensações desordenadas, encontrou a sua ordem lógica, o enigma foi decifrado. Foi lhe revelado que aquela garota com a qual ele teria namorado na festa – e no dia seguinte, só que isso suas primas não sabiam –, era a primeira filha da professora, aquela que teria vindo à cidade para se casar com o senhor que trabalhava na loja de tecidos. Seu corpo tremeu por inteiro, suas faces ficaram rubras, sentiu-se um pouco tonto, sentou-se. Teve que tomar cuidado para que seu corpo não revelasse o seu segredo. Ninguém podia saber o efeito que aquela revelação causara sobre a sua vida. Um segredo que era só seu. Ele acabara de descobrir que a garota que ele tinha namorado enquanto permanecera em sua cidade natal era a primeira filha da mulher que ele amara na tenra inocência dos seus dez anos de idade. Naquele momento, o mundo parou, sentiu-se reconciliado com as suas lembranças. Já mais calmo, em paz consigo mesmo, com os olhos fechados, respirou fundo, sentiu que sua alma lhe sorria. Todas as portas fechadas, a mala arrumada, hora de voltar para casa, levando em sua bagagem um presente que o passado lhe teria roubado.

"E o que aconteceu depois desse dia?", perguntei ao meu amigo. Ele olhou o relógio, falou que já estava tarde, que morava longe e ainda tinha que pegar dois ônibus para voltar para casa. Outro dia daria continuidade à sua história. Percebendo que ele estava inventando desculpas para não concluir aquela história, não insisti. O tempo passou, a vida nos separou, ele não cumpriu a sua promessa. Hoje, já não sei por onde ele anda, mas tenho plena certeza de que algo a mais aconteceu. Terceiros vieram me falar... Não dei muita importância às novas narrativas... Essa é uma história que só teria sentido se fosse concluída por ele... Algo me diz que vale a pena esperar a sua volta. Até por que...

A GAROTA DO CORREDOR DA VITÓRIA

Andava lentamente, contando os passos, como se não quisesse sair do lugar, tinha um encontro marcado com a sua amada no "corredor da Vitória". Naquele canto, tudo o encantava: cada árvore, cada folha que caía, cada pessoa que passava por ele eram versos de um poema que ele ia compondo enquanto esperava a chegada de sua amada.

Ali, nada era por acaso: tudo obedecia à cadência das batidas de seu coração, que aumentava à medida que sentia, pelo ar que respirava, pelo aroma das flores, a chegada de sua amada. Tudo acontecia em trinta minutos, entre sete e sete e trinta da manhã. A rua não era longa, começava no Largo da Vitória e finalizava no seu encontro com o Largo do Campo Grande. Um pequeno pedaço de mundo, onde uma menina, de olhos e cabelos claros, um corpo entre menina e mulher, como uma rosa que ainda não desabrochou por inteiro, um olhar forte, tão forte que tinha o poder de abduzi-lo para outro mundo, passava todos os dias. Não sabia o seu nome; anos depois, descobriu que a garota da Vitória se chamava Heloisa. Nunca se falaram; toda a comunicação entre eles era feita com o olhar e com os feromônios compartilhados por meio do olfato. Aquela era uma relação regida pelo olhar. Apenas pelo olhar, entregavam-se, um ao outro, despiam-se, faziam amor. Não sabia fazer nenhuma interpretação filosófica sobre o olhar, sequer sabia que Sartre, em seu livro *O ser e o nada*, leva mais de sessenta páginas fazendo uma análise fenomenológica sobre o olhar. Não, nada disso tinha importância, ou mesmo lhe interessava. A intencionalidade de seu olhar não tinha interpretações, era natural; era só mais um dos sentidos de seu corpo exercendo a função que lhe é determinada na ordem da sua máquina de existir.

Era um jovem prático, sempre dizia que não tinha cabeça para essas coisas muito abstratas. Isso é coisa de gente que, não sabendo interpretar os sinais do mundo real, busca esconder-se, protegendo-se por trás do que dizem as páginas dos livros. Em vez de viverem a vida, preferem pensá-la. Um dia (não se lembrava onde), leu um verso de um poema que se aproximava de sua forma de ver e viver a vida: "Há metafísica bastante em não pensar em nada".

Eram pontuais. Sem combinarem, o encontro estava sempre marcado para acontecer à frente da portaria do ICBA – Instituto Cultural Brasil Alemanha. Era exatamente ali onde eles se encontravam, melhor dizendo, seus corpos, por uma fração de segundos, passavam um pelo outro. Contados em passos, não passavam de dois. Mas era um encontro de pura energia. Sentia em seu corpo uma descarga de adrenalina com força suficiente para iluminar todas as luzes da paixão. Durava um segundo, mas mantinha o seu corpo em chamas até o próximo encontro, no dia seguinte. Na semana, o último encontro era sexta-feira. Seu final de semana era regido pelas lembranças do ocorrido durante a semana, enquanto aguardava, com uma certa ansiedade, a segunda-feira, que parecia não querer chegar.

Não tinha muita certeza, ainda não sabia interpretar o turbilhão de sentimentos que a presença daquela garota provocava em seu espírito, em seu corpo, em suas vísceras. Tudo nele era intensamente afetado pelo olhar daquela menina. Ainda não sabia se aquele sentimento era amor, mas tinha certeza de que algo muito especial estava acontecendo em sua vida. Sentia como se a sua existência estivesse à espera daquele encontro. Seus destinos já estavam traçados desde sempre. Nasceram um para o outro.

Às vezes, por força das contingências da vida, ela se atrasava um pouco. Ele, já no meio do caminho, se continuasse a caminhada não a veria naquele dia. Para evitar tal falta irreparável, atrasava um pouco, diminuindo a extensão de seus passos. Enquanto isso, distraía-se, contando as folhas que caíam no outono, contemplava o desenho que as sombras dos prédios formavam sobre o passeio da rua, tentava adivinhar a vida de cada andante que passava por ele. Até que, de repente, sentia a rua toda iluminada, era o sinal de que o seu sol acabara de anunciar a sua chegada ao início daquele corredor. Retomava a caminhada em passos suaves, como se seus pés não mais tocassem no chão, levitando e, levado pelo vento, seguia ao encontro de sua amada.

Durante uma semana, para sua tristeza, acometido por uma forte gripe, não compareceu ao encontro com a sua amada. Os dias sem a companhia da garota dos cabelos dourados eram tristes, nublados; à noite, as estrelas se apagavam. O que ela iria pensar de sua ausência? Morria de medo de que a sua breve ausência fosse interpretada como desinteresse ou, no pior dos casos, o fim do namoro.

Quando a febre lhe abandonou voltou ao corredor da Vitória. No mesmo horário de sempre, lá estava ela chegando. Sentia, mesmo sem saber justificar, que tanto o seu corpo quanto o dela estavam felizes com o reencontro. Separados, eram só metades; juntos, formavam uma unidade ôntica. Achava que tinha encontrado a sua cara metade, recomposto a sua unidade originária. Essa ideia de que o amor é a unidade de duas metades, que outrora fora dividida, fora-lhe contada por um amigo que gostava de mitologia e que teria ouvido essa história de um pensador grego chamado Aristófanes. Ficou bastante impressionado com o que dizia o mito. Sentia-se assim: só uma metade. Tinha quase certeza de que aquela garota era a outra metade que lhe faltava! Por alguns segundos ficou rememorando, deixando-se levar pela fantasia desse mito: "No princípio, éramos unos e havia três tipos de humanos: o homem duplo, a mulher dupla e o homem-mulher, isto é, andrógino. Eram redondos, com quatro braços e quatro pernas, e dois rostos na mesma cabeça. Vigorosos, sentindo-se completos, decidiram subir ao céu. Foram punidos por Zeus, que os cortou pela metade, voltando-lhes o rosto para o lado onde os cortara, deixando-os com os órgãos sexuais voltados para trás. Desde então, cada metade não fez senão buscar a outra e, quando se encontravam, abraçavam-se no frenesi do desejo, procurando a união, morrendo de fome e inanição nesse abraço. Para evitar que a raça dos humanos se extinguisse, Zeus permitiu que Eros colocasse os órgãos sexuais voltados para frente, concedendo-lhes a satisfação do desejo e a procriação. Eros restaurou a unidade primitiva e nos fez buscar nossa metade perdida: os que vieram dos andróginos amam o sexo oposto, os que vieram dos homens e mulheres duplos amam os de mesmo sexo. O amor é desejo de unificação e indivisão. Encontrar nossa metade: eis o nosso desejo. Ao deus que isto nos propicia, todo nosso louvor". Imaginou que sua amada iria gostar de conhecer esse mito. Um dia, ele o narraria para ela. Plenamente recuperado da febre que o abatera, voltou ao mundo, regulado pela rotina dos dias.

Quando passou por ela, riram com os olhos, como se dissessem um para o outro: "Que bom! Está tudo bem". E a Terra voltou a girar em torno de seu eixo. Amanhã, o Sol nascerá, tudo retorna ao mesmo lugar, o universo já se encarregou de marcar o próximo encontro.

Todos os seus amigos sabiam que ele tinha uma namorada; eles a conheciam detalhadamente, só nunca a viram de verdade. Ele se lembrava de que muitos dos seus amigos não o levavam a sério. Achavam que era uma maneira de ele não se sentir, diante dos outros amigos, no submundo dos ignorados; por isso, teria "inventado" essa namorada. Não se importava com os comentários dos amigos. Se tivesse coragem (o que não era o caso), espalharia aos quatro cantos do mundo seu estado de felicidade. E quem disse que o amor precisa de coragem? O amor precisa de loucura. O amor não habita a casa dos normais. Ele sabia de tudo isso, mas, por segurança, entre as extremidades, sempre escolhia o meio termo, o meio do caminho;

sentia-se mais seguro. Em todos os aspectos, inclusive no amor, era, de fato, um moderado.

Às vezes, quando saía para o trabalho, um amigo, dos que dividiam com ele o mesmo apartamento, ia à mesma direção que ele, então aproveitava e falava: "Espere, estou indo para o mesmo lugar que você. Vamos juntos". Pronto, isso lhe tirava o centro. Primeiro, não queria que ele colocasse os seus olhos sobre o seu amor. Nenhum mortal deveria a conhecer. Inventava uma desculpa, de tal forma que acabava se livrando do intruso. Ninguém deveria testemunhar aquele encontro com o seu amor.

Sentia que, do outro lado, os sinais confirmavam as suas expectativas. Ela também o encarava. Não dizia nada. Mas precisava dizer! Seu olhar já dizia tudo, eles revelavam a sua alma. Esses encontros duraram em torno de seis meses.

Sempre foi fiel a ela: enquanto "namorou com ela", não namorou, sequer ficou, com nenhuma outra garota. Não trairia a sua amada. Tinha absoluta certeza de que ela também lhe era fiel. Assim como ele, ela não tinha ninguém. Seria até uma blasfêmia imaginar outra pessoa entre eles. No mundo, não poderia existir casal mais fiel. Era um vaso de cristal, tinha que ser cuidado; uma leve rachadura depreciaria o seu valor. Um cuidava do outro, cuidando do seu bem em comum: o amor.

Tudo se resolveria na segunda-feira, a decisão já estava tomada. Falaria com ela (quantas vezes já tinha tomado essa decisão e, na hora H, tinha desistido? Inúmeras). Mas agora era diferente. Havia chegado a hora de sequestrar o seu amor do mundo das ideias e trazê-lo para brincar no seu quintal. Seu amor já estava maduro para se mundanizar. Chega de contemplação. Fazia tempo que seu corpo reclamava a falta do corpo daquela menina, quase mulher. Já tocara o seu corpo, já sentira os seus beijos, mas só na solidão de sua imaginação; agora seria diferente: queria todos esses sentimentos, mas em um corpo real, de carne e osso. De segunda-feira não passaria. Já estava tudo programado nos mínimos detalhes. Ao se encontrar com ela, pediria o número do telefone. Depois, ligaria para ela, marcaria um encontro, se possível em um barzinho, e a pediria em namoro. Estava seguro de que ela lhe corresponderia. Todos os sinais que ela havia lhe passado, durante todo o tempo, reforça a certeza de que, assim como ele, ela também o amava.

Naquele sábado à noite, deitado em sua cama, na companhia da balbúrdia de suas medrosas ideias, como um general próximo a enfrentar o exército inimigo, organizava o seu batalhão de sentimentos para que, ao seu comando, no momento certo, todos lutassem visando ao mesmo objetivo: a conquista de sua amada. Antes que a segunda-feira chegasse, teria o domingo inteiro para repassar, quantas vezes fossem necessárias, cada detalhe daquele encontro que abriria o portal para a felicidade de sua alma.

A cena inteira encontrava-se decorada. Sentia-se seguro, como um ator, depois de ter representado o mesmo papel pela centésima vez. Claro que estava nervoso. Qualquer pessoa em seu lugar também estaria. Era a primeira vez que iria tentar conquistar uma namorada de verdade. Será que existe alguma santa que protege os amantes inseguros, quase medrosos? Se soubesse de sua existência pediria a ela proteção.

Ao fim e ao cabo, estava orgulhoso de si mesmo. De tão preparado que estava se sentia capaz de escrever um manual ensinando como os garotos tímidos, assim como ele, deveriam agir na hora de conquistar o coração de uma mulher. Já estava se achando! Um dos seus "eus", mais prudente, disse-lhe: "Cuidado! Excesso de otimismo deixa a razão preguiçosa. Melhor adormecer o seu otimismo no travesseiro da dúvida". Ouvindo isso, achou prudente seguir o conselho. Naquela noite, o sono demorou a chegar, estava muito excitado. Acalmou-se, quando, pela última vez, revisou todo o seu plano. Não encontrou nenhuma falha. Tudo estava em ordem. Adormeceu. Finalmente, a segunda-feira chegou.

O dia amanheceu lindo, banhado de luz, tinha certeza de que assim permaneceria até o seu adormecer. Levantou-se, tomou um banho frio (para ficar desperto), arrumou-se – colocou uma camisa polo, azul clara, para combinar com o azul mais escuro da calça jeans, finalizou escolhendo um tênis esporte. Estava discretamente bem vestido. Esse era o seu estilo. Nunca gostou de excessos ao compor o seu visual. O espelho do banheiro era pequeno, não alcançava todo o seu corpo. Foi ao quarto e, narcisicamente, contemplou-se em um grande espelho. Gostou da imagem que viu.

Pronto, eram sete da manhã. Contando o tempo que levaria para dar cada passo, às sete horas e trinta minutos estaria em frente ao ICBA. Saiu de casa cantarolando. Ninguém duvidaria de que, naquele dia, no corredor da Vitória, seguia um jovem corajoso, que tomara para si a responsabilidade de conquistar o seu primeiro amor.

Apesar de toda a sua confiança, seus passos eram regidos pela dúvida. Não sobre as suas ações – sobre elas, tinha absoluta segurança, contudo, sobre as dela, não tinha como garantir que ela se comportaria exatamente como ele programara no roteiro das suas ações. Lembrou-se de uma passagem bíblica na qual Abraão – homem de muita fé –, atendendo ao que Deus lhe determinara, levou seu filho para o sacrifício. Abraão não disse, mas, com certeza, cada um dos seus passos era acompanhado pela dúvida: será que ele, de fato, ouvira a voz de Deus? Será que era mesmo Deus quem falava com ele? Ou tudo não passava de um delírio alucinatório? Levaria ou não o seu filho para o sacrifício? Se Abraão, que assentava o seu otimismo em sua fé, tinha dúvida, por que ele estaria imune à dúvida?! Perigo! Sempre que se sentia inseguro, buscava apoio na religião. Estava fraquejando? Disse para si mesmo: "Pare! Não comece a inventar histórias para desistir mais uma vez. Chega de covardia! Seja homem. Siga em frente. Vá ao encontro de sua amada. Ela o espera".

Para sua surpresa, chegou à frente do ICBA, e ela não estava lá. Esperou um pouco. Nada. Continuou a caminhar lentamente na esperança de que antes que a rua se concluísse, de repente ela apareceria. Chegou ao final da rua. Naquele dia, no corredor da Vitória, fez-se noite; faltou a luz dos seus cabelos dourados. Um bom amante não desiste nunca. Antes de seu suspiro final, agarra-se a uma última esperança. No dia seguinte, sua amada não faltaria e tudo se consumaria. O amanhã chegou, sem a companhia de sua amada. O mesmo aconteceu na quarta, na quinta, no ano seguinte...

Para sua tristeza, a sua amada não mais apareceu. Não é que ela foi sumindo, acostumando o seu amado com o seu afastamento. Não, simplesmente, sumiu. De um dia para o outro, não mais apareceu. Ele sempre voltava ao mesmo lugar, na mesma hora, movido pela esperança de que ela voltasse a aparecer. Espera em vão; ela não mais voltou.

No livro de Beckett, *Esperando Godott*, dois homens, Estragon e Vladimir, passam dois dias fazendo elucubrações acerca de a religião, arte, morte, enquanto esperam um homem chamado Godot, o qual não chegará. Ele pensava em mirabolantes alternativas para justificar o sumiço de sua amada. Todas as histórias eram construídas e concluídas a seu favor. Ela não o abandonara – claro que não. Provavelmente, a mãe mora no interior e ela foi visitá-la; logo, voltará. Ela trabalha em uma empresa e teve que viajar a trabalho, mas logo estará de volta. Vai saber... Foi acometida por uma doença – esperava que fosse não grave; está se recuperando, logo estará de volta. Claro que a ideia da morte, também, o visitou, mas, com um rápido movimento de cabeça, livrou-se dessa ideia quando vinha em sua direção. Criava esses breves delírios: neles se instalava e se protegia; pulava para outro quando começava a ter quase certeza de que aquela historinha não se sustentava. Assim, saltando entre historinhas justificadoras da ausência da amada, o tempo foi passando sem que ela voltasse a aparecer. Um mês, dois, um ano...

Ainda andou por muito tempo naquela rua, interpretando sombras como se fossem sua presença. Aquela rua tornou-se feia, desencantada. Sua travessia, que antes era uma festa, do início ao fim, tornou-se um pesadelo. Se ele pudesse, não mais passaria por ela. Nessa rua, as boas lembranças foram apagadas pela dor da perda de um grande amor. Perguntava-se: por onde anda a menina da Vitória? Não encontrava respostas. Nem a amigos podia recorrer para ter notícias dela. Ninguém a conhecia. Alguns chegavam a fazer chacotas com a cara dele, dizendo que essa garota nunca existira, não passava de alucinações de um delirante solitário. Recomendavam-lhe a sair mais, a aproveitar a vida lá fora, a pegar as garotas... A vida passa rápido, ainda irá se arrepender de ter ficado enfurnado em casa, lambendo suas feridas, enquanto todos os seus amigos estavam pelo mundo aproveitando a vida. Tudo bem, eles estavam aproveitando a vida, porém, não tinham um amor verdadeiro. A crítica de seus amigos não passava de inveja.

Assim, seguro de si mesmo e de suas fantasias, ia sobrevivendo. Agora, profundamente desiludido, tentando esquecer a amada que não mais apareceu na rua encantada por onde ele andava. Nunca mais a viu. A tristeza fez morada em sua alma. Segundo os seus amigos, recolheu-se, isolou-se do mundo, em uma angústia que fazia dó. Abateu-se. Saltava aos olhos como emagreceu; não soube administrar o sumiço de sua amada. O mundo os separou de vez. Mas uma coisa sempre ficou em suas inquietações: o que teria levado aquela garota a sumir, de repente, da rua da Vitória? Ninguém some assim! Deve haver um motivo! Mas qual?! Se tem, ele ainda não o conhecia... Será que eles ainda voltariam a se encontrar nessa vida? Muitas janelas ficaram abertas, era preciso fechá-las.

Era Carnaval, não lembrou o ano – isso também pouco importava: a única certeza é de que já havia passado pouco mais de sete anos, tempo suficiente para que as imagens de sua memória já estivessem desbotadas de tal forma que já tinha perdido as suas conexões com as suas causas originárias. Desgarradas do mundo, tornam-se delírios de algo que, por analogia, associam-se a outros fatos. Foi o que aconteceu. Naquele carnaval, estava ele na praça Castro Alves; eram entre às dezoito e vinte horas, um horário um pouco morto. Nenhum trio tocava; os foliões aproveitavam para fazer um lanche, tomar uma cerveja ou dar uma volta... Quem sabe não encontraria uma companhia para atravessar a madrugada. Perambulava sem direção...

Estava sozinho. Tinha combinado com alguns amigos de se encontrarem. Marcaram, como ponto de referência, na estátua de Castro Alves. Até aquele momento, ninguém havia aparecido. Já tinha passado do horário combinado... Coisa bem comum por essas bandas, ninguém chega no horário. Menos ele. Nunca deixa alguém esperando. Um dia, ao ir a um compromisso, o senhor que o esperava olhou para o relógio e disse-lhe: "Parabéns! Chegou no horário combinado. A pontualidade é uma qualidade dos nobres". Ele, gostando do elogio, buscou ser nobre em seus próximos compromissos. Voltando ao assunto... Achou até melhor estar sozinho naquele momento já que podia andar livremente entre os foliões, dando voltas sobre o seu próprio olhar, na esperança de encontrar algum conhecido do qual pudesse se aproximar. Não encontrando nenhum conhecido, mudou a intenção de seu olhar: passou a buscar uma garota que lhe fizesse companhia naquela noite.

Nunca foi um folião diplomado; era um amador, gostava de Carnaval, não de pular, mas do movimento, da luxúria daquele povo. Ficava ali, parado, quase sempre marcando ponto em um determinado lugar, contemplando aquela desordem festiva. Aceitaria, de bom grado, compartilhar aquela noite na companhia de uma foliã, desde que ela não o levasse para a muvuca que costuma acompanhar o trio, *Chiclete com banana*, ou outro similar, claro. Eis que, por mero acaso, seu olhar panorâmico fixou-se, por um breve tempo, em uma bela loira de olhos claros. Pareceu-lhe uma boa moça. Estava com um grupo de amigas e isso dificultava uma aproximação, principalmente para quem é tímido, como ele. Então, permaneceu por ali, gastando mais o seu olhar do que fazendo o seu corpo movimentar-se em direção ao que seu desejo lascivo já tinha escolhido. Ela ainda não tinha percebido que estava sendo tocada pelo olhar dele. Permaneceu no local por uns trinta minutos. Disfarçava, fazendo olhar de paisagem, para ver se, em algum momento, o olhar dela viria ao seu encontro. Durante o tempo em que esteve ali notou que, pelo menos naquele momento, aquela bela jovem estava sem companhia. Então ele começou a criar estratégias para que, quando o olhar dela se voltasse para ele, encontrasse o dele olhando para ela. Era nesse encontro de olhares que tudo se decidiria. E disse: "Vou olhar rápido para ela; assim, se estiver me olhando, não terá tempo de disfarçar". Dito e feito: a estratégia foi perfeita. Sentiu-se orgulhoso de sua esperteza. Os olhares se encontraram. Ela tentou disfarçar, mas era tarde – sabia que tinha caído na armadilha dele. Ele a viu olhando. Naquele breve encontro, os olhares fizeram festa. Mesmo assim, apesar desse primeiro encontro do olhar, a timidez manteve cada qual no seu canto, só tentando mandar sinais com o corpo; às vezes, um olhar solitário, às vezes, um olhar acompanhado de um leve e discreto sorriso. Não importa, estavam se entendendo. Permanecia no mesmo lugar, sem coragem de tomar a iniciativa. A mulher sempre espera que o homem tome a iniciativa e aproxime-se, revelando-lhe o interesse. Sei que é assim, apesar de achar injusta essa posição passiva da mulher. Mantém-se em posição de caça, quase nunca de caçadora. Mas isso não vale para os mais tímidos. Às vezes, ele torce para que a garota não demonstre interesse; assim, ele fica livre do enfrentamento, do momento em que as palavras lhe faltam, ficando ele ali, envergonhado, diante da garota, sem saber o que falar... A vida dos tímidos não é fácil – é, já, meio caminho para a solidão. Essa timidez o acompanhou por toda a vida. Permaneceu ali, parado, fixo ao chão, como uma árvore presa às suas raízes profundas... Sabia que tinha que tomar uma atitude. Homem que é homem chega junto, vai lá e decide. Se é verdade que as mulheres não gostam de homens inseguros, ele estava perdido; ela já tinha percebido a sua insegurança. Agora mesmo é que não teria mais chance. Condenado a passar mais uma noite de carnaval sozinho. "Vai lá, arrisca, você não está perdendo nada mesmo" – era a sua própria voz aconselhando-o. Não adiantava. Tinha se transformado em estátua de sal. Não conseguia se mover. Seu corpo não obedecia aos seus desejos. Veja que situação: um homem que não tem controle de seu próprio corpo, que não o leva aonde o seu desejo deseja ir, para que serve? Não tem futuro, virou um poste. De qualquer jeito, pelo olhar da moça, ela ainda não tinha desistido dele. Continuava a lhe lançar o olhar. No fundo, ele desejou que ela tomasse coragem e invertesse os papéis. Em vez de ele ir, ela viria até ele. Estava nervoso. Quando assim ficava, só piorava a situação, desorientava-se. Deu vontade de sair correndo daquele lugar. Não era a primeira vez que ele teria se tornado prisioneiro de sua insegurança. Para que ela não percebesse, ele ficou esperando que ela se distraísse – quem sabe, tabular um papo com uma de suas amigas, ou mesmo ir comprar uma cerveja... Ele se aproveitaria dessa breve distração e sairia correndo dali. Assim, não passaria a vergonha de ver o olhar dela acompanhando a fuga de um covarde. Para sua tristeza e sofrimento, ela não saiu. Ficou ali, vestida com uma blusa leve, de cor amarela, um short curto, de cor branca, colado ao corpo, com os cabelos soltos e emaranhados. Esse aspecto, um pouco desleixado, deixava-a ainda mais sensual. Estava sentada sobre a mesa, com um dos pés apoiado ao chão; o outro, um pouco levantando, com as coxas entreabertas, formando uma sensual figura geométrica. Imaginou-se fazendo amor com ela. Desejou aquele belo corpo sobre o seu corpo.

Em um determinado momento, ela, como que decidida a resolver aquele impasse, encarou-o. Era como se perguntasse: "E aí, vai ficar aí parado? Preciso enviar mais sinais, além dos que já enviei? Tome jeito, homem de Deus! Venha, que eu estou te querendo". Os olhares fitaram um ao outro: ela, por coragem; ele, por covardia. Estava com tanto medo da aproximação que sequer seu olhar se mexeu, permaneceu parado, como um olhar bovino. Vendo que ele estava morto, ela tomou uma atitude: acenou com a mão, convidando-o a se aproximar. Pronto, agora estava perdido, não tinha mais como fugir. Seu corpo tremeu por inteiro. Estava desesperado. Bem feito, se tivesse fugido antes não teria que enfrentar a bela moça, sem saber o que falar com ela. Sem alternativa, foi em sua direção. Ela o recebeu com um largo sorriso. Mas, ao se aproximar, ela lhe fez uma pergunta que o deixou desconcertado, o que ampliou ainda mais o seu estado de tensão e medo: "Você só vai ficar olhando?". Mas o que responder nessa hora? Sem saber o que falar, disse a primeira coisa que lhe veio à cabeça: "Fiquei na expectativa. Queria ter certeza de que você estava sozinha". Desculpa mais comum não poderia ter encontrado. Ela, que não era boba, deu um leve sorriso, como se estivesse sabendo que não deveria ir mais fundo; pois, poderia fazer com que seu medroso pretendente a deixasse sozinha. Finalmente, apresentaram-se: ele se chamava Abelardo; ela, Heloisa. Falaram amenidades, coisas do tipo: "E aí, como está o seu carnaval?", "Será que vai chover?". Depois de mais uma ou duas perguntas sem sentido, recursos para quem não sabe o que falar, ela olhou no fundo dos olhos dele e falou: "Já nos conhecemos". No primeiro momento, ele pensou que ela estivesse fazendo uma pergunta, mas logo percebeu que ela estava fazendo uma afirmação. Ele ficou um pouco zonzo. Coisa muito chata quando alguém diz que o conhece e você não consegue se lembrar daquela pessoa. É tudo muito rápido. Em um segundo você visita o seu passado: abre as portas da memória, abre todos os armários, levanta os tapetes, onde, geralmente, esconde o que não se quer mostrar, e não encontra aquela pessoa. Não tinha o que dizer. Ele não se lembrava daquela garota. Mas não podia dizer isso para ela. Seria até deselegante. Ela, percebendo o embaraço dele, foi ao seu socorro e, sem muitos rodeios, disse: "Eu sou a garota do corredor da Vitória. Você se lembra?". Como poderia esquecer! Ali, naquele momento, estava resgatando um tempo perdido, recompondo uma falta de sua alma. Finalmente, depois de muito tempo, desde que a encontrara pela primeira vez no corredor da Vitória, estavam juntos, não só se falando, mas quase se tocando. Como ele podia ter deixado a imagem dela fugir das paredes de sua memória? Vendo agora, depois da revelação que ela havia feito, não tinha mais dúvidas: era mesmo a amada dele. O que o teria feito a esquercer? Só tinha uma resposta: ele sofreu muito com o seu desaparecimento. Como forma de terapia, expulsou-a de sua vida, apagou-a de suas lembranças. Eles tinham um acerto de contas com o passado; ambos, em silêncio, fizeram juras de amor que não tiveram a chance de cumprir. Não podiam deixar aquele momento escorregar de suas vidas. Tinham que concluir aquela história do passado. Aquela era a hora. Ele ainda não se sentia muito à vontade. Era como se tivesse algo a incomodar. Mesmo correndo todos os riscos, ele tinha que fazer uma pergunta que, por muitos anos, rondou suas caminhadas amorosas. Segurando as mãos dela, perguntou-lhe: "O que aconteceu para você desaparecer do corredor da Vitória?". Chegou a hora de conhecer a versão dela sobre os fatos. Ela não respondeu diretamente à pergunta, mas disse: "Bem, antes de lhe responder preciso falar como me sentia naqueles nossos encontros silenciosos". E continuou a falar: "Aquele foi um momento encantado de minha vida. Encontrá-lo todos os dias era a minha alegria. Quando algo impedia esse encontro, tornava-se um peso carregar o dia. Eu morava na Federação, pegava o ônibus para o Campo Grande. Pegava outro ônibus para chegar à Graça, bairro onde eu trabalhava, já que a distância era um pouco longa. Mas não era isso que eu fazia. Fazia o percurso andando só para passar pelo corredor da Vitória e encontrá-lo. Quando, por algum motivo, chegava mais cedo ao Campo Grande, para não correr o risco de não o ver, atravessava o Campo Grande e ficava um pouco escondida, no início do corredor da Vitória, esperando a sua aparição. Então, quando você apontava na metade do caminho, eu começava a minha caminhada em sua direção. Sabia que nos encontraríamos em frente ao ICBA. Todas as minhas amigas já o conheciam. Eu falava para elas que estávamos namorando. Elas o conheciam em detalhes. Morriam de vontade de conhecê-lo de verdade".

Parte dessas amigas estava com ela naquela noite de carnaval. Mas elas não sabiam de nada do que estava acontecendo; só sabiam que havia um rapaz paquerando a sua amiga. Ele se deu conta de que, apesar de as subjetividades deles nunca se terem objetivado, cada um, do seu canto, percorreu os mesmos caminhos, alimentou-se das mesmas fantasias; tinham os mesmos desejos, sonharam os mesmos sonhos... Agora, para a alegria de ambos, sabiam que não haviam se enganado, o amor deles era correspondido. Foi um amor verdadeiro. Eram cúmplices dos mesmos sentimentos.

Se tudo acabasse ali, ele já se dava por feliz. Ela também o amara tanto quanto ele a amara... Não tinha sido um delírio infantil. Para que fazer mais perguntas? Bastava. Mas ainda tinha algo em aberto. Era preciso saber por que ela teria desaparecido de repente do corredor da Vitória. Se ele pudesse antever a resposta, a pergunta não teria sido feita. "Bem, agora vou lhe responder o porquê de eu sumir de repente: eu era casada". Entre todas as possíveis respostas, essa nunca esteve presente. Ele chegou a imaginar que seria uma blasfêmia ter uma terceira pessoa entre eles. Certo desencantamento abateu-se sobre ele. Perguntou-lhe: "Então, desde o início você era casada?". "Sim", respondeu ela. "Então esse não pode ter sido o motivo para você ter sumido". "Não. Não foi esse o motivo". Nada é tão ruim que não possa piorar. Ele ficou ali, meio atordoado, esperando-a concluir. Disse ela: "Eis o verdadeiro motivo: eu fiquei grávida. Não queria que você me visse naquele estado". A realidade é mesmo habilidosa na arte de descolorir o mundo, tornando-o sombrio. Antes dessa revelação, o mundo tinha mais luz. Ela percebeu o desencantamento dele; pediu-lhe desculpas, mas disse que preferiu falar a verdade. Ainda bem que muito tempo tinha se passado e o amor que nunca teve o seu encontro com a realidade, quando a oportunidade desse encontro se apresentou, já não era mais amor, era só uma boa lembrança que foi carinhosamente guardada no armário dos afetos. Aquele encontro não era a renovação do amor entre dois amantes, era só um acerto de contas que dois jovens faziam com o seu passado. Então ela completou a história: "O casamento acabou e o filho não vingou". E concluiu: "Estou livre para viver no presente o que muito desejei no passado". Pela primeira vez, beijaram-se. Era segunda-feira de Carnaval. Ficaram juntos naquele Carnaval. E continuaram juntos. O amor ideal teve uma vida mais longa que o amor real.

 E, assim, em silêncio, recitando estes versos do poema de Fernando Pessoa, ele concluiu sua história de amor com a garota do corredor da Vitória: "Eu amo tudo o que foi. Tudo o que já não é. A dor que já me não dói, / A antiga e errônea fé, / O ontem que a dor deixou, / O que deixou alegria / Só porque foi, e voou / E hoje é já outro dia".

GRACIOSA

(a casa da minha infância)

O tempo passa, mas não o perdemos por inteiro, selecionamos os melhores momentos e o retemos na algibeira de nossas lembranças. Ao longo da vida, todo mundo deve ter escolhido um lugar que identifica como o canto onde foi feliz. Este é o meu canto: Fazenda Graciosa. Vendo essa foto, tirada recentemente (se a memória não me falha), poderia dizer que nada mudou, ainda é a mesma casa onde minha alma de criança brincava e era feliz. Seus proprietários, dois queridos tios: Edite e Zeca.

Edite, mais conhecida como Dite, mulher forte, dinâmica, respeitada e admirada por todos, uma matriarca de coração generoso, a quem, por prudência, sempre obedecíamos... Cuidadora de um monte de filhos. A sua casa sempre foi uma referência de acolhimento. Todos a ela recorriam quando precisavam de uma "parteira", de uma "dentista", de uma "ortopedista". Era uma "médica" sem ter cursado a academia. Em um canto do mundo, onde os médicos, "doutores de diploma", quase nunca existiam, quem cuidava do povo eram pessoas como Dite, que, dotadas de um conhecimento prático, conquistado na universidade da vida, acolhiam os carentes e enfermos que buscavam os seus cuidados. Em sua vida de experiências conseguiu deter um profundo conhecimento das coisas da natureza. Antes de a fitoterapia ser uma ciência, Dite já dominava os seus segredos. No fundo de sua casa, em um grande descampado, ela construiu a sua farmácia natural. Para cada doença existia uma erva para combatê-la. Sem nenhum estudo formal, dotada unicamente do conhecimento legado pela experiência que a necessidade lhe foi impondo durante a vida, era capaz de identificar o princípio ativo de cada erva de sua farmácia e, mais do que isso, associar aquele princípio ativo a uma determinada patologia. Era, exatamente, essa sua habilidade que a destacava na comunidade, o que a tornou uma referência no domínio do saber das plantas. Como bem diz os gregos, "a experiência produz arte, a inexperiência produz o acaso". Afirmava, com propriedade, que o princípio ativo da arnica servia para tratar dores musculares; baba de babosa, excelente para combater caspa, piolho, aliviar as dores das queimaduras e muitas outras queixas; camomila, tônico digestivo; carqueja, regulador da taxa de açúcar no sangue; dente de leão, agente diurético; erva-cidreira, melhor remédio não há para barriga inchada; malva, no combate a problemas de pele; mastruz, excelente cicatrizador; boldo, para quando a comida não cai bem; alfavaca, ideal para baixar a febre; limão e alho, separados, servem para um monte de doenças, além do uso na culinária e, quando juntos, tonam-se poderosos para combater a gripe... E por aí vai... A experiência da vida respondendo às necessidades do corpo e da mente. Conhecimento que fazia questão de usar em benefício dos outros. Não apenas usava, era generosa, ensinava, compartilhava os seus saberes. Assim, cada um, do seu canto, poderia usar a natureza em seu próprio benefício e ser, ao mesmo tempo, um multiplicador desse conhecimento milenar tão útil ao povo pobre, desassistido pela rede de saúde pública.

    Zeca, o esposo da matriarca, um homem com múltiplas habilidades. Um valente com alma de criança. Dotado de uma competência extraordinária para amansar bois, cavalos, burros bravos... Os moradores da região o procuravam para que ele domasse seus animais de serviço. Ao final da doma de cada animal era uma verdadeira festa. Todos os presentes, com aplausos e gritos, comemoravam mais uma conquista do valente domador. Esse trabalho era de fundamental importância para o homem do campo. Os animais, depois de domados e domesticados, eram usados na lida das fazendas. Na ausência de tecnologia no campo, era com a contribuição deles que se arava a terra para o plantio, moía-se a cana, a mandioca, fazia-se a farinha e seus derivados, conduziam-se as mercadorias para serem vendidas na feira do sábado. Além disso, com os animais as crianças iam para a escola, a família ia para a missa aos domingos, enfim, eram também o meio de locomoção.

Tio Zeca trazia em si o valente homem do campo, mas ainda carregava uma alma de criança. Uma das mais belas almas que eu conheci, dotado de um espírito leve, sempre a alegrar aqueles que estavam em torno dele. Nunca o vi triste. Apesar do árduo trabalho no campo, ao lado de seu carro de boi, puxado pelos seus dois fiéis escudeiros – Mimoso e Brioso, que tanto contribuíram no sustento de sua família –, usava seu pouco tempo livre para inventar brincadeiras que agradassem às crianças. Ainda me lembro dele, em uma pequena oficina, a inventar, com seus arames trançados, quebra-cabeças para a garotada... Ouviam-se, de longe, suas belas gargalhadas, ao perceber a dificuldade em que se encontrava a criançada tentando resolver as armadilhas, em forma de brinquedos, por ele inventados. Não demorava muito, vendo a tristeza das crianças por não conseguirem solucionar o enigma proposto, ia ao socorro delas e lhes ensinava como se libertar daquele labirinto. Era, de fato, um engenheiro da brincadeira. Todos eram felizes ao seu lado.

Naquela casa de fazenda não tinha luxo, tudo era muito simples. A única riqueza que excedia naquele canto era a generosidade de seus moradores. Mas nada faltava. A necessidade nunca fez visita naquele pequeno pedaço de chão. Sabiam cuidar da natureza e esta, em sua generosa retribuição, tornava-se um mercado aberto, atendendo a todas as demandas daquela família. Tudo o que se precisava estava ao alcance das mãos. Todos que ali chegavam eram acolhidos na fartura. Bastava a necessidade aparecer, já se sabia em qual das prateleiras estava aquilo de que se carecia. A carne se encontrava no pasto e, se fosse de porco, encontrava-se no chiqueiro, no quintal; a galinha, no galinheiro, os ovos, em quantidade, eram colhidos todos os dias; a farinha, com os seus derivados, a casa de farinha fornecia; batatas, aipim, milho, frutas, legumes, tudo ali pertinho, bastava ir e colher.

Uma casa completamente desprovida dessas engenhocas que fazem o mundo funcionar a partir de uma tomada conectada à parede. O homem do campo é, acima de tudo, um homem sábio. Ao seu modo faz a ordem do real funcionar segundo as suas necessidades. Não é a natureza que o determina. Ele, como um bom leitor da natureza, subordina-a às suas demandas. Sem estabelecer nenhum conflito, em uma relação de parceria, convoca a natureza a lhe servir, torna-a sua parceira de vida. Poder-se-ia dizer que a energia elétrica não fazia falta naquele lugar. Adaptava-se à ordem das coisas, à ordem da necessidade. O ferro para passar roupa era movido à brasa. Cheio de brasa, mantinha-se aquecido. Quando a brasa perdia a sua temperatura, bastava colocar o ferro na direção do vento ou, então, recorrer a um bom assoprador, e lá estava o ferro na temperatura ideal para dar continuidade ao trabalho; o filtro era um grande pote de terracota, que sempre ficava em um canto da parede da cozinha. A água, sempre limpa, quase mineral, depois de devidamente coada, era guardada no pote, ao qual todos recorriam para matar a sua sede; como geladeira não havia, usava-se a técnica de defumação para preservar as carnes. Sobre o fogão de lenha, colocava-se uma espécie de varal, no qual se dependuravam as carnes e seus derivados. Não faltavam os embutidos, a carne de boi ou de porco, a costelinha, o toucinho e as vísceras do boi. Submetidos à temperatura do fogão, mais a fumaça por ele produzida, as carnes e seus derivados eram preservados por um bom tempo.

À noite, toda a casa era iluminada por diversos candeeiros, mais conhecidos como lamparinas. Era um recipiente de alumínio, fechado, com querosene em seu interior, sendo que na parte superior se encontrava o bico, no qual era introduzido um cordão grosso, chamado de pavio, mantendo-se parte dele para a parte externa do bico. Colocava-se fogo na parte do pavio que ficava fora do bico, obtendo-se uma chama de luz que iluminava a casa por quanto tempo durasse o querosene. Se a chama se apagasse, bastava repor o querosene e todo o processo se reiniciava. Quando um morador se deslocava de um ambiente para outro da casa, bastava pegar um candeeiro aceso para guiar seus passos. O fogão a lenha, no qual era produzida toda a alimentação da família, era, de verdade, uma máquina com múltiplas funcionalidades. Na parte superior, uma chapa de ferro, com várias bocas circulares, acompanhando os tamanhos das panelas; no canto do fogão, no seu interior, mantinha-se um pote, e isso fazia com que sempre houvesse água quente à disposição dos moradores; em uma das laterais do fogão se encontrava o forno, no qual se preparavam os assados, os deliciosos bolos, os sequilhos e tantas outras iguarias. Se não bastasse tudo isso, lembro-me muito bem de que, nas noites frias, depois do jantar, todos se reuniam em torno do fogão e, ali, quentinhos, ficavam proseando até os olhos fecharem suas janelas.

As boas memórias da roça sempre vêm acompanhadas das lembranças afetivas de um fogão a lenha. As palavras de Rubem Braga nos convidam a compartilhar o fogão à lenha que povoou parte das memórias do escritor: *"O céu estava enfarruscado. O vento soprava nuvens cinzentas desgrenhadas. Nem lua nem estrelas. Bem dizia minha mãe que em dia de chuva elas se escondem, por medo ficar molhadas. A gente se lembrou de Prometeu: Foi ele quem roubou dos deuses o fogo – por dó dos mortais em noites iguais àquela. Se não fosse por ele, o fogo não estaria crepitando no fogão de lenha. O fogo fazia toda a diferença. Lá fora estava frio, escuro e triste. Na cozinha estava quentinho, vermelho e aconchegante. No fogo fervia a sopa: o cheiro era bom, misturado ao cheiro da fumaça..."*.

Já do lado de fora da casa, no grande terreiro, na escuridão da noite, tudo era iluminado pelas estrelas. Estas só se apagavam ao nascer do sol. Sentíamos alegria por não haver luz elétrica naquele pedaço de mundo. Não existia, em nenhum outro lugar, um céu mais lindo do que aquele que contemplávamos da varanda daquela casa de fazenda. Às vezes, sentávamos no terreiro, admirando os astros e tentando identificar a sua ordem no cosmo. Os mais "sabidos" lançavam teorias cosmológicas para justificar e dar sentido àquele universo iluminado que se descortinava todas as noites aos nossos olhos. Mas a maioria, quase todos, para dizer a verdade, olhava para os astros guiados pelas lendas e por meio das informações que lhes eram transmitidas pelo padre, fosse nas missas de domingo, fosse na catequese. O mundo era visto e interpretado sob o olhar da bíblia. Nesse livro encontrávamos respostas para todas as nossas perguntas. Ele nos bastava. Olhávamos para a beleza do céu como mais uma generosidade de Deus para com os homens. Toda aquela beleza já era a presença de Deus. Bastava olhar com o coração para ver em cada estrela a presença do Criador. Ficávamos até com medo de colocar isso em dúvida. O mesmo Deus que nos deu aquela beleza toda poderia nos tirar do mundo caso não fôssemos capazes de corresponder, por intermédio de nossas boas ações, tamanha bondade e generosidade divina. O céu, ao mesmo tempo, causava-nos alegria e medo. Alegria, pela beleza que ele nos oferecia; medo, porque sabíamos que lá em cima morava um senhor muito atento, vigiando nossos passos aqui na Terra. Acreditávamos que a qualquer momento ele poderia se manifestar. Ninguém, em sã consciência, queria errar. Todos tinham medo de Deus. Tinham medo de suas escatológicas punições. Assim, de modo romântico e obediente, vestidos de crenças e superstições, direcionávamos nosso olhar contemplativo àquele lindo manto negro salpicado de pontos luminosos. Naquelas bandas, Copérnico ou Galileu ainda não tinham passado. A lua nunca foi um satélite natural da Terra, sequer sabíamos que existiam diversas luas. Não, nada disso, a lua não passava da morada de São Jorge. E este, para nos lembrar, mostra-se garboso, montado em seu cavalo, combatendo a serpente pecadora. A história de que o homem conquistou a lua colocando seus pés sobre ela não passava de uma grande blasfêmia. Certo estava Deus em punir esses homens arrogantes que acham que podem passear na casa de São Jorge. Nesses momentos não faltava aquele mais carola que, imediatamente, recorria à bíblia para buscar exemplo dessa arrogância, quando Deus se fez presente e pôs um limite na vaidade humana. Um dia, os homens quiseram construir uma torre cujo cume tocasse os céus. Deus, percebendo a pretensão dos humanos, fez com que cada homem falasse uma língua diferente, e como eles não mais conseguiram se entender, o projeto foi abortado. A torre de Babel fracassou no seu objetivo e os homens se espalharam pelo mundo, juntados segundo a língua que cada uma falava. Não estava na hora de Deus voltar a colocar um limite nessa arrogante pretensão do homem de querer substituí-lo, tornando-se, em lugar do Criador, o Senhor do universo? O céu foi feito para que os homens contemplassem a presença e a grandiosidade de Deus no universo, não para que o homem pudesse conquistá-lo ou o dominar. Compreendíamos o mundo por meio das ciências dos sentidos. Só era verdadeiro aquilo que nossos olhos viam, nossos ouvidos ouviam, nosso tato tocava, nosso olfato cheirava e nosso paladar identificava o sabor. Foram esses os meios que Deus nos ofereceu para que, por meio deles, conhecêssemos e déssemos sentido ao mundo. As estrelas não eram grandes e luminosas esferas de plasmas. Não, eram as luzes dos olhos de Deus. Sim, Deus tem muitos olhos, iluminando nossas noites escuras. Se alguém fosse explicar que Alnitak, Alnilan e Mintaka, estrelas bem alinhadas, fazem parte da constelação de Órion, estava formada a confusão: só um "lunático" poderia pensar tal sandice. O que nossos olhos contemplavam, de verdade, eram as três Marias: Maria, mãe de Jesus; Maria Madalena e a terceira, Maria de Betânia, irmã de Lázaro. Não faltavam os românicos que, acompanhados de suas amadas, faziam do céu morada de suas fantasias amorosas. Batizavam as estrelas com os seus nomes. Sim, elas lhes pertenciam, eram deles. Nelas faziam habitar e eternizar o seu amor. Assim são os amantes, com os pés no chão são capazes de tocar nas estrelas. Assim era o nosso céu, sem nenhuma ciência, mas cheio de poesia e de romantismo, como descreve a letra-canção: *"O céu de Ícaro tem mais poesia que o de Galileu"*.

Naquele grande terreiro, em frente à casa, sombreado por um bambuzal, que o tempo já levou, brincávamos até o anoitecer, quando o corpo, já sem forças, implorava para adormecer. Era um terreiro quase sagrado, onde eram celebradas as festas religiosas e profanas. Nele se encontravam os vizinhos da fazenda para realizar as comemorações, obedecendo ao calendário litúrgico da igreja católica. Tinha início em janeiro, com a festa dos Santos Reis, culminando com a grande Festa do Natal, período em que se armava um belo presépio, um momento encantador para todos que, em romaria, iam visitá-lo. Nessa festa, além de se celebrar o nascimento do Filho de Deus, comemorava-se o aniversário de Natália, a bela primogênita da família, o que tornava a festa ainda mais grandiosa. A casa ficava toda enfeitada com fitas e bandeirolas. A dona da casa caprichava nos doces, licores, milhos cozidos, amendoins, leitões assados etc. Naquele lugar todo especial, os corpos bailavam, os devotos, com seus ritos sagrados, faziam suas oferendas às entidades de suas religiões. Naquele chão, não tinha discriminação religiosa, respeitavam-se todas as crenças, todas as tradições. Era um verdadeiro território ecumênico.

Assim era aquela casa, assim era aquele terreiro... Lembro-me muito bem de que, apesar da simplicidade, todos comentavam sobre a fartura, sempre presente naquela fazenda. Não importava a quantidade de gente nas festas, sempre, ao final, o "milagre da multiplicação dos pães" se realizava e era servido um banquete em que todos fartamente se alimentavam.

Saindo da casa, à esquerda do terreno, descendo uma picada, chegávamos ao curral. Acordávamos cedo, já íamos em sua direção, com um caneco de alumínio na mão, dentro dele farinha e açúcar, para tomarmos o primeiro leite produzido pelas vacas. Esse era o nosso primeiro alimento, uma forma de desjejum. Depois, retornávamos para a casa, onde, em uma grande mesa, todos se sentavam para comer uma deliciosa galinha caipira, acompanhada com aipim, que acabara de ser colhido da terra, banana cozida, batata, ovo, cuscuz, beiju, tapioca...

Próximo ao curral encontrava-se a casa de farinha, onde era produzida parte dos alimentos para a família, e o excedente era vendido para ajudar no orçamento da casa. Ali chegávamos à noite e amanhecíamos o dia, raspando mandioca, que, depois de ser triturada pela máquina – uma engenhoca feita de madeira e que funcionava por tração humana ou por um animal –, e de passar pela prensa, transformava-se em diversos derivados, com os quais se produziam a farinha, deliciosos tipos de beijus, puba, goma, tapioca... Naquele canto, mulheres, homens e adolescentes – estes, brincavam mais que ajudavam – sentavam-se em círculo e, enquanto conversavam ou cantavam, iam raspando a mandioca. O trabalho era tão lúdico que o cantar do galo anunciava o amanhecer sem que ninguém se desse conta de que os primeiros raios da manhã já salpicavam o chão daquela rústica e bela casa de farinha.

Ao lado da casa de farinha, descendo uma ladeirinha, alcançávamos uma bela barragem. Como éramos felizes ali... Um bando de crianças, de corpos livres, sem medo dos riscos, lançando-se naquelas águas turvas. Ficávamos repetindo saltos, disputando, um com o outro, quem dava o mergulho mais profundo, quem saltava do lugar mais alto, quem permanecia mais tempo submerso na água, quem nadaria a maior distância... Até alguém aparecer avisando que era chegada a hora do almoço ou do jantar. Então, ainda com os corpos molhados, tremendo de frio, subíamos a ladeirinha de volta para casa.

Depois do jantar, reuníamo-nos em frente à casa, sentávamos nos bancos e ficávamos a ouvir "causos" da roça, narrados pelos adultos, que relembravam histórias que lhes foram contadas por outros e assim nos transmitiam, com tanta certeza, que parecia terem sido eles próprios testemunhas oculares da ocorrência de tais "lendas históricas", preservadas pela cultura oral: de mulheres que se casam com padre e são condenadas, por toda a eternidade, a vagarem pelas ruas da cidade, depois que as luzes se apagam, como "mula sem cabeça"; de lobisomem, o homem que tem uma forma humana e de lobos – conta a lenda que quando a mulher tem sete filhos, se o oitavo for homem, esse será um lobisomem, cuja transformação ocorre sempre à meia-noite; de bicho papão, um monstro que aterroriza as crianças, principalmente as desobedientes; de pessoas, sempre conhecidas de alguém, que, depois de "baterem na mãe", são condenadas a viverem, por toda a eternidade, pagando uma pena, acompanhada de muito sofrimento, podendo ser a loucura, uma chaga qualquer da vida, ou viver no limbo da existência para expiar o pecado cometido.

Entre tantas lendas, uma, ensinada na igreja, pelo padre, e disseminada entre os fiéis, tinha uma natureza explicitamente política, servindo muito bem para demonstrar como o Estado e a igreja se uniram, num determinado momento político do Brasil para combaterem um "inimigo" comum: os comunistas. Espalhava-se a notícia de que, ao entardecer, as mães deveriam recolher seus filhos, não mais deixá-los sair à rua, porque os comunistas estavam chegando e, como era de conhecimento de todos, eles tinham o hábito de comer criancinha. Tal lenda assustava as crianças, que não queriam se transformar em comida de comunista, e os pais, que não queriam seus filhos sendo devorados por essa espécie de gente perigosa. Ali ficávamos ouvindo os "causos", trincando os dentes de tanto medo. Ninguém tinha coragem de sair sozinho, abandonar o grupo e ir dormir. Vai lá saber se algum desses horripilantes personagens não iria lhe fazer uma visita durante a noite. Por segurança, era melhor aguardar que a sessão de medo fosse encerrada e todos, ao mesmo tempo, guiados pela luz do candeeiro, fossem para os quartos, até porque, por pura brincadeira, era costume, já na escuridão do quarto, um ficar metendo medo no outro, indicando que parecia haver algo estranho presente no quarto, algo muito parecido com os narrados nos "causos". Assim, já cansados dos excessos do dia, junto ao pavor das histórias da noite, adormecíamos, desejando que o amanhecer não demorasse a chegar para que a felicidade recomeçasse o seu novo dia.

Quando as férias escolares acabavam, ou mesmo um final de semana chegava ao fim, uma tristeza se abatia sobre todos. Queríamos que nunca fôssemos expulsos daquele paraíso! Todavia, como bem o sabemos, para suportar as dores que a vida nos oferece, inventamos que ela será breve, que logo, logo, tudo passará e voltaremos a ser felizes. Assim, apesar das lágrimas da partida, bem não saíamos daquele canto de felicidade, já nos encontrávamos programando nosso retorno. Não demorava muito e já estávamos de volta à Fazenda Graciosa, onde éramos felizes de verdade.

DOIDINHOS DA MINHA INFÂNCIA

A Joceval

Ao ler Cabral / Ainda moço / Vi toureiros / "O mais agudo / Manolete" / Já na minha rua / Via loucos / Cada um / Seu próprio em vão / Ficava assim / Entre o verso geométrico / E o avesso do silêncio / Um passava pelo outro / Sem rima / Só insônia / Noite a fio acompanhado / Pelo caso / Da doida Miúda / Que perdera a razão / Por amor / Ou melhor / Desamor alucinado / Mais ainda / O caso Luiz / O vidro e o corte / No próprio braço / Dois desafortunados / Ainda bem / Que para o avesso / Havia o verso / Mesmo deslocado / Afinal / De toureiro e louco / Não tinha quase nada / Um pouco.

(Alex Leite)

Dois doidinhos da minha infância: Maria Doidinha e Mathias. Fiquei muito feliz ao reencontrá-los, depois de tanto tempo, mesmo que tenha sido por meio de fotos. Eles estão presentes na Itiruçu do meu amanhecer, onde minha alma brincava enquanto se formava, como estão presentes as ruas por onde passei; no colégio Francisco Mangabeira, onde fui alfabetizado; na igreja de Santo Antônio, onde pedia perdão e pagava penitências por pecados não cometidos; no belo jardim do centro da cidade, onde, ao entardecer, como ainda não havia televisão, os jovens se encontravam para compartilhar sonhos, fantasias, projetos e desejos; o mercadinho do Sr. Pascoal Nunes, onde, aos 12 anos, ainda uma criança, usando calças curtas – naquele tempo, a troca das calças curtas pelas calças compridas era um rito de passagem, só se conquistava esse direito quando se alcançava a idade dos quinze ou dezesseis anos –, a pedido de minha mãe, eu consegui o meu primeiro emprego; o mercado municipal, lugar onde meu pai trabalhava e tirava o sustento de sua família – na verdade, aquele mercado, em torno do qual se realizava a feira da cidade, era um grande centro cultural. Vivíamos um pouco isolados do mundo. O único meio de comunicação que tínhamos com o mundo era o rádio, que nem sempre conseguíamos sintonizar. Na feira tomávamos conhecimento das novidades do mundo. A feira era uma festa cultural, principalmente, para as crianças que, alimentadas pela curiosidade, queriam conhecer o que estava acontecendo mundo afora. Apesar do curto tempo, pois, começava às 4h e terminava às 15h, era um tempo suficiente para atender às demandas – tanto do corpo quanto da alma – de todos os habitantes daquela cidade. De todos os cantos chegavam vendedores, mascates, para apresentar: panelas; engenhocas complexas para facilitar o trabalho na terra; elixir milagrosos, que serviam para curar tanto os males do corpo quanto da alma; minha alma infantil passeava pela rua do Estica – lugar dos "amores proibidos"–, aonde a minha imaginação chegava antes mesmo que o meu corpo pudesse acompanhá-la; pelo estádio José Inácio Pinto, que não passava de um campo de chão batido, sem grama, tendo uma trave em cada uma de suas extremidades, onde via o time do Cruzeiro jogando e tinha absoluta certeza de que estava diante do melhor time de futebol do mundo. Era imbatível! Os times das cidades vizinhas – *Upabuçu, Três Morros, Lajedo, Jaguaquara, Maracás, Planaltino* – eram massacrados quando enfrentavam aquela máquina de fazer gols. Não tinham a menor chance. Era uma verdadeira seleção. Vivíamos numa cidade pobre em todos os aspectos, mas tínhamos um time vencedor, e isso bastava para nos encher de orgulho. O Cruzeiro era a nossa segunda religião. Sob o comando do competente administrador/treinador, Asterino Sapateiro, encontravam-se grandes craques: Alirão de Domitíla, Cachimbinha, Artur Pedreiro, Rode, Tingo, Cute (goleiro), Zelitão, Ubaldesio. Entre todos, destacava-se um meio-campista armador, baixinho e troncudo, chamado de Baratão, dotado de uma habilidade extraordinária. Era o cérebro da equipe. Quando pegava a bola, a torcida já se levantava eufórica, prevendo que algo de extraordinário iria acontecer. Torciam por antecipação. Quase sempre acertavam. Quando não fazia o lançamento certo para o atacante concluir em gol, ele mesmo, chamando a responsabilidade para si, deslizando entre seus marcadores, movimentando-se com a leveza de um bailarino, livrava-se dos zagueiros e, com facilidade, chegava à grande área e emplacava mais um gol. Todos que o viram jogar reconheciam como uma grande injustiça o fato de não o terem convocado para a Copa de Setenta. Só encontravam um motivo que justificasse tal injustiça: Zagallo, treinador da Seleção Brasileira à época, não queria deixar Gérson, um meio-campista fenomenal, no banco de reservas. Com certeza, tal fato ocorreria se Baratão fosse convocado.

 Se, no meio do campo, tínhamos o pequeno/grande armador, que, com muita facilidade, quando necessário, avançava em direção à zaga adversária, tornando-se um centroavante, lá atrás, na zaga de seu time, tínhamos o assustador Raul, uma verdadeira muralha humana.

CONFISSÕES *(quase)* FILOSÓFICAS

Deus conseguiu reunir em um só homem: força física, massa corporal avantajada e altura superior à média dos moradores daquela cidade. Ele só se esqueceu de lhe acrescentar um pouco de inteligência. A inteligência nunca lhe fez companhia. Nasceu para jogar bola, não para pensar. Todos os adversários buscavam se proteger de sua força bruta. Quando jogavam contra ele, buscavam não se aproximar muito, evitando, assim, a possibilidade do contato físico. A única possibilidade de o vencer era tentando driblá-lo à distância: dessa maneira, um atacante, mais frágil e ágil, podia obter êxito de atravessar aquela muralha humana. O seu volumoso tamanho dificultava um pouco os seus movimentos. Os adversários, sabendo dessa sua deficiência, buscavam usá-la a seu favor. Não se pode negar: vez ou outra o venciam e alcançavam o gol. Raul era muito bom. Era um zagueiro quase invencível. Quase um deus da posição. Mas não era um deus, era, no máximo, um semideus e, como tal, tinha o seu calcanhar de Aquiles. Era dono de um chute muito violento. Lembro-me de quando ele colocava a bola na área para bater o tiro de meta, sem tomar muita distância, e produzia um chute tão violento que, quase sempre, a bola atravessava a extensão do campo, fora do alcance de qualquer jogador, indo parar no meio da torcida ou se perdendo no matagal que margeava o campo. Cabia ao gandula localizar o paradeiro da bola, trazendo-a de volta ao campo para que a partida fosse reiniciada. A Raul era reservada a responsabilidade de bater as faltas, principalmente aquelas cometidas junto à grande área. Quase sempre, a barreira se desfazia quando ele ameaçava efetivar o seu chute. O goleiro, por sua vez, para não se machucar, não se arriscava muito para defender aquele potente chute. Se ele não errasse o chute, se o mesmo fosse em direção às três balizas, chamada de trave, era gol na certa.

Assim como a leveza do armador Baratão que, com a sua habilidade e elegância no trato à bola, encantava a todos, Raul, desprovido de qualquer elegância nesse mesmo trato, também, despertava a alegria da torcida. Dois estilos completamente diferentes, mas ambos tinham uma única missão: levar alegria e elevar o orgulho do povo daquela cidade.

Aquele campo de futebol, nas tardes de domingo, iluminava de alegria a cidade de Itiruçu com as vitórias do Cruzeiro Futebol Clube. Para a nossa família, além de ser um espaço de alegria para o espírito, era também um lugar de trabalho. Nossa mãe nos liberava para assistirmos aos jogos, mas tínhamos a responsabilidade de, na arquibancada, vender quitutes que levávamos em uma cesta. Seguíamos a recomendação materna: "Primeiro, procurem vender os quitutes, depois, podem assistir ao jogo. Antes da diversão, vem a obrigação!". Na cesta havia banana real, pastel, vários tipos de bolo, sonho, pirulito, cavaco etc. Quando o Cruzeiro ganhava, o que quase sempre acontecia, isso nos deixava duas vezes alegres: voltávamos para casa carregando duas vitórias: primeiro, a vitória do Cruzeiro; segundo, a certeza de que tínhamos vendido todos os nossos quitutes. A vitória do Cruzeiro aumentava a fome dos torcedores – não sei se existe uma relação de causalidade entre a alegria e a fome –, eles ficavam mais famintos e mais rapidamente vendíamos os nossos quitutes. Cestas vazias e dinheiro no bolso eram a certeza de que, naquela semana, não seríamos visitados pela necessidade. Assim, entre quitutes e gols, íamos levando a vida, girando a roda do tempo enquanto o tempo ia nos fazendo mudar de tempo.

Hora de voltar aos nossos dois doidinhos. Por todos os cantos pelos quais eu passava com a minha alma de criança a perambular, encontrava-me com essas duas belas almas, habitando seus mundos particulares, cada um com a sua personalidade, mas ambos incorporados ao espírito da cidade, fazendo parte da alma do povo que, do amanhecer ao entardecer, acompanhava os seus delírios espalhados pelas ruas, becos e vielas. Aquela pequena cidade era mais do que uma aglomeração humana habitante de uma determinada área geográfica circunscrita. Além das numerosas casas juntas entre si, que pareciam ter identidade e alma, a cidade tinha um quê de fantástico, era um canto encantado, onde dois doidinhos sempre ultrapassavam as esquinas da normalidade e caminhavam pelas ruas do inverossímil, territórios dos seus imaginários, vivendo enredos observados por – ou acompanhados de – outros personagens daquele município.

Toda cidade tem seus queridos loucos. Quase sempre, eles se incorporam ao espírito do lugar. Quando olhamos mais de perto, encontramos mais loucos do que os próprios habitantes reconhecem. Por natureza, os loucos não se reconhecem como tal. Loucos são aqueles que os classificam como loucos. Louco é o outro, não eu. Além dos loucos que perambulavam pelas ruas, havia aqueles que disfarçavam tão bem os seus sintomas de loucura, parecendo "normais"; habitavam suas próprias casas, conviviam com seus familiares sem despertar grandes suspeitas. Esses disfarces não enganariam a um bom estudioso da Psiquiatria.

Na cidade de Itaguaí, no conto *O Alienista*, de Machado de Assis, Dr. Simão Bacamarte, um homem voltado para a ciência da Psiquiatria, resolve estudar os habitantes do lugar. Como consequência de seus estudos, constata que a cidade se encontra povoada de loucos. É preciso retirá-los do convívio social. Constrói-se a Casa Verde, onde, em breve, mais de setenta e cinco por cento dos moradores serão internados. É claro que, aqui, o exagero faz parte do recurso literário. Itiruçu não tinha tantos loucos assim – era de conhecimento de todos que, entre todas as cidades da redondeza, a cidade de Planaltino era a mais provida de loucos –, mas, com certeza, se seus habitantes fossem estudados por Dr. Simão Bacamarte, não haveria dúvidas de que o diagnóstico de Itiruçu apontaria a necessidade de ter a sua "Casa Verde".

A história daquele pedaço de chão não pode ser contada sem um capítulo reservado a esses dois seres que, vagando em seus silêncios alucinatórios, alcançam e repousam na alma dos seus habitantes. Todos os conheciam, eram seus amigos. Quando o tempo passa, descobrimos que cada um, ao seu modo, faz parte da nossa história de vida, incorpora-se ao que somos, ao que vivemos. Em certa medida, nós somos um pouco deles. Carregamos um pouco deles em cada um de nós. Vivem em todos os cantos da cidade, provocando a imaginação dos seus habitantes. Cada um constrói, a sua maneira, histórias de suas experiências de vida com esses dois seres iluminados. Vão sendo criadas, em tornos deles, verdadeiras lendas que, sem nenhuma responsabilidade de fidelidade com a realidade, vão se disseminando, passando de boca em boca, de geração em geração. Cada um contando o seu conto, aumentando um ponto. Com o passar do tempo, essas lendas, de tanto habitar no imaginário de um povo, tornam-se fatos reais, conquistam o estatuto de verdades históricas.

Não posso negar, ao escrever a história desses dois doidinhos, guio-me por uma natureza híbrida: uma mistura entre historiador e contador de "causos". No primeiro momento, busco ser prisioneiro dos fatos reais; no segundo, esqueço os fatos, descolo-me deles, em um processo de puro delírio – não diferenciando muito dos delírios dos loucos que estou narrando –, vou acrescentando tacos de verdades, quase mentiras, como se verdades fossem. Ao meu modo, também vou aumentando um ponto no conto que vou contando.

Maria Doidinha, mais ensimesmada, com uma loucura mais introspectiva, cerrada em seu mundo particular, inacessível aos "normais", quase não falava. Quando falava, emitia uns grunhidos baixinhos, ninguém conseguia entender. Era de baixa estatura, desdentada, de corpo franzino, descarnado pela vida, não devia pesar mais de quarenta quilos. Cobria-se com farrapos de panos, entrelaçados sobre o seu frágil corpo, dando a impressão de que estava embrulhada em um lençol. Andava pelas ruas, parando aqui e acolá, para recolher alimentos que lhe davam. Não era de ficar perambulando pelas ruas: saía, fazia o que tinha de fazer, cumpria suas obrigações diárias nas ruas da felicidade e voltava para casa. Não gostava de brincadeiras. Quando alguma criança a ameaçava com uma brincadeira qualquer, ela aligeirava os passos, tomava a direção de sua choupana. Com o corpo em chagas, seguia seus passos carregando seu sofrimento, como se esse lhe fosse natural, como se tudo não passasse de uma predestinação – que uma mente julgadora de todas as coisas do universo lhe impusera como forma de ela purgar suas faltas cometidas neste mundo. Foi amaldiçoada. Sem saber o porquê, não amaldiçoava aquele que a amaldiçoou. Édipo, na mitologia grega, já chega ao mundo com uma sina a cumprir: "Irá matar seu pai, casar-se com a sua mãe e, no útero desta, irá gerar seus próprios filhos". Édipo não teve como fugir de seu destino; Maria Doidinha também não. Ela veio ao mundo condenada a sofrer por toda a vida. Os mais religiosos chegavam a dizer que não deveria se ter pena de Maria Doidinha, pois, o sofrimento dela lhe era necessário para a sua própria purificação. Quanto maior fosse o seu sofrimento, mais rapidamente pagaria sua dívida para com o gestor do universo. Esse grande cuidador do universo, não perdoa as dívidas dos homens sem os devidos sacrifício de reparação. Maria Doidinha não sabia nada disso, seu mundo não tinha religião, não tinha bíblia, não tinha fé, só tinha dor e sofrimento. Seus pés eram escurecidos, habitados por uma camada negra de *tungíase* – mais conhecido como bicho de pé ou, em alguns lugares, como em Itiruçu, como bicho de porco. Tal fato justificava a mecânica de seu andar. Como a dor era grande, ela não assentava, por inteiro, seus pés no chão. Apoiava-se nos calcanhares e movimentava seu corpo em forma de trote, dessa forma, evitava o atrito de toda a região dos seus pés com o chão. Assim, ficava mais fácil entender o porquê de Maria Doidinha nunca passar muito tempo perambulando pelas ruas da cidade. Cumpria os seus afazeres e, em passos de trote, retornava a sua choupana. Sua dor era tanta, que não aguentava andar por muito tempo. Apesar de os moradores da cidade manifestar o interesse em a ajudar, ela nunca aceitava, fugia apressadamente, mostrando-se irritada com os bons samaritanos, como se dissesse: "Ninguém tem o direito de interferir em minha sina, a cruz é minha, eu a carrego sozinha".

Morava próximo à minha casa, no lado direito da rua do Jacutinga, esquina com a rua do Estica. Em um terreno baldio, ao fundo, via-se o seu casebre. Ninguém conseguia entender como aquele casebre se mantinha de pé. Seu telhado se encontrava em desalinho, as paredes inclinadas, já não havia porta ou janela, nem luz. Para preservar a intimidade da casa, como porta e janela ela usava pedaços de madeiras encostados na parede. Aquele casebre de taipa de mão parecia que desabaria a qualquer momento. Tinha um aspecto meio sombrio, não só por sua aparência física, mas pelos mistérios que envolviam sua única habitante. Além da moradora, nunca se soube de outra vivalma no casebre de Maria Doidinha. Todos tinham curiosidade e, ao mesmo tempo, morriam de medo. Curiosidade de conhecer a casa onde morava aquela alma solitária; medo, porque corria pela cidade a lenda de que aquela casa era mal-assombrada. Detidos pelo medo, os segredos da casa de Maria Doidinha jamais foram revelados. Perguntava-se: "Será que lá dentro não tem algum documento ou mesmo fotos que possam identificar a sua origem? Quem seria a sua família? De onde ela veio?". Perguntas que ninguém jamais soube responder. Maria Doidinha parecia não haver nascido de um ventre de mulher, como todos os mortais. Parecia ter surgido no mundo brotando da terra – como um pé de mandacaru, que nasce em qualquer canto, por ordem da própria natureza, sem que ninguém o tenha plantado, e sobrevive na solidão da aridez do seu deserto. Mas isso não era verdade. Ela teve uma família. Até porque, não tendo nada que a identificasse ao mundo real, a imaginação popular ia criando as suas lendas para dar sentido e significado à existência de Maria Doidinha neste mundo. Entre as muitas lendas, uma era justificadora da sua sina de perambular sozinha pelo mundo como uma louca. Segundo a lenda, Maria Doidinha teria sido condenada, pelos julgadores do universo, a perder a razão e sofrer sozinha como punição por ter batido em sua mãe em uma sexta-feira da paixão. Era só uma lenda, mas tinha força de verdade absoluta e todos acreditavam, tornando-se um fato real. Não poucas vezes, ouvia-se dos moradores que Maria Doidinha fizera por merecer o destino que carregava. Claro, então, que Maria Doidinha teve pai e mãe, quem sabe irmãos, uma família, como toda gente que aparece neste mundo. Decifrar os enigmas que cercam essa nobre moradora é coisa que o povo de Itiruçu nunca conseguiu. E assim como, um dia, Maria Doidinha apareceu sem avisar, um dia ela partiu, virou estrela, tornou-se a quarta Maria da Constelação de Orion, iluminando as nossas noites escuras.

Mathias, ao contrário de Maria Doidinha, era um louco extrovertido, interagia com a cidade. Todos, de alguma forma, relacionavam-se com ele. Ele fazia parte da cidade. Moradores, quando retornavam a sua terra natal, não se reconheciam em sua cidade antes de encontrá-lo. Assim que o avistavam, diziam: "Agora sim, estou em casa!". Era uma alegria vê-lo passar. Adultos e crianças brincavam com ele, que, alegremente, parecia gostar das brincadeiras. Muito raramente ele ameaça correr atrás da criançada, que insistia em incomodá-lo, mas só ameaçava, nunca passava disso. Outras vezes, quando estava menos vulnerável às brincadeiras, de dedo em riste, com o olhar compenetrado, indicando certo ar de autoridade, quase gritando, falava: "Só lhe digo uma coisa, viu: não sei não!". Até hoje ninguém conseguiu entender o que ele queria dizer com essa enigmática frase, mas todos riam ao vê-lo pronunciá--la. Era, de fato, um louco do bem; delirava, mas não jogava pedra.

Morava sozinho na rua do Cruzeiro. Cedo, saía de casa e começava a correr as ruas da cidade. Como se fosse um inspetor da Prefeitura, inspecionava cada canto daquela cidade, do amanhecer ao entardecer. Acho que ele se sentia dono da cidade, queria saber se, ao amanhecer, tudo estava no mesmo lugar que deixara no dia anterior, se nada estava faltando na cidade que tão bem ele cuidava. Era tão cuidadoso com a cidade que, vez ou outra, era encontrado parado, com o olhar fixo, em frente a uma determinada casa; escolhida aleatoriamente, como se estivesse diante de um objeto de estudo, fazendo uma análise técnica. Quando alguém lhe perguntava: "O que você está fazendo parado aí, Mathias?" Ele, de pronto, respondia: "Alinhando essa casa, que tá fora de prumo". Era um engenheiro, mas sem diploma. E como ele exercia o seu ofício? Simples: depois de uma profunda análise, em pé, em frente à casa desalinhada, completamente parado, como se um prumo fosse, permanecia assim por alguns segundos. Detectado o desnível, movimentava o corpo e, em um movimento pendular, para a direita e para a esquerda, voltava a fixar seu corpo no centro, permanecendo por mais alguns segundos. Repetia esse procedimento técnico por duas ou três vezes, até identificar que aquela casa se encontrava perfeitamente alinhada, não mais correndo o risco de desabar. Usando o seu corpo como prumo, enquadrava, em um alinhamento perfeito, todas as casas da cidade. Pronto, trabalho concluído. Era hora de ir em busca de outra casa que necessitasse de seus conhecimentos técnicos. Nunca frequentou a universidade, sequer sabia as quatro operações da matemática. Usando só o recurso corporal, era capaz de fazer o que nenhum engenheiro diplomado conseguiria fazer: era muito habilidoso na arte de colocar as casas no prumo certo. Sem exagero, é possível dizer que, sem a intervenção do habilidoso trabalho de Mathias, casa por casa daquela cidade teria ruído e, como consequência, Itiruçu teria desaparecido. Em certa medida, Mathias salvou a cidade. Era orgulho dos habitantes e inveja dos visitantes encontrar uma cidade tão bem alinhada, nenhuma casa fora do prumo.

Todos reconheciam o talento daquele grande mestre do alinhamento.

Eu, em minha "normalidade", buscava entender o que Mathias via que os meus olhos não conseguiam enxergar. Em sua loucura original, ele cuidava daquela casa, recolocava-a no prumo certo, evitando que ela desabasse. Acho eu que ele pensava que, agindo assim, cuidando daquela casa, cuidava das pessoas que nela habitavam, evitando que fossem vítimas de uma tragédia. Eu era uma criança, devia ter em torno de onze para doze anos, mas já era tocado pela curiosidade. Queria saber de tudo. Queria saber o porquê daquele homem conseguir ver algo – tão real aos seus olhos – que eu não conseguia ver. Como duas pessoas podem ver o mundo – no caso, aquela casa – de formas tão diferentes se ambos são dotados de uma mesma anatomia ocular? Ficava a me perguntar: "Qual, verdadeiramente, é a casa que existe? Será que a dele ou a minha?". Não posso negar, em muitos momentos tive inveja de Mathias, também desejava ver a casa que ele via.

Aquele doidinho tinha um mundo só dele, não dava acesso aos mortais. Nós, os "normais", não tendo acesso ao seu mundo, classificávamos Mathias como louco. A sua lógica, com a qual ele lia e interpretava o mundo, era particular, sua verdade não conversava com o mundo, não buscava, no mundo, a sua correspondência ou validação. Enquadrava-se entre aqueles que, abandonando este mundo, construíram outro mundo, no qual foram habitar. Então, o que é verdadeiro somente para você, se a sua confirmação não for encontrada no outro, no mundo, verdade não é. Tudo não passa de um delírio paranoico que, completamente desgarrado da ordem lógica do mundo real, valida uma razão que só tem razão para o delirante.

De uma coisa eu tinha certeza: essa preocupação não alcançava o nosso engenheiro, ele não estava dando a mínima importância para o que eu via. Devia pensar, dizer para si mesmo: "Esse garoto deve ser louco! Como não consegue ver o que eu estou vendo? A casa encontra-se aqui, na minha frente, toda desnivelada, prestes a ruir, e ele não consegue ver? Deve ser um garoto de cabeça fraca, um desmiolado". Acho que o pensamento de Nietzsche cabe bem aqui: "E aqueles que foram vistos dançando foram julgados insanos por aqueles que não podiam escutar a música". Os loucos são criadores de realidades. Nada seríamos sem eles. São eles que, em suas loucuras, em seus delírios mais alucinatórios, criam, inventam as realidades para que nós, "os normais", possamos habitar. São seres muito próximos da poesia e da filosofia. São eles que se desgarram da realidade, deslocam-se das aparências e nos revelam as essências das coisas. Nesse sentido, ninguém conseguiria enxergar que aquela casa, que Mathias via fora do prumo, estava, de fato, fora do prumo. Mathias via e entendia o mundo sem precisar da visão, já se encontrava desgarrado do mundo sensível, era um habitante de um mundo que só os poetas, os filósofos e os loucos, cada um com a sua gradação de loucura, podem ver. Por meio da poesia, da arte, da filosofia, ou mesmo do puro delírio alucinatório, os loucos vão nos revelando o mundo. Segundo Antonin Artaud, o autêntico louco "[...] é um homem que preferiu ficar louco, no sentido socialmente aceito, em vez de trair uma determinada ideia superior de honra humana. Pois o louco é o homem que a sociedade não quer ouvir e que é impedido de anunciar certas verdades intoleráveis".

Feito esse breve desvio delirante, vamos voltar ao nosso personagem. Depois de um longo e cansativo dia de trabalho, vendo que as casas da cidade, pelo menos por aquele dia, encontravam-se todas devidamente alinhadas, Mathias buscava um canto para descansar. Escolhia um banco do jardim da praça principal da cidade, sentava-se, majestosamente, como um Rei em seu trono, pegava o seu jornal e começava a lê-lo. Aquele momento era quase sagrado. Não aceitava ser incomodado. Era um cientista social buscando se informar sobre as loucuras do mundo. Vi muitos moradores daquela cidade, que, com algumas honrosas exceções, nunca se mostraram amantes do mundo das letras, terem inveja daquele nobre homem, que, como se obedecesse à rotina diária de um devoto com o seu breviário, punha-se a ler o seu jornal. O seu exemplo era quase pedagógico. Era como se, em silêncio, com o seu gesto, ele estivesse dizendo para uma cidade inteira: "Acorda, gente! Saiam das sombras, venham ver o sol que brilha nas letras que eu leio!". Por uma hora, uma hora e trinta minutos, permanecia ali, alimentando o seu espírito com os delírios que o mundo lhe oferecia. Passava página por página daquele jornal, às vezes, demorava-se mais em uma página, como se tivesse encontrado um assunto que lhe merecesse maior cuidado. Uma coisa chamava a atenção de todos:

sua técnica de leitura. Até nesse aspecto ele se diferenciava dos chamados normais. Sua lógica de leitura era toda particular, mas ele a exercia com maestria: lia o seu jornal de cabeça para baixo. Ninguém conseguia convencê-lo a inverter a posição do jornal. Um ou outro gritava: "Mathias, o jornal está de cabeça para baixo!". Ele levantava levemente a cabeça, voltava o seu olhar em direção a quem acabara de incomodá-lo, encarava-o com um olhar quase ameaçador, como se estivesse querendo dizer: "Por favor, não me atrapalhe, eu estou lendo o meu jornal!". Todos os dias, o mesmo jornal. Claro que, de tanto ler o mesmo jornal, este ia se decompondo. Mas os próprios moradores se encarregavam de lhe oferecer um novo jornal para que ele pudesse continuar tomando conhecimento das coisas do mundo. Nunca se soube, de verdade, se Mathias sabia ler ou não. Isso pouco importava. O que fascinava a todos era ver um louco ensinando aos moradores daquela cidade a fazer da leitura um hábito.

    Mathias, com o seu gesto, estava educando o povo, dizendo-lhe: "Doido, de verdade, é o homem que não lê!". O sábio Mathias, ao seu modo, estava dizendo para o povo daquela cidade que só a leitura civiliza, só o livro pode salvar a cidade da barbárie. Muitos dos seus moradores tinham cera no ouvido, não ouviram o canto de Mathias. Outros poucos seguiram o seu exemplo, fizeram da leitura um hábito, escolheram o livro como companheiro de viagem pelas estradas da vida. Essa é mais uma dívida que aquele pequeno canto do mundo tem para com esse nobre homem letrado.

Assim, Mathias ia caminhando sobre a passagem do seu tempo, ora alinhando casas, ora lendo jornais de cabeça para baixo, ora masturbando-se entre os becos e vielas da cidade, outras vezes só perambulado mesmo, sem nenhuma tarefa a cumprir. Quando se irritava com as brincadeiras da molecada, em forma de protesto abria sua braguilha e mostrava o seu pênis. Todo mundo conhecia o pênis de Mathias. Corria uma lenda que as donzelas se iniciavam no onanismo tendo em seus imaginários o atributo que viram Mathias mostrar. Alguns homens, a quem Deus não fora tão generoso quando lhes dotou de certo atributo, tinham inveja de Mathias. Corria, de boca em boca, que era ele o homem mais bem-dotado de Itiruçu. Dizem que algumas moças ficavam escondidas atrás das árvores do jardim da praça só esperando a hora que Mathias iniciasse o seu espetáculo, colocando o seu generoso atributo para tomar sol. Claro que, não poucas vezes, um pai mais conservador o ameaçava de lhe dar uma surra caso continuasse a expor publicamente a generosa fortuna que Deus lhe concedera. Fingindo-se envergonhado, ele fechava as cortinas do espetáculo. No dia seguinte, nosso delirante já havia esquecido as ameaças que lhe foram feitas e, para alegria das donzelas e tristeza dos desafortunados pela natureza, lá estava Mathias, novamente, fazendo o seu *show*, humilhando os homens da cidade. Não era por sem-vergonhice que Mathias agia assim. Ele era, simplesmente, um produto da natureza, agia obedecendo unicamente o comando do seu instinto. Sua sexualidade não era racional, era animal. Não regia seus desejos lascivos por princípios morais ou éticos, era regido unicamente pelo excesso de testosterona que comandava e dirigia o seu corpo. Tinha uma sexualidade à flor da pele. Excitava-se por qualquer coisa. Era pública a manifestação física de seu – quase permanente – estado de excitação. Masturbava-se pelos cantos da Cidade. Não poucas vezes, alguém o flagrava e gritava: "Pega Mathias!". Ele saía correndo, com o pênis em ereção parcial, o que tornava a configuração da cena ainda mais hilária. Dizia-se que, não tendo ele como dar vazão aos seus instintos sexuais, recorria a um pé de bananeira: depois de fazer um orifício em seu tronco, ali praticava o seu coito. Para conter a força sexual de Mathias, só através de medicação. Era conhecido que um médico da cidade, de tempos em tempos, aplicava-lhe uma medicação que tinha a função de reduzir o nível de sua testosterona. Quando Mathias se encontrava calminho, sem fazer seus espetáculos públicos, todos já sabiam que ele estava sob o efeito de medicação. O excesso de testosterona de Mathias espalhava alegria pela cidade.

 Duas almas: Maria Doidinha e Mathias. Chegaram um dia, encantaram a cidade, espalharam por cada canto daquele canto, sua alegria, seus delírios, sua ingenuidade. Habitantes de dois mundos: um que víamos, que o identificávamos como "normal"; o outro, não conhecíamos. Seus mundos nos eram totalmente inacessíveis, mas a eles pertenciam por inteiro. Neles, tinham sua cidadania reconhecida, eram seus senhores. Os "normais" os classificaram como loucos, conceito excessivamente extenso, mas sua fronteira, de tão tênue, não serve para demarcar, com segurança, os limites entre sanidade e loucura. Quando olhamos mais de perto, mais do que isso, quando nos olhamos mais de perto, não temos muita segurança sobre qual desses dois mundos verdadeiramente habitamos. Acertadamente, diz Sêneca: "Se me apetecer rir de um louco, não preciso ir procurar muito longe; rio de mim mesmo".

Maria Doidinha e Mathias, dois seres encantados. Chegaram um dia, sem que ninguém soubesse de onde vieram, conquistaram almas e corações de uma pequena cidade. Sem aviso prévio, partiram. Ninguém sabe o que aconteceu, só descobriram que eles tinham desencantado, porque, um dia, a cidade amanheceu triste, nublada, suas cores foram apagadas; estava cinzenta, quase chorosa, anunciando a dor da falta que fazia a presença de seus dois filhos amados. A tristeza da cidade alcançou a alma de seus habitantes. Todos estavam tristes, com suas almas recolhidas, ensimesmadas. Maria Doidinha e Mathias tinham partido, já não eram mais deste mundo, tinham voltado para casa, esqueceram-se de deixar para os habitantes daquela cidade, o endereço aonde foram habitar. Hoje, apesar do tempo da partida – dizem que já dura décadas –, ainda vivem na memória do povo, tornaram-se lendas no imaginário daquela gente que, misturando ficção e realidade, verdades e mentiras, vão transmitindo, de geração em geração, as histórias desses dois doidinhos que chegaram ao mundo com uma única missão: encantar a cidade de Itiruçu...

O ABADE E O PORTEIRO

Carlos Drumond de Andrade, em um dos seus poemas, intitulado: *Especulações em torno da palavra homem*, pergunta: o que é o homem? Como se faz um homem? Por que morre o homem? O que faz um homem? Incômodas perguntas. Alguém saberá respondê-las? Quase certo que não. São respostas que estão além do homem, pertencem aos deuses. Talvez encontrássemos uma resposta tangenciando nossa pergunta: o que faz do homem ser um homem? O que ele come; o que lê; como se comporta; sua força; sua virilidade; sua paciência; sua mansidão; seu espírito de senhor ou de escravo; como age diante de seu próximo? Parece que o homem é feito de tudo isso, entretanto, nada disso é suficiente para se dizer o que é o homem. O homem é um ser indefinível. Sua extensão ultrapassa os limites de qualquer armadura conceitual. Cada homem constitui-se uma unidade, uma mônada particular, identificando-se e se diferenciando de todos os outros.

Hoje vou falar de um homem, igual a todos os outros, e, ao mesmo tempo, diferente de todos os homens que conheci. Estou falando de Dom Timóteo Amoroso Anastácio. Pomposo no nome, simples na alma. Sempre o vi como um homem comum. Fazia questão de se mostrar assim, em uma simplicidade quase franciscana, apesar de ser uma autoridade monástica: abade do mosteiro de São Bento da Bahia, primeiro mosteiro beneditino em terra das Américas. Simples até no ato de se vestir. Excetuando nos deveres de ofício, quase nunca fazia uso do seu hábito monástico, talvez com a intenção de não se diferenciar, fazendo-se igual e mais próximo do homem comum. Em minha quase juventude, as circunstâncias existenciais me levaram a conviver com Dom Timóteo. De 1977 a 1988, fui funcionário do mosteiro de São Bento da Bahia. No primeiro momento, como recepcionista, em um segundo momento, como responsável pela sua biblioteca. Como recepcionista, eu sempre o incomodava, às vezes nos momentos mais impróprios, para anunciar que alguém o aguardava na portaria. Em nenhum momento ele me perguntava quem o aguardava – se era o governador, um refugiado político buscando guarida, uma autoridade eclesiástica, uma sacerdotisa do candomblé da Bahia, uma alma aflita em busca de um aconselhamento para melhor suportar o peso de sua cruz, ou mesmo um pobre mendigo a esmolar –, prontamente, dirigia-se à portaria e, com um sorriso discreto no canto dos lábios, típico dos mineiros, acolhia paternalmente a quem o procurava. Assim o vejo, caminhando nos longos corredores, vindo em direção ao irmão que buscava o seu acolhimento. Nunca deixou de passar por mim sem fazer um aceno: com as duas mãos semilevantadas, lançava-me um breve sorriso, como se estivesse a dizer: "Tudo bem, meu filho!". Como me via, quase sempre, lendo, já que, para a minha alegria, sobrava-me bastante tempo para o ócio da leitura, ao retornar dos seus atendimentos, carinhosamente se aproximava e me perguntava: "O que você está lendo?". Tal atitude não era para me repreender por estar lendo durante o horário de trabalho, mas para dizer: "Que bom que escolheu o livro. Continue lendo, está em boa companhia". Às vezes, tecia alguns comentários sobre o livro que eu estava lendo; outras vezes, indicava livros que eu deveria acrescentar às minhas leituras. Nunca errava em suas sugestões, eram as melhores. Não foram poucas as vezes em que eu ficava torcendo para ele se aproximar e orientar minhas leituras. No mundo da leitura eu era um iniciante, sentia-me como um cavalo indomado, sem rédeas, solto num pasto descampado; não tinha uma direção, não sabia qual o melhor caminho a tomar... Quando ele se aproximava, fazia-me uma sugestão literária, sentia-me seguro em segui-la, tinha certeza de que estava indo no caminho certo. Concluídas suas observações e sugestões, seguia o seu curso, em passos curtos, como quem medita enquanto anda; ia lentamente desaparecendo naquele infinito corredor, em direção ao seus aposentos. Enquanto observava os passos do monge, visitava em minha memória os versos do poema de R. M. Rilke, que ele gostava de citar: "Tudo que se apressa será logo passado; somente o que fica, só ele nos inicia". A roda do tempo foi girando, girando, e em uma dessas voltas deixei de ser recepcionista, tornei-me cuidador da biblioteca do mosteiro. Enigmas da vida. Sem que a gente tenha pleno domínio de sua tradução, vai nos conduzindo por estradas nunca antes imaginadas, sem nenhuma certeza de que, ao final dela, seremos contemplados com a conquista do bem. No meu caso, o bem se encontrava logo ali, bastava seguir um longo corredor, no final do mesmo, do lado esquerdo, subir quatro lances de escada, quando, de repente, o portal do bem se apresentava. Esse foi o sentimento que tive quando me tornei responsável por aquela biblioteca. Algo me dizia que eu não me arrependeria se entrasse naquele portal. Tinha quase certeza de que no labirinto daquelas estantes forjaria o meu espírito. Um mundo novo se abriria para mim. Passaria a conviver diariamente entre homens que eu tanto admirava. Andava sem norte, perdido em minhas sombras. A biblioteca me abriu as portas da alma, indicou-me o sol que iluminaria a minha caminhada nesta vida. Faz muito tempo que eu parti daquela biblioteca, mas, para minha profunda alegria, aquela biblioteca nunca deixou de habitar a minha alma, nunca deixou de participar dos meus melhores delírios. Olhando para o passado e para o presente, posso dizer que, não sendo eu muita coisa, tudo o que sou devo àquele portal que um dia se abriu para mim. Já não mais como porteiro, volto a encontrar Dom Timóteo, entre os sábios, entre os livros. Eu, já iniciado nos primeiros passos da filosofia, tocando pelo *thauma*, espanto, admiração, perplexidade e muita curiosidade, causas originárias do filosofar, colocavam-me à espreita, em silêncio, para não atrapalhar sua pesquisa, e tentava registrar em minha memória cada passo que Dom Timóteo dava, cada estante da qual ele se aproximava, cada livro que ele folheava, para que eu pudesse, depois de sua saída, percorrer os mesmos caminhos por ele percorridos, buscando identificar as fontes nas quais aquele sábio monge alimentava o seu espírito. Achava que, assim, percorrendo os caminhos por ele percorridos, adquiriria a sabedoria por ele adquirida. Descobria eu, mais tarde, que essa intenção estava condenada ao insucesso, era só o entusiasmo de um garoto, em sua imaturidade intelectual, exercendo a mais profunda admiração por aquele homem que, entre os livros, bailava como se tivesse em uma festa. Mesmo sabendo que tal intenção estava condenada ao fracasso, já alimentava minha curiosidade juvenil saber sobre qual livro Dom Timóteo estava meditando. Vale lembrar que suas visitas à biblioteca eram sempre momentos de estudos, pesquisas, visando a um texto que ele estava escrevendo para o mundo secular, ou para a elaboração de sua homilia dominical. Já não precisava de minha ajuda para localizar um livro. Aquela grande biblioteca, contendo mais de oitenta mil volumes, distribuídos entre diversas estantes, ele a conhecia muito bem, passeava por ela como se estivesse em seus aposentos, era capaz de, com os olhos vendados, alcançar a obra desejada. Por muitas vezes, atento, com meu olhar curioso, flagrava-o lendo: *As confissões* ou *A trindade*, de Santo Agostinho; *A consolação pela filosofia*, de Boécio; tratados de hagiografia, um dos muitos livros da *Suma teológica*, de São Tomás de Aquino, um livro de Hans Kung; *A monodologia*, de Laibniz; *A crítica da razão prática*, de Kant, Santa Tereza D'Ávila, Catarina de Labouré. Não poucas vezes o vi consultando dicionários e gramáticas, de grego ou latim. Aqui evito as literaturas, a lista seria extensa demais. Entretanto não posso deixar de citar J. R. R. Tolkien, com sua trilogia (*Senhor dos Anéis*), por quem nosso ávido leitor tinha um carinho especial.

Sobre o seu gosto e cuidado pela literatura, vem à minha memória uma cena que me deu muito prazer em testemunhar. Em 1983, quando a Nova Fronteira lançou a primeira edição, em língua portuguesa, do livro *O nome da nosa*, de Umberto Eco, obra que teve em

Dom Timóteo um dos seus primeiros leitores, lembro-me que, certo dia, na extrema-unção da tarde, quando tudo era silêncio naquela biblioteca de aspecto quase medieval, ouvi passos; semiergo o olhar e vejo Dom Timóteo se aproximando, tendo às mãos o livro *O nome da rosa*. Pergunta-me: "Você que gosta de ler, já leu este livro?". Ao que respondo: "Não, senhor". Então ele diz: "Leia-o, é muito bom". Mas não parou aí, continuou falando: "O livro é bom, mas a edição carece de certos cuidados". E, para minha surpresa, pegou o telefone e ligou para falar diretamente com o próprio editor da Nova Fronteira, responsável pelo lançamento dessa obra no Brasil (ao que parece, o editor lhe era bem conhecido, teria sido um noviço do Mosteiro), recomendando diversas correções, principalmente, nos textos em latim contidos na obra. Observações que foram imediatamente acolhidas pelo editor, que agradeceu a colaboração, garantindo-lhe que a segunda edição da obra contemplaria todas as correções sugeridas. Dom Timóteo agradece, desliga o telefone, olha-me, com um olhar de quem diz: "Que bom, os próximos leitores dessa obra terão mais sorte que nós, seus primeiros leitores...". Às vezes, ficava a me perguntar com quem se parecia Dom Timóteo. Com um santo? Não, muito pecador para ser santo. Com um pecador? Não, muito santo para ser um pecador. Buscava, então, um lugar na história em que pudesse localizá-lo. Em qual momento histórico ele mais se enquadraria. No nosso? Não, muito pobre para a sua grandeza. Acho que ele se encaixaria muito bem entre os humanistas, filhos do Renascimento; estes sim, seriam seus iguais: Leonardo da Vinci, Erasmo de Roterdã, Martin Lutero,

Giordano Bruno, Miguel de Cervantes, Thomas Hobbes, Maquiavel, Nicolau de Causa, Thomas Morus, entre tantos outros. Estes tinham em comum eleger o homem como centro, como a referência antropocêntrica pela qual o mundo e todas as coisas podem e devem ser pensadas. Além dessas características, também eram reconhecidos como homens dotados de uma vasta cultura, interessavam-se, ao mesmo tempo, por quase todos os campos do conhecimento, seja no campo da arte, da ciência, da religião, da pintura, da magia, alquimia, da filosofia etc. Nessa mesma senda, percorria o espírito de Dom Timóteo, um homem que, dotado de um ecumenismo cultural, aberto a todas as formas de saber, lançava-se ao conhecimento como um faminto se lança a um prato de comida. Em sua alma não havia índex, censura ou preconceito, estava sempre aberto às novas possibilidades do conhecimento humano. Assim era Dom Timóteo Amoroso Anastácio, um livre pensador, um humanista do nosso tempo.

A ARTE DE JUAN LASO

(um clássico moderno)

    É possível dimensionar o desenvolvimento de uma sociedade pelo grau de desenvolvimento de sua filosofia, de sua ciência, de sua arte. Quanto mais filosofia, mais ciência, mais artes, de boa qualidade, claro, mais rico espiritualmente é um povo. Hegelianamente falando, a história não é nada mais do que a produção do espírito. A arte é um desses momentos, no qual o espírito produz, alimenta-se e se reconhece.

Olhando para o Brasil como um todo, o espírito encontra-se faminto; olhando para a Bahia, em particular, o espírito se encontra em estado de inanição. Em todos os tempos, o homem sempre encontrou na arte o espaço privilegiado para elevação do espírito, reconhecendo nela o poder de torná-lo mais humano/divino. Destoando do normal, encontramos na Bahia, vindo de outras bandas, cidade de Reinosa, província de Contabria, na *Espanha*, o artista plástico Juan Laso, oferecendo a sua boa arte. Sua obra, herdeira de um realismo refinado, em suas mais diversas expressões, seja na pintura, na escultura, no retrato, na paisagem, ou em outras manifestações, não se revela por inteiro, provoca, incita no espectador que ele recorra à razão e à sensibilidade ao a contemplar. Vai além, desinstala o sujeito de sua indiferença, convidando-o a uma coautoria, que também ele possa, no limite de seu olhar, exercer seu delírio estético. Não é um trabalho de fácil acesso, ele não faz concessões, pelo menos até o presente momento, no exercício de sua liberdade estética, mantém-se fiel à academia que, desde a sua origem, sempre tomou o rigor do conceito, validado pela bitola do método, como paradigma do saber verdadeiro. Tal rigor estético, com certeza, é consequência da herança que recebera em seu processo de formação, seja na Universidade de Salamanca - *Espanha*, onde cursou Pintura Contemporânea, ou em estudos desenvolvidos na Faculdade Brera, na *Itália*, ou na Universidade Católica do *Chile*.

Soma-se a essa formação acadêmica a influência que sua obra recebe de grandes gênios da pintura, como o renascentista Pierro Della Francesa, um transgressor estético de seu tempo; Pierre Puvis de Chavannes, impressionista francês do século XIX; Gustave Moreau, simbolista francês do século XIX; Balthus, famoso pela sensualidade de suas adolescentes, entre outros. Juan Laso é um artista, não se pode negar, profundamente influenciado pelos clássicos, entretanto, destes ele não é prisioneiro, seu olhar se volta para o futuro, para um devir estético sempre buscado. Poder-se-ia dizer que ele faz arte tendo a cabeça voltada para a academia e o coração voltado para o mundo. Se a academia lhe ofereceu a forma e a sensibilidade, a vida lhe oferece a matéria, sobre a qual a forma é aplicada.

Apropriou-se do conceito sem perder a sensibilidade. Aqui, não há conflito entre Apolo e Dionísio, ao contrário, aliam-se em busca de um bem comum: a epifania do belo. Em breve, muito em breve, a Bahia, com sua força, luminosidade e religiosidade, com todas as suas contradições sociais, com todos os seus santos e orixás, com todos os seus pecados, estará, mesmo que timidamente, presente na obra desse artista.

A Bahia não perdoa, todos que por aqui aportam, seduzidos pelo seu canto, acabam incorporando as cores da nova terra à sua estética, à sua arte, quando não, à própria vida. Que diga Caribé, Pierre Vergé, Karl Heinz Hansen (Hansen Bahia), Frans Krajcberg, Hans Koellreutter, o músico e artista plástico Walter Smetak, a bailarina polonesa Yanka Rudska, o teatrólogo

Martim Gonçalves, a arquiteta Lina Bo Bardi, entre tantos outros...

Mas ainda é cedo para se contemplar o espírito da Bahia na obra de Juan Laso... A arte precisa de tempo, tempo do conceito, tempo da vida, tempo de vivência, tempo no qual ela se realiza, vai incorporando experiências novas, metamorfoseando-se, renovando-se com as diversidades que a vida vai lhe oferecendo... É nesse percurso que a obra vai se construindo, buscando, em cada expressão, a somatória de uma estética platonicamente vislumbrada, jamais alcançada... Ao contemplar a arte de Juan Laso, imagina-se que ela é construída com muita dor e sofrimento, como se cada traço, cada movimento, fosse dado em um espaço de tempo muito longo e, entre esse intervalo de tempo, encontra-se ele, diante da tela, pensando, refletindo, demoradamente, o próximo passo, o próximo movimento que o conduzirá ao mais belo possível... A impressão que se tem é que, se não fossem as vicissitudes da vida – o artista sobrevive de sua arte –, ele não concluiria nenhuma obra, porque não saberia quando esta alcançou, finalmente, o belo buscado. O próximo trabalho é sempre uma tentativa – novamente fadada ao fracasso – de superação das faltas cometidas no trabalho anterior.

Assim permanece Juan Laso, nesse movimento pendular, entre o que o limite da condição humana lhe impõe fazer e o que o seu delírio estético deseja alcança. "Mesmo que já se tenha feito uma longa caminhada, sempre haverá mais um caminho a percorrer", é o que nos diz Santo Agostinho. Espera-se que muito em breve – muito em breve mesmo – esse Quixote das artes encontre na Bahia o acolhimento – e o reconhecimento – que lhe é merecido. Que mais obras saiam dos seus delírios estéticos, em suas mais diversas expressões. A Bahia agradece... Já há muito ela clama por novos ares, novas luzes, que a libertem dessa danosa estética de autoajuda, estética de rebanho, produzindo uma "arte" derivada de uma proto-racionalidade, que, sempre visando o consumo fácil e rasteiro, mantém-se prisioneira do corpo, dos sentidos, do senso comum, não sendo capaz de deslocar-se do chão, alçar voo, contemplar as estrelas...

A ARTE DE MARILENE BRITO

(Criadora das bonecas articuladas – terapêuticas e ecológicas)

Cuidadora de uma estética que lhe é toda própria, que lhe pertence por inteiro, com força suficiente para deslocar-se de seu pequeno pedaço de chão, alçar voo, alcançar outras terras. Claro que, para isso, Marilene Brito encontrou Juracy Dórea, Erivelton Figueiredo, Maristela Ribeiro, a Universidade Estadual de Feira de Santana (UEFS), Valério Voltz e Dilton Coutinho que, pelas ondas do rádio – Rádio Sociedade de Feira de

Santana –, levaram sua obra para outras fronteiras. Entre tantos outros, tocados pela força de seu trabalho, tornaram-se seus mecenas, seus cuidadores e divulgadores. Estes não lhes fazem nenhum favor, apenas quiseram compartilhar com o mundo a boa nova de sua descoberta estética.

Ao longo da história, a arte sempre precisou desses espíritos refinados. Sem eles, apesar do valor da obra, seus voos quase nunca alcançariam grandes alturas. Marilene Brito, líder comunitária, professora, devota de São José, mulher simples e guerreira, que vive à beira da estrada da vida, lá pelas bandas de Feira de Santana, na Fazenda Engenho Velho, distrito de João Durval Carneiro, antigo Ipuaçu, tomando seu pai como inspiração, tornou-se uma artista. Se, no primeiro momento, a criação das bonecas atendia às necessidades lúdicas de uma criança pobre, que, não tendo como comprar seus brinquedos, reciclava o lixo e com ele construía suas bonecas, no segundo momento, usando esse mesmo material – associado a uma sofisticada técnica de trançar o arame, possibilitando que suas bonecas adquiram articulações, movendo-se segundo o desejo de seus cuidadores – fez nascer sua arte.

É a vida, apesar de todas as suas vicissitudes, clamando pelo belo. Para esse tipo de arte, identificada como "arte popular", ou "a arte dos pobres" – esta última é uma definição de Raul Córdula, artista pernambucano e crítico de arte –, as portas dos museus não se abrem, as galerias, as catedrais das artes lhe viram as costas, destituindo-a de qualquer valor artístico. Se, apesar de todas as resistências, de todas as negações que lhes são impostas, restando-lhe as "cercas que separam quintais" para expor suas obras, essa obra resiste, encanta, seduz, é porque ela tem um valor em si mesma, tem força suficiente para se afirmar e conquistar olhares mais abertos, menos subordinados à conservadora métrica acadêmica.

Quando vejo a obra de Marilene Brito sinto-me como se estivesse ouvindo *Asa branca*, de Luiz Gonzaga; o cordel de Cuica, de *Santo Amaro*; os repentes, de Bule Bule; os versos, quase religiosos, de Patativa do Assaré. Sinto-me diante dos bons carranqueiros, Sebastião Branco e Ana das Carrancas, lá das bandas de Juazeiro e Petrolina, que dão vida aos seus monstros assustadores, para deles afastar os seres mágicos que povoam o imaginário dos navegantes do velho Chico; do grande mestre Vitalino, senhor absoluto na arte do barro; ou de tantos outros, mais ou menos conhecidos, artistas populares que, desprovidos de qualquer conceito acadêmico, movidos por uma sensibilidade natural, quase que biológica, orientados por um realismo quase aristotélico, vão colorindo a vida com suas artes.

Em uma definição sobre a arte, Ferreira Gullar disse que a "verdadeira arte" é "aquela que transcende a dor e transfigura o sofrimento em beleza". Como toda definição, essa, também, deixa fora dela um monte de arte que não nasce da dor ou do sofrimento, mas que vem ao mundo por pura admiração e fruição do belo, sem ser sequer tocada por esses sentimentos. Assim como a vida, a arte não é feita somente de "sofrência".

É claro que Gullar tem consciência dos limites de sua demarcação. Entretanto, tal definição abraça, na justa medida, a arte que nasce do povo, que é a expressão da carne, representação de uma estética ressequida do mundo, marcada pelas dores que a vida lhe impõe. O que parece ser sua fraqueza se transfigura em sua força. Em nada tal constatação diminui seu caráter transgressor e, apesar de todas as resistências, ela subverte a ordem estética da academia, subverte a ordem política do mundo, impõe-se, como arte, àqueles que, prisioneiros no pedestal da formalidade, insistem em não vê-la, ou vê-la como subproduto de uma razão ainda infantil que, não sendo capaz de representar-se conceitualmente, não pode ter sua arte reconhecida como arte.

Esses artistas nunca frequentaram uma academia, jamais sequer visitaram um museu de arte, não sabem o que é a régua, muito menos o compasso, pouco acesso tiveram ao mundo das letras. Mas suas obras têm aquilo que faz uma obra se tornar ARTE: têm vida, são portadoras da alma, da linguagem, da experiência estética de um povo de quem ela, buscando representá-lo, torna-se porta voz. Com certeza, é dessa arte que nos fala Mário de Andrade, modernista de primeira cepa, autor de *Macunaíma*, herói sem nenhum caráter, devotado à arte popular, quando diz: "[...] do fundo das imperfeições de tudo quanto o povo faz, vem uma força, uma necessidade que, em arte, equivale ao que é a fé em religião. Isto é que pode mudar o pouso das montanhas. É mesmo uma pena, os nossos (artistas) não viajarem o Brasil. Vão na Europa, enlambusam-se de pretensões e enganos do outro mundo, pra amargurarem depois toda a vida numa volta injustificável. Antes fizessem o que eu fiz, conhecessem o que amei, catando por terras áridas, por terras pobres, por zonas ricas, paisagens maravilhosas, essa única espécie de realidade que persigo através de todas as teorias estéticas, e que é a própria razão primeira da Arte: a alma coletiva do povo".

O modernista tem razão. Essa arte, a de Marilene Brito, o povo entende e gosta de ver, de contemplar, porque com ela o povo aprende (ela é pedagógica), vê-se, reconhece-se no que vê, em uma experiência quase narcísica, admira a beleza de sua imagem refletida na obra/arte que corresponde à sua própria vida. Não há mais diferença entre ela e o homem que a contempla. Nesse momento, quase que sublime, não há conflito entre o sujeito e a realidade, entre o pensamento e a vida, vez que ambos se unificam em uma mesma representação de mundo. Em um breve espaço de tempo, superando todas as diferenças, todas as contradições da existência, em um gozo puramente estético, esse homem/povo, quase invisível ao olhar formal institucionalizado, reconhece-se como sujeito, afirma-se, fazendo-se presente no mundo. Isso, por si só, basta, excede em arte. O resto é tão somente crime hermenêutico cometido pelos críticos de arte.

FILOSOFIA E PEDAGOGIA

(encontros e desencontros)

ENTREVISTA COM O PROFESSOR DR. JOCEVAL ANDRADE BITENCOURT, FEITA PELO PROFESSOR ANDRÉ LUIZ SIMÕES PEDREIRA

André Luiz Simões Pedreira – Professor assistente de Filosofia da Universidade do Estado da Bahia (UNEB). Doutorando em Educação pela Faculdade de Educação da Universidade Federal do Rio de Janeiro (FE/UFRJ).

Desenvolvo uma pesquisa de doutorado, sob a orientação da Prof.ª Dr.ª Giseli Barreto da Cruz, em que busco investigar as concepções de Filosofia que são materializadas por professores que ensinam no curso de licenciatura em Pedagogia, ou seja, compreender como a formação filosófica, em sua dimensão pedagógica, é trabalhada na formação de professores, na perspectiva das concepções defendidas por professores formadores que ensinam Filosofia na Pedagogia. Por se tratar de uma pesquisa qualitativa que envolve sujeitos (professores formadores em Filosofia no curso de Pedagogia) e, em função do caráter subjetivo que os constitui, julgamos o procedimento da entrevista como o mais adequado para depreender as particularidades e experiências individuais desses professores na sua prática de ensino de Filosofia. Diante de tal objetivo, escolhemos o Prof. Dr. Joceval Andrade Bitencourt, como um dos nossos entrevistados.

André:

– Eu queria que o senhor descrevesse, professor Joceval, como foi seu percurso de escolarização básica, enfatizando de que maneira ele direcionou, impulsionou ou conduziu o senhor a optar pela Filosofia.

Joceval:

– Bem, há poucos dias escrevi um texto que refez esse percurso. Depois, eu posso até lhe passar. Ele vai fazer parte de um livro que estou lançando em breve, ainda com o título provisório de *Confissões quase filosóficas*. Em determinado momento, descrevi o percurso que fiz em minha formação filosófica. Nunca gostei muito do conceito "acaso", é como se ele tirasse a autonomia e o controle sobre as minhas escolhas, os meus projetos de vida, tornando-me um mero fantoche da *Deusa da fortuna*, entretanto, não se pode negar, o acaso vai batendo na nossa porta, quase que nos conduzindo por estradas que não sabemos onde vão dar. Escolher é optar pelo presente sem qualquer garantia de seu desdobramento no futuro. Em relação à filosofia, eu a escolhi sem ter certeza do que ela me reservaria. Ainda bem que, depois de ter feito um longo percurso tendo-a ao meu lado, tenho que reconhecer: não poderia ter encontrado companhia melhor. Na dança da vida, sob os acordes do acaso, nós nos descobrimos habitando um território e, sem uma justificativa muito lógica, vamos, aos poucos, seduzidos por ele. Desembarcamos na *Ilha das sereias*, seduzidos pelo seu canto, sem a mínima consciência dos riscos que nos esperam. Foi o que aconteceu comigo. Costumo dizer que eu não escolhi a filosofia, fui escolhido por ela. Ia caminhando, sem saber bem em que direção estava indo, quando, de repente, encontrei-me prisioneiro da sua teia. Meu encontro com a filosofia deu-se de forma indireta: através da literatura, ela me foi apresentada. Gostava de ler. Desde cedo adquiri o hábito da leitura, lia de tudo. Com o passar do tempo fui me tornando mais criterioso nas minhas escolhas literárias. Não demorou muito, eu estava lendo algo que, ao mesmo tempo, era literatura e filosofia. Em algum lugar, escrevi sobre o meu primeiro encontro com Sartre, através do seu livro *A náusea*. Sem saber, lendo literatura, já estava estudando Filosofia. Então, o amor aos livros foi criando pontes que me levaram a acessar a Filosofia e, através dela, fui levado à educação. Durante todo o meu percurso profissional sempre fui um professor de sala de aula, claro, seguindo a trajetória acadêmica que a universidade impõe, com os cursos de qualificação, especialização, mestrado e doutorado. Essas coisas são exigências acadêmicas, mas o fundamental é que, durante todo esse período, estive no exercício do magistério, ensinando filosofia para diversos cursos: a maioria deles, licenciatura. Eu sou, literalmente, o que se poderia chamar de um "professor raiz". Claro que fiz pesquisas, publiquei artigos e livros, mas o meu chão, a partir do qual demarquei todas as minhas demandas acadêmicas, sempre foi a sala de aula. Do dia em que passei no concurso para a universidade até os dias atuais, sempre estive em sala de aula. A filosofia me tornou dependente desse espaço privilegiado. Ao longo do tempo fui descobrindo que o exercício do magistério, em qualquer circunstância, requer o saber filosófico. Qualquer que fosse o território de reflexão – Humanas ou Exatas – tinha de requerer o exercício do pensamento. Feita essa escolha, sempre estaria próximo à filosofia. Deixei-me seduzir pelos encantos de *Sophia*. Tá muito longo?

André:

– Perfeito! Quando o senhor fez concurso para ser professor da instituição pública ou quando o senhor se inseriu profissionalmente dentro de um contexto do ensino superior, o senhor já sabia previamente qual seria o curso em que o senhor iria atuar?

Joceval:

– Não, não.

André:

– E aí a pergunta é: na medida em que você não sabia exatamente qual era o curso em que você iria atuar, depois da sua graduação, o mestrado e o doutorado foram pensados ou teve algum tipo de preocupação nas suas pesquisas que, de algum modo, foi consequência da sua inserção nos cursos de licenciatura ou foram dois movimentos?

Joceval:

– Foram dois movimentos distintos. A universidade é uma camisa de força, determinada por departamentos. Então, o movimento departamental não é tão simples. Quando você faz concurso você é locado num departamento e este, com o tempo, torna-se a sua prisão. É claro que você pode, com muito esforço, mobilizar-se e fazer a transição entre departamentos da própria instituição. Mas, no meu caso, eu fiz concurso para uma universidade que é, prioritariamente, voltada para a educação. Em qualquer departamento que eu escolhesse, estaria voltado para a educação. Além do mais, a minha própria graduação, uma licenciatura, já indicava, em certa medida, a direção de minha caminhada profissional. Ao escolher fazer licenciatura, estava escolhendo ser professor. A universidade na qual eu ensino só recentemente criou o curso de Filosofia, motivo pelo qual quase sempre ensinei Filosofia para não filósofos, para graduandos em outros cursos: geógrafos, historiadores, pedagogos, entre outras licenciaturas. Então, todo o meu percurso, de certa forma, foi voltado para as licenciaturas, não necessariamente em Pedagogia, mas em outros campos do conhecimento, mas sempre trabalhando com a formação de futuros professores.

André:

– Então, nesse caso, o senhor, em função da sua inserção...

Joceval:

– Só recentemente, abriu o curso de licenciatura em Filosofia. No início não tínhamos nem o mestrado, nem o doutorado em Educação. Apesar de a minha graduação ter sido uma licenciatura, o resto da minha formação acadêmica desviou-se para o bacharelado, mais voltada para o campo da pesquisa do que para o ensino. Fiz mestrado e doutorado em Descartes, na área de Teoria do Conhecimento. Eu sou doutor em Descartes. Apesar de estar lotado em um departamento de Educação, a educação nunca esteve como objeto de minhas pesquisas acadêmicas. Esse é um problema. Você ensina para futuros educadores, mas a educação, em si, não faz parte de seus projetos de pesquisas. De certa forma, eu acho que, talvez, esse seja um grande erro das faculdades de Educação: você acaba fazendo com que a faculdade, no particular, as disciplinas que você ministra, adequem-se à sua formação, e não o contrário. A universidade torna-se um território onde você vai exercitar o que você está pensando e pesquisando, não o lugar onde você toma o curso, a estrutura, a ordem teórica do curso que você ministra como objeto de suas pesquisas acadêmicas. Assim, o filósofo que ensina para educação, na maioria das vezes, com as devidas exceções, claro, torna-se um pesquisador da Filosofia, não da área de Educação. Acaba, quase sempre, não estabelecendo uma interface entre esses dois campos do saber: a Filosofia e a Educação. Como consequência, esses campos do conhecimento não se encontram, não se comunicam, caminham por caminhos independentes. A universidade acaba se tornando um território particular, verdadeiros feudos acadêmicos, demarcados por cada professor/pesquisador, ou por um grupo particular de professores que pesquisam e compartilham entre os membros de seu rebanho os resultados dos seus trabalhos.

André:

– Aí tem uma coisa que é bastante curiosa, que eu queria que o senhor falasse um pouco, porque, às vezes, existe uma ideia de que, em se tratando de filosofia, a própria questão que envolve o seu ensino tem que ser filosófica, né?! Então, nesse caso, por que não haveria uma didática para se pensar a filosofia? Por que cada professor teria uma perspectiva teórica, um modo específico de trabalhar? Que isso é diferente em qualquer outra área, mas, na Filosofia, o fato de não haver essa possibilidade de uma didática universal é o que faz dela mais interessante, porque cada um vai ter que fazer um movimento para afinar sua perspectiva, nunca em uma perspectiva dogmática. Esse lugar onde as perspectivas se tensionam, porque a tensão é própria da Filosofia, mas que elas não deixam de legitimar esse tensionamento como a própria constituição do ato de filosofar. E aí, no contexto do curso de Filosofia, quando o senhor teve acesso à formação em Filosofia, no bacharelado e na licenciatura, mas, assim, havia uma conexão entre a formação no bacharelado e as disciplinas, depois, que eram especificamente ligadas ao ensino ou eram duas coisas que não tinham certo diálogo?

Joceval:

– Que não se comunicavam. Literalmente, não se comunicavam. Por incrível que pareça, as duas faculdades, até hoje, não se comunicam. As Faculdades de Filosofia e de Educação não se comunicavam, apesar de ambas pertencerem a uma mesma Universidade: UFBA. Pelo menos no meu tempo – tenho ouvido burburinhos que, nos dias atuais, tudo permanece igual –, elas não se gostavam, não se admiravam e, como consequência, não pesquisavam em parceria, sequer compartilhavam suas pesquisas. Sem exagero, é possível dizer que uma olhava para a outra com certo desdém. Então, as licenciaturas faziam as disciplinas da faculdade de

Educação, mas sem um vínculo acadêmico, cumpriam uma obrigação curricular, mas sem maiores envolvimentos teóricos. De certa forma, a graduação era uma licenciatura, mas a alma do curso era de bacharelado. Formalmente, cumpriam-se as obrigações determinadas pela legislação que orienta a formação de cada curso, mas a pedagogia pouco seduzia o coração dos filósofos. No limite, aprendíamos a pesquisar filosofia e íamos às salas de aula, já no exercício da profissão, aprender a ser professor. Éramos portadores de uma licenciatura, mas não sabíamos ser professores. No meu caso específico, o estágio obrigatório, disciplina do curso de licenciatura, ofertado pela faculdade de Educação, foi o vínculo maior que eu tive com a licenciatura propriamente dita, já que, parte da carga horária do estágio se cumpre na sala de aula, fazendo as primeiras experiências na docência. Apesar dessa breve convivência, tinha a cabeça e a alma de pesquisador, fui jogado em sala de aula para aprender a ser professor. Aprendi a ser professor, não na universidade, mas na sala de aula. Aprendi a caminhar, caminhando.

André:

– O senhor imagina ser esse um não diálogo? Porque, por mais que você tenha uma formação em bacharelado e se forme em pesquisador, depois, no contexto da Universidade, tem uma dimensão que lhe é muito característica, que é o ensino. Então, o senhor acha que, se esse diálogo fosse restabelecido ou se esse diálogo ocorresse, ele iria ser um elemento facilitador para que um professor-pesquisador, de característica genuinamente pesquisadora, pudesse dialogar melhor com os alunos no contexto das licenciaturas ou não?

Joceval:

– Vou te falar uma coisa, André, eu acho que a melhor coisa que poderia ocorrer para um professor de Filosofia, em uma turma de Educação, é que ele tivesse duas formações: uma em Filosofia, outra em Educação. Não importa para que lado inclinaria a maior formação, mas o importante mesmo é que ele tivesse uma formação acadêmica nesses dois campos do saber. A filosofia requer a educação, a educação requer a filosofia. O importante seria que um mesmo docente, responsável pela formação de futuros professores, tivesse a alma dividida, flertando, constantemente, sem nenhum pudor, com esses dois campos de produção espiritual.

André:

– No contexto da Universidade?

Joceval:

– No contexto da universidade sim. Eu acho que o professor de Filosofia mais bem preparado é o que vem com uma formação em Educação, se a ele couber a responsabilidade de ser docente, de trabalhar na formação de futuros professores. Isso impõe a ele ter, ao mesmo tempo, um estudo de densidade filosófica, mas voltado a uma reflexão sobre educação. O problema é que nós, professores de Filosofia, somos bacharéis ensinando as licenciaturas, sem nenhuma concepção ou formação na área de Educação, e mais, o que é pior, carregando um certo preconceito contra as licenciaturas: herança da catequese, no campo da pesquisa, que recebemos na graduação. Os bacharéis não gostam de licenciatura. Olham para as licenciaturas como se fossem algo inferior, de menor qualidade acadêmica, como se a universidade estivesse reduzida à pesquisa, como se o verdadeiro espírito da universidade não estivesse assentado nesta tríade: ensino, pesquisa e extensão. Na teoria, todos falam e defendem essa tríade, mas, na prática, o que vemos é certo individualismo, cada um cercando o seu quintal, estabelecendo o seu campo de pesquisa, voltado muito mais para as suas demandas particulares do que visando à extensão. Claro, tem algumas exceções, estas só confirmam a regra. A universidade gosta de pesquisa, a universidade não gosta de sala de aula. A universidade está abandonando a sala de aula. A universidade está esquecendo de formar professores. Vamos analisar um pequeno caso particular – que eu chamaria de deformação – no departamento onde eu ensino, mas que, com absoluta certeza, poder ser estendido a quase todas – senão todas – as universidades do Brasil. Quando o professor faz concurso para ensinar na universidade, quase em sua totalidade, o faz para ensinar na graduação. Com o passar do tempo, tendo em conta suas titulações, bem como suas afinidades no campo da pesquisa, ele acaba se vinculando, como professor, a uma pós-graduação, através dos cursos de mestrados ou doutorados. Pronto, caiu no território das pesquisas avançadas. Nesse caso, ele deveria usar parte de sua carga horária para a graduação e a outra parte para a pós-graduação. Mas, de fato, não é o que acontece. Ao entrar na pós-graduação, ele esquece a graduação, acha-se fazendo parte de uma classe superior: a dos pesquisadores. Lecionar na graduação torna-se algo de menor valor, algo inferior, que deve ficar sob a responsabilidade dos professores que estão iniciando as suas carreiras. A maioria desses "seres iluminados", que escolheram o seu *Olimpo* particular para habitar, travam uma luta mortal para não mais voltarem a ensinar nas graduações. Dessa forma, a graduação quase nunca recebe, em sua formação, a contribuição dos resultados das pesquisas desses professores. A consequência dessa desastrosa política é que a graduação e a pós-graduação não conversam entre si, não colaboram em busca do principal objetivo da universidade, no caso específico que estamos tratando aqui, de uma faculdade, voltada para a formação dos futuros professores.

André:

– E só um adendo, eu recentemente fiz um levantamento sobre a formação de professores no Brasil, e a Bernadetti Gatti trouxe dados para dizer que, hoje, a grande maioria das pessoas que se formam nas licenciaturas, em modo geral, no Brasil, formou-se em rede privada, porque a universidade pública já está entregando, de algum modo, de maneira paulatina, essa responsabilidade para a iniciativa privada. Joceval:

– Isso não deixa de ser verdade. As universidades públicas estão perdendo o controle das licenciaturas, que lhes pertenciam antes, para as universidades privadas. E estas têm, num completo desrespeito à formação do professor, levado os cursos de licenciaturas para a EaD (Educação a distância). Com todo os erros já cometidos é nas universidades públicas que as licenciaturas têm recebido os melhores cuidados. Se existe uma pesquisa, mesmo que insipiente, ela é produzida nas universidades públicas. As universidades privadas não estão preocupadas com a qualidade de ensino. Para essas empresas, a educação é uma mercadoria e, como tal, deve gerar lucros. A tríade, base que fundamenta o espírito da universidade, o ensino, a pesquisa e a extensão, nas IES (Instituições de Ensino Superior) privadas, está comprometida. Essas IES não estão preocupadas com a pesquisa nem com a extensão. Suas práxis estão – com uma qualidade bastante suspeita –, no limite das salas de aulas, para os cursos de mais prestígios, aqueles que ampliam as suas margens de lucros, para os outros, principalmente as licenciaturas, ficam condenadas às ofertas virtuais, em qualquer lugar aonde chegue a internet e que o aluno tenha um computador para acessar a rede e assistir às suas aulas. As consequências dessa política para a educação são catastróficas. Forma-se um número cada vez maior de professores, mas sem qualquer responsabilidade com a qualidade desses profissionais. Esses profissionais – que estão sendo produzidos em série nesses cursos de EaD – não estão preparados para atuar como professores. No limite, na maioria das vezes, sequer estão qualificados para serem alunos de licenciatura em uma universidade que tenha compromisso com a qualidade do ensino. Entregar um diploma de professor a esses alunos é um crime. Nesse sentido, temos que concordar com Bernadete Gatti, quando diz que as "nossas Faculdades não sabem formar professores". Infelizmente, essa não é uma especulação, mas, sim, uma constatação real: não estamos formando professores. O que oferecemos ao mercado são portadores de diplomas de professores sem a mínima qualidade para o bom exercício da profissão. Estamos dizendo aos nossos professores: "Vão para a sala de aula ensinar o que vocês não aprenderam". Os nossos professores, de verdade, estão precisando voltar a ser alunos. É preciso começar de novo. Faltam-lhes conhecimentos de humanidade e apropriação do conhecimento reflexivo, aquele derivado da invenção do conceito, que os autoriza ao exercício do pensamento. Falta-lhes a descoberta de como construir a educação, como fazer da educação um projeto libertador, que crie as condições necessárias para que possam cuidar de si e transformar o mundo no qual habitam. Educar não é a ociosa tarefa de reproduzir conhecimentos, é, acima de tudo, a arte de criar conhecimentos, a arte de, no bom exercício do delírio, inventar novos mundos. Ou a educação liberta, ou ela escraviza. As Universidades particulares estão escravizando a educação e nós estamos deixando isso acontecer. Estamos sendo cúmplices do crime contra a educação. Não é à toa que, nas pesquisas sobre a qualidade de Educação, somos um dos países com um dos índices mais baixos. Não há salvação para o Brasil fora da educação. Ou salvamos a educação, ou condenamos o Brasil a um nanismo em todos os seus aspectos. De nossa vergonha nacional há de brotar um grito de guerra, traduzido em uma convocação geral, que deve ecoar em cada canto do Brasil: vamos salvar a educação!

André:

– Quais foram as experiências profissionais que o senhor fez antes de ingressar na UNEB ou concomitante?

Joceval:

– Nenhuma.

André:

– O que, de algum modo, induziu-o para a licenciatura, para a filosofia no contexto da educação. Houve experiências?

Joceval:

– Não. A única experiência que eu tive com educação, o que se poderia chamar de experiência teórica, foi "um projeto de educação para o Ensino Médio" que eu fiz, em forma de monografia, para atender às exigências de conclusão de um curso de pós-graduação em Filosofia e Educação. Outra experiência foi cumprindo as obrigações curriculares, dando conta das disciplinas ligadas à Pedagogia, o que incluía a disciplina de estágio obrigatório. Aí se conclui toda a minha experiência em relação à educação e ao magistério no território do ensino médio. Ao fazer o concurso para professor de universidade passei a ensinar, a ter uma experiência mais direta com a sala de aula e, como consequência, com as licenciaturas. Entretanto, vale ressaltar, isso não me colocava no território da educação, encontrava-me presente nela, mas não como um pensador da educação, simplesmente, ministrava as disciplinas de Filosofia que eram ofertadas aos diversos cursos, de bacharelados e licenciaturas, inclusive as de Pedagogia. Aqui, vale uma ressalva: trabalhava com a educação, mas ela não era o objeto das minhas reflexões, nem mesmo das minhas pesquisas acadêmicas, mesmo quando, mais tarde, comecei a minha qualificação docente, fazendo o meu mestrado e o meu doutorado.

André:

– O senhor fez outras experiências nas licenciaturas fora da UNEB como professor em outras instituições?

Joceval:

– Fiz, mas não foi em Educação. Foi na Universidade Católica, mas não era na área da Pedagogia, ensinava Filosofia para teólogos e para o curso de bacharelado. Voltei a ensinar em outros cursos, em outra IES, mas sempre em cursos não voltados para a Educação. É claro que, aqui e ali, ministrei cursos para qualificação de quadro docente, mas eram cursos especiais, em programas específicos, ofertados esporadicamente. O normal mesmo, em minha vida acadêmica regular, no departamento no qual eu me encontrava lotado, era ministrar disciplinas da área de Filosofia, ofertadas para outros departamentos, que não trabalhavam diretamente com a área de Educação.

André:

– Já caminhando para o final do primeiro bloco, eu só queria que o senhor relatasse rapidamente: onde o senhor cumpriu a sua escola básica? Foi em rede privada ou pública?

– Olha...

André:

– Porque o senhor já sinalizou que fez o mestrado e doutorado na PUC, em São Paulo.

Joceval:

– Cem por cento da minha formação acadêmica foi na Pontifícia Universidade Católica de São Paulo – PUC/SP. Lá fiz o meu mestrado e o meu doutorado. Minha graduação em Filosofia foi realizada na Universidade Federal da Bahia – UFB/BA. Meu período de formação que antecede a minha entrada para a Universidade foi realizado na Escola Pública.

André:

– E o senhor teve algum tipo de experiência anterior à universidade atuando como professor de Educação Básica?

Joceval:

– Nunca. Nunca. Eu era coordenador de uma biblioteca, que pertencia ao mosteiro de São Bento. Só depois, através de um concurso público, tornei-me professor da Universidade do Estado da Bahia – UNEB/BA. Ao concluir o curso de licenciatura, fiz a pós e, imediatamente, fiz o concurso para a Universidade. Naquele tempo, com uma simples pós-graduação era possível você se submeter a um concurso para ensinar na Universidade, principalmente, nas bandas de cá, onde havia uma grande carência de mestres e doutores para atender às demandas das Universidades.

André:

– Eu queria, professor Joceval, que o senhor falasse um pouco, no contexto da sua inserção como professor no curso de licenciatura, no contexto da educação: quais são as escolas filosóficas que têm presença forte na sua formação filosófica e que, também, estão presentes na sua atuação como professor de Filosofia?

Joceval:

– Bem...

André:

– Ou seja, quais são as escolas filosóficas que, de algum modo, aparecem no momento em que você ensina Filosofia nos cursos de licenciatura ou de Pedagogia, por exemplo? Mais especificamente, no curso de Pedagogia.

Joceval:

– Veja, existem dois tipos de escolas para um professor de Filosofia. As escolas pedagógicas, aquelas identificadas como comportamentalistas, construtivistas, montessorianas, tradicionais, tendências democráticas, entre outras. Além de pensar esses caminhos da Pedagogia, recorremos a outros territórios de reflexão. Pensamos Platão, Descartes, Kant, Hegel, Rousseau, quase que a história da filosofia e sua interface com a pedagogia em geral, e o acréscimo de um ou mais desses pensadores nessas correntes pedagógicas supracitadas. Então, como pensar Platão na Pedagogia? O professor de Filosofia faz mais esse exercício, exemplo particular meu. Quando estou ensinando Filosofia para pedagogos, em vez de eu trabalhar diretamente com as diversas correntes da pedagogia, deixo essa tarefa para os pedagogos, volto-me para a filosofia, buscando saber ou trabalhar o sentido e a importância da reflexão filosófica como base de sustentação das práxis do professor. Então, a minha intenção na Filosofia é tornar o professor de Educação, de qualquer área, um pedagogo delirante, a partir do encantamento que a construção do saber possa lhe possibilitar. De certa forma, nos últimos tempos, principalmente, tornei-me muito mais um desconstrutor de pensamentos do que um construtor. Eu desarrumo mais a casa do que a arrumo, eu causo mais problemas do que apresento soluções. Porque acho que o grande papel do pedagogo é o de se perder. É instalar-se no universo da dúvida, da suspeita. E, aí, cada um se encarrega de se construir ou se reconstruir, de se encontrar, superar suas dúvidas, superar suas suspeitas, enfim, arrumar a sua casa. Não acho que o papel do professor de Filosofia é dar direção ao pedagogo, é dizer como ele deve pensar. Acho que a maior contribuição que pode um professor de Filosofia oferecer aos seus alunos, futuros professores, é que, no campo da busca do conhecimento, ele deve estar aberto a todas as correntes, **pedagógicas** ou **filosóficas**, a todos que, de alguma forma, possam contribuir para ampliar a qualidade do seu trabalho pedagógico, mas jamais se tornar prisioneiro de ninguém. Quem quer pensar e, como consequência, ensinar a pensar, não pode servir a um senhor, tem que ser livre para direcionar o seu próprio voo. Quero visitar as casas do mundo, habitando, por pouco tempo, cada uma delas. Tento fazer esse exercício em minha prática em sala de aula, não sei se sou bem-sucedido. Costumo dizer para os meus alunos: "Gente, eu chego aqui muito mais para desarrumar do que arrumar a casa de vocês". Gosto de citar para os meus alunos, no primeiro dia de aula, a frase escrita no portal da entrada do Inferno, na *Divina comédia*, de Dante: "Ó vós que entrais, abandonai toda a esperança". Acho que o professor de Filosofia presta um desserviço, causando danos irreversíveis ao espírito crítico de seus alunos, quando se transforma em um guru, um orientador espiritual, usando o saber filosófico como um serviço de autoajuda, indicando para os seus alunos quais os caminhos que eles devem percorrer para alcançar a felicidade. Porque, nesse caso, em nada contribui para o professor tornar-se um pensador, um desconstrutor. Vai para lá um teórico de Descartes, um teórico de Kant, um teórico de Hegel... Então cada um acaba por transformar a sua sala de aula em uma igrejinha, na qual cultua o seu Deus particular. Com absoluta certeza, esse não é o lugar ideal para o nascimento e o livre exercício do pensamento. A sala de aula não é, nem nunca deve ser, lugar de culto. Não poucas vezes, na filosofia cultua-se um filósofo como se cultua um Deus numa igreja. A sala de aula deve ser o lugar dos delírios, da rebeldia, da desobediência conceitual, lugar onde a desordem clama pela ordem e a ordem clama pela desordem. Cada vez mais, estou convencido de que o espaço do delírio é o melhor espaço para o bom exercício da Pedagogia. Eu não acredito no pedagogo que não saiba delirar. Segundo Platão e Aristóteles, a filosofia tem a sua origem no *thauma*, na *admiração*, na *perplexidade*... Se o professor de Filosofia quer, de fato, ensinar aos seus alunos, melhor dizendo, aos futuros professores, a filosofar, então que os ensinem a se espantar, a manterem vivo o seu estado de admiração, a terem sua alma sempre perplexa diante dos silêncios das coisas e dos seres. Essa é a condição de abertura do ser. Então eu acho que, se não estou errado, o papel do professor em sala de aula é de um provocador, um agitador de ideias, aquele que, através da arte de pensar, possibilita uma abertura do ser, um desabrochar para o novo, para o devir. Entretanto, deve ficar bem claro, não cabe ao professor a responsabilidade de arrumar a casa que ele desarrumou. Essa é uma tarefa particular, singular. Cada um, em sua singularidade, deve assumir a tarefa de cuidar de si, de arrumar a sua própria casa. Assim, vou fazendo a minha caminhada como professor de Filosofia que administra o seu trabalho para diversos cursos, inclusive o de Pedagogia. Apesar de você ter me visto, com muita frequência, entre os professores que ministram aulas para os cursos de Pedagogia, essa é só uma primeira impressão, mas não é a mais verdadeira. Pedagogia não é o curso que mais trabalhei em minha caminhada no magistério. Mas, por incrível que pareça, no semestre passado assumi uma turma de Pedagogia. A constatação que faço é que, cada vez mais, recebemos uma clientela mais fraca, desprovida de uma base sólida, sob a qual tenham sido acrescentados conteúdos que possibilitem um nível mais elevado de reflexão. Recebemos alunos que não criaram o hábito da leitura, não aprenderam a articular conceitos, suas reflexões são breves e superficiais, seus voos são curtos e de pouca altura. A consequência disso é que eles se tornam resistentes ao pensamento. Se, no geral, tal constatação já é assustadora, torna-se mais grave ainda quando a clientela de futuros profissionais da Educação deseja lecionar. É ou não é assustador um professor que não adestrou o seu espírito para as leituras, para o delírio, para o encantamento, tornando a sua alma um deserto, resistente à arte de pensar?

André

– E quais teóricos que o senhor elege como importantes para o senhor fazer esse movimento de fazer com que os pedagogos se desestabilizem, sejam desconstruídos? Teria uma espécie de quadro de teóricos ou de conceitos desses teóricos que, de algum modo, o senhor disporia para poder fazer esse movimento de desconstruir?

Joceval:

– Ter, pode ter, mas eu evito fazer essa escolha para que eu mesmo não me torne prisioneiro de uma delas. Então eu tento ler, a cada semestre, um filósofo, de forma diferente. É claro que você os vê como desconstrutores do pensamento. Você pega Descartes, que está desconstruindo o pensamento que o antecedeu. Você escolhe um Hegel, ele está desconstruindo pensamento. Você escolhe Rousseau, nem precisa dizer mais nada: na *História da Pedagogia*, ele desconstruiu a escola antiga, aquela que tinha na memória sua base de sustentação. Você pega Schopenhauer, Nietzsche, eles estão desconstruindo todo pensamento metafísico... E assim segue. Mas o fato de desconstruir pensamento não é a única coisa importante, é só um primeiro momento. Depois, então, você convida cada sujeito a reconstruir o pensamento, porque ninguém suporta permanecer por muito tempo no reino da dúvida e das incertezas. Esse processo de desconstrução é o caminho, não a chegada. A dúvida é provisória, momento de transição entre o saber e a ignorância. Quem busca conhecer a verdade não pode se tornar prisioneiro de uma dessas extremidades. Absolutamente nada deve ser definitivo, nem o que eu sei, nem tampouco o que eu ensino. Há poucos dias, eu fazia uma palestra e, ao final da mesma, eu disse: "Se eu tivesse no lugar em que vocês estão, eu colocaria tudo que eu estou falando aqui sob suspeita". Não devemos acreditar – no sentido de colocar fé – naquilo que a gente faz e pensa em sala de aula. A sala de aula é um território livre, onde o pensamento deve ter o direito de se buscar, se achar, se perder. O melhor serviço que um professor pode prestar aos seus alunos é não acreditar demasiadamente nele mesmo, não sacralizar as suas verdades, não tornar a sua sala de aula um altar no qual ele revela para o mundo as suas verdades. É nesse sentido que a dúvida, a suspeita e a desconfiança tornam-se excelentes ferramentas de trabalho para o professor que, mesmo já sendo um professor, com responsabilidade de ensinar aos futuros professores, continua portando uma alma livre, uma alma de aluno, aberta para "a eterna novidade do mundo".

André:

– No gráfico que o colegiado me enviou sobre a participação dos professores no curso de Pedagogia, o senhor apareceu como primeiro, né?!

Joceval:

– Foi? Talvez pela idade (risos).

André:

– Daqueles que mais ofereceu componente de filosofia no curso de Pedagogia. Uma questão que eu queria que o senhor falasse... O senhor acha que a posição da filosofia, no primeiro semestre de Pedagogia, ela é uma posição interessante? Ou ela deveria estar no meio do curso, quando o aluno já estivesse mais uma espécie de inserção dentro das querelas educacionais? Ou o senhor acha que a posição no início do semestre não interfere muito?

Joceval:

– Acho que a filosofia deve começar no primeiro semestre. Vou justificar a minha resposta. É quando se encontra o aluno portando uma alma encantada, um delirante, guiado pelo farol das utopias. É nesse território de acolhimento que a filosofia faz as suas melhores experiências. Nesse momento, encontramos o aluno com a sua algibeira cheia de perguntas, com poucas respostas. Ele tem sede de aprender. Sua alma é livre, sem cercas, sem defesas. A filosofia é uma aproveitadora de quem não tem defesas, ela só conquista as almas desarmadas. O pedagogo, que já está no meio ou no final do curso, já se encontra cheios de resistências, adquiriu o medo de perder as suas verdades e, sem saber, já se tornou prisioneiro delas. Já não anda, fixa-se em um ponto, transforma sua verdade em verdade absoluta e evita se aproximar de qualquer outra possibilidade de verdade distinta daquela que ele escolheu para cultuar. Tornam-se, com as devidas exceções, claro, resistentes ao pensamento. Já o aluno do primeiro ou segundo semestre, que se encontra tocado pela curiosidade, sem muitas dificuldades, você o conquista para a arte do delírio. A simples interpretação de um poema já o encanta. Tudo que se ensina nesse momento permanece, fixa-se na alma, são conquistas que ele carrega para toda a sua vida. Eu digo para os meus alunos que os bons livros – o mesmo vale para as boas ideias –, aqueles que lemos e que, de alguma forma, nos afetaram, podemos até abandoná-los, mas eles jamais nos abandonam porque já fazem parte da nossa formação, assentaram-se definitivamente em nossa alma.

André:

– O senhor me falou que tem uma prática de relação em sala de aula, que o senhor quer muito mais instaurar dúvida do que formar nietzschianos, cartesianos etc. E, aí, me parece que o mais importante é que o aluno seja capaz de submeter esses próprios textos – com que, de algum modo, ele se inicia na filosofia – ao próprio exame, né, para que ele possa até fundar uma nova perspectiva do que, até então, ele só se debruçava. Então eu poderia dizer que a sua prática de ensino, como professor de Filosofia, ela não é nem fundada rigorosamente em uma história da filosofia e também não é fundada absolutamente de crítica pela crítica. Parece-me que é um movimento bastante de entremeio.

Joceval:

– Pendular.

André:

– Pendular, né?! Um movimento que complementa o outro, né?!

Joceval:

– Um movimento que levanta dúvida, mostra como ela deve ser exercitada e superada, deixando sempre a possibilidade de seu renascimento um pouco mais adiante.

André:

– Estudo teórico, mas não fica no teórico.

Joceval:

– Não fica no teórico. Minha tentativa é fazer isso. É claro que é muito perigoso, porque você pega uma comunidade de adolescentes em que a maioria não tem formação intelectual, e todos precisam de alguém que segure em sua mão, que lhes dê uma direção. Então é muito fácil você transformar a filosofia em um serviço de autoajuda. E, aí, você está prestando um desserviço. Um professor que usa o seu magistério para escravizar almas, aumentando o seu rebanho de discípulos ou devotos, deve ser retirado de sala de aula e, por estar cometendo um crime, deve ser preso. O professor não deve se tornar um guru, um mestre, aquele que anuncia "a verdade". Quando um aluno me pergunta, como já ocorreu de perguntar: "Professor, o que eu devo fazer da minha vida?", esta é a minha resposta: "Eu não sei". Como eu posso saber o que ele deve fazer da vida dele, se eu não sei o que fazer com a minha? Por sala, em média, eu tenho quarenta alunos diferentes, com quarenta subjetividades diferentes, e não sou eu que tem a responsabilidade de regular essa multiplicidade de subjetividades distintas. É o aluno que deve ter coragem de fazer o primeiro movimento, é ele que deve ser o responsável por forjar o seu próprio destino, dar *o seu* sentido para o mundo no qual ergueu a sua morada. Ou ele se torna o inventor das suas próprias terras ou habitará, por todo o sempre, terras alheias.

André:

– Eu já estou até no terceiro bloco já. Das vezes em que você foi ser professor no curso de Pedagogia especificamente, qual era o porquê de ser professor de Filosofia no curso de Pedagogia naquele contexto?

Joceval:

– Primeiro, por obrigação (risos). Você tem um PIT – Plano Individual de Trabalho docente, no qual você tem que preencher uma determinada carga horária e, às vezes, a oferta da disciplina tem que corresponder às demandas de sua agenda. Então, em um semestre você pega uma determinada disciplina, no semestre seguinte, essa mesma disciplina já não se encaixa em sua disponibilidade de horário, você terá que pegar outra disciplina. Isso faz com que você trabalhe com um leque de várias disciplinas, não se fixando, por muito tempo, em uma mesma disciplina. Entretanto, esse não é, nem deve ser, pelo menos para mim, grande problema. Meu primeiro grande problema é o do desejo, do tesão, do gosto. Para mim não importa qual é a disciplina, qual curso que eu estou ministrando. Agora, é claro que, quando eu entro em uma sala de Pedagogia, causa em mim um encantamento, porque a filosofia nasce com a pedagogia, o papel da filosofia é o ensino, o primeiro movimento da filosofia é o de esclarecimento, libertar os prisioneiros das sombras, das aparências, das ilusões. Na história das ideias, Platão é o primeiro pedagogo do Ocidente. É ele que, através de Sócrates, eleva o sujeito das trevas à luz, é aquele que, mesmo já sendo senhor do conhecimento, retorna ao fundo da caverna para resgatar aqueles que se encontram prisioneiros da ignorância. Entretanto, como já foi dito antes, o papel do filósofo não é conduzir, é dizer que existe para além do mundo no qual ele se encontra prisioneiro, um outro mundo querendo ser conhecido. Não cabe ao professor tutelar a ação, direcionando a razão dos seus alunos. A religião e o Estado já exercem essa função com muito mais competência do que o professor. Cabe ao professor indicar caminhos (vários caminhos). A escolha de qual caminho deve ser seguido é de inteira responsabilidade do aluno. Sabemos, desde o início, que, ao final da caminhada, poucos sobreviverão. Aos sobreviventes cabe a responsabilidade de perpetuar – como professores – o processo de produção e transmissão do conhecimento, em um fluxo e refluxo sem fim. Nós vivemos em uma sociedade moderna, onde o pensamento é um desserviço. Somos educados para caminhar junto ao rebanho, não desgarrar nunca. O desertor torna-se um sujeito perigoso. Vai que o rebanho passe a admirá-lo. Kant, no texto "O que é o iluminismo", diz: a única possibilidade de o sujeito alcançar a sua maior idade é através do exercício do pensamento, no qual, cada sujeito, assumindo-se, sendo o seu próprio senhor, torna-se, de verdade, um homem. Volto a falar da importância pedagógica da máxima socrática: "Conhece-te a ti mesmo". Sem esse retorno a si, sem esse olhar que, antes de olhar para o outro, olha para si próprio, antes de querer ensinar, deseja aprender, sem essa assunção intelectual, não há progresso do sujeito pleno. Aqui, valeriam duas máximas. Primeira: quem não aprendeu a olhar para si não saberá olhar para o outro. Segunda: quem não sabe aprender não saberá ensinar.

André:

– Interessante! Cada entrevista daria uma tese, mas a gente vai ter que fazer uma tese com essa quantidade de coisas que a gente escuta. Considerando o fato de que, às vezes, o professor de Filosofia...

Joceval:

– Quer água, André? Pode dar um intervalo aqui?

André:

– Tranquilo.

PAUSA

André:

– Considerando o fato de o professor de Filosofia se inserir em um curso de licenciatura, mas especificamente no curso de Pedagogia, a gente entende que o que ele traz como proposta de trabalho, em termos de disciplinas, deve comungar um pouco sobre a compreensão do que aquele profissional vai fazer, do ponto de vista desse profissional. Então é interessante que o professor que vai ministrar Filosofia no curso de História saiba o que o historiador faz, saiba o que o geógrafo faz, que um pedagogo faz e, às vezes, observa-se que o professor de Filosofia que atua no curso de licenciatura, ele tem um modo indiscriminado de ensinar filosofia, como se ele fosse o mesmo professor, trabalhasse com as mesmas teorias com todos os cursos. Como que o senhor... Assim, partindo do pressuposto de que, por exemplo, o pedagogo trabalha com crianças, é gestor de escola, está em um contexto da educação básica como um todo, como é que o senhor defende que deveria ser o curso de Filosofia no contexto das licenciaturas e no curso de Pedagogia? O que esse ensino deveria priorizar?

Joceval:

– Olha, a gente tem que fazer uma distinção entre duas coisas: o que é real e o que é ideal. O que é real é o que você acabou de falar. O professor não é muito mutante. Ele não vai mudando de acordo com os cursos que ele vai ministrando, ao contrário, na maioria das vezes, ele fundamenta uma base de sustentação do seu curso, acolhendo certas diferenças, mas se mantendo sempre nos limites do território do que ele pensa e pesquisa. Entretanto isso também não pode ser generalizado. Eu acho que cada professor termina adequando a sua disciplina ao curso no qual ele está trabalhando. Não tem sentido você dar um curso de Introdução à Filosofia para futuros historiadores e ofertar esse mesmo curso para uma turma de pedagogos, entende? A natureza do pedagogo é outra. Claro que ambos são professores, mas com habilitações distintas. A própria palavra "pedagogia" já se pressupõe criança, formação de criança, trabalhar com criança. Claro que aí requer uma reflexão filosófica de adequação da filosofia a esse universo. Isso não significa dizer que você tem que tirar a densidade da filosofia para que o pedagogo possa trabalhar com crianças. Não. Você tem que dar condições ao pedagogo para que ele possa fazer as adaptações, adequando o pensamento filosófico à realidade na qual ele se encontra trabalhando. Porque um pedagogo que ensina filosofia para uma sociedade burguesa, uma escola de classe burguesa, é diferente de um pedagogo que trabalha com pessoas que se tornaram invisíveis à sociedade, aquelas que, pelas condições históricas em que se encontram, estão muito mais preocupadas em prover o pão de cada dia do que contemplar o mundo das ideias. Diante da fome não há filosofia. Como diz Hegel, a ave de Minerva só alça voo ao entardecer. Primeiro a sobrevivência, só no final da tarde, quando essa primeira necessidade foi atendida, a filosofia se pronuncia. O pedagogo tem que estar preparado para pensar o aluno em suas diferenças, adequando-se e fazendo a filosofia falar a mesma coisa, de forma diferente, para cada uma delas. Cabe ao pedagogo resgatar e aproximar os indivíduos, não importando a classificação e o lugar que a sociedade determinou como morada para cada um. Não se aproximam indivíduos pela geografia, é pela posse do conhecimento que os homens se tornam livres e iguais. Nessa direção, o pedagogo tem muito a contribuir. Ele é um agente transformador da sociedade.

André:

– Como é que o senhor, como professor de filosofia, que tem uma forte presença no contexto dos cursos de Educação e licenciatura especificamente... Claro que, historicamente, o senhor tem um entendimento disso, mas como é que o senhor vê essa relação muito profunda entre pedagogia e filosofia?

Joceval:

– Eu percebo, André, que há um preconceito litigioso entre a pedagogia e a filosofia. Da mesma forma que os filósofos não gostam dos pedagogos, os pedagogos não gostam dos filósofos. E esse embate fica evidente quando esses dois grupos se reúnem para pensar uma matriz curricular em comum. Todos, cada um do seu lado, querem demarcar e ampliar o seu território epistemológico, em detrimento do outro. Os filósofos reclamam que os pedagogos, quando pensam uma matriz curricular, por exemplo, para licenciatura em Filosofia, priorizam as disciplinas de Pedagogia, deixando, em um segundo plano, as disciplinas de Filosofia; por sua vez, os pedagogos queixam-se de que os filósofos desdenham da importância das disciplinas pedagógicas, aquelas voltadas para o ensino, no currículo dos futuros professores de Filosofia. Faz-se bastante ruído na comunicação desses campos do saber. Trava-se uma luta de egos. Ao fim e ao cabo, ganha quem impuser e ampliar o seu território sobre o do outro. Na verdade, nessa trama urdida de egos inflados, a grande vítima é a educação. Supera-se esse conflito indicando que o curso é de licenciatura, tem uma identidade própria, visa a um objetivo específico: formar professores. Nesse caso, um licenciado em Filosofia não irá ministrar um curso de Filosofia, mas preparar os futuros professores de Filosofia. Esta é convidada a participar, colaborar nesse processo formativo do professor. Nesse sentido, acho que essa relação litigiosa entre a pedagogia e a filosofia, é um desserviço para a educação. A pedagogia e a filosofia nasceram juntas e devem continuar juntas, estabelecendo, entre esses dois campos de saber, uma relação de colaboração. São duas faces de uma mesma moeda. Pensar a pedagogia sem a colaboração da filosofia é mutilá-la, reduzindo a uma prática cega, destituída das bases conceituais que a justificam e a fundamentam; do outro lado, pensar a filosofia sem uma prática pedagógica é mantê-la distante da realidade, é construir um pensamento tão vazio e estéril que sequer se comunica com o mundo. Sócrates, livre da caverna, ao contemplar o sol, retorna ao fundo da caverna para anunciar àqueles que eram prisioneiros das sombras uma verdade que eles ignoravam. A alma do filósofo divide-se em duas; uma busca o conhecimento, a outra o compartilha. Ser filósofo já é ser professor.

André:

– Já caminhando para o final, eu queria que o senhor... Eu, que fui seu aluno, e eu já escutei narrativas de outros colegas que também foram seus alunos, sobretudo, há muito, no contexto dos estudantes, paira uma conversa no sentido de que avalia o professor naquilo que ele faz... Quanto mais o professor garante que o aluno compreenda uma informação, mais esse aluno tende a dizer que esse professor é um professor referencial para ele. O que a gente percebe nas relações entre os colegas é que a garantia que o professor é bom é quando esse professor fala de modo que o aluno entenda, sem comprometer a proposta conceitual daquele texto que serve como objeto para aula. E eu me lembro, no contexto da UCSAL, que você era bem falado por essa questão de fazer com que os filósofos fossem compreendidos. Claro que as suas falas, elas preparavam a gente para a imersão nesses textos. Fátima também. E havia uma crítica, naquela época, de que professores que eram muito cuidadosos com isso certamente estavam se esquecendo de ser pesquisadores ou de formar o bacharel. Coisa que não era verdade, porque vocês conseguiam fazer esse movimento sem comprometer nem um, nem outro. E, aí, eu queria que o senhor me falasse um pouco: como foi que o senhor construiu essa dimensão pedagógica que é presente quando você é professor de Filosofia nas licenciaturas? E eu queria que o senhor me dissesse: o senhor se sente professor formador comprometido com formar professor?

Joceval:

– Deixa-me te falar uma coisa. A pior coisa para um professor é ele falar e não ser ouvido, ou falar para quem não está nem um pouco interessado no que você está falando. Como se o ouvinte estivesse a lhe dizer: "Pode continuar falando, porque nada do que você está falando me interessa". Na filosofia há uma certa arrogância de que a gente tem que falar para o seu par, para as confrarias. Infelizmente, a universidade é lugar de "tribos". Tem "tribos" de todas as modalidades: de esquerda, de direita, de sexo, de religião, de gênero, de raça... Tem até tribos dos que não têm tribos. Isso acaba levando os membros das tribos a falarem para si mesmos. Essas tribos não se comunicam entre elas, não há janelas. E o que é mais perigoso: essas tribos, não poucas vezes, acabam construindo um código de ética muito próprio, que as identificam e as diferenciam das outras tribos, determinando como cada um dos seus membros deve se comportar. Não demora muito, a tribo elege um líder espiritual, o qual todos os seus devotos passam a cultuá-lo e defendê-lo, se preciso for, com a própria vida. Acabamos de inventar a IUVA – Igreja Universal da Verdade Acadêmica. Nos congressos, com muita frequência, você vê o palestrante falando para um pequeno grupo, composto, na maioria das vezes, de dez a quinze pessoas. São todos de uma mesma tribo, cultuam um mesmo Deus, encontram-se espalhados pelo país e se reúnem nesses encontros. Não vejo muito sentido nesses centros espirituais. Sempre gostei da Filosofia como um todo e tomo muito cuidado para não me tornar prisioneiro de um pensador em particular. Quero ler Platão, Kant, Hegel, Descarte – sobre o qual fiz mestrado e doutorado –, sem me tornar devoto de nenhum deles. A filosofia é um território difícil, um território hermético, fechado, quase inacessível. Para que você tenha acesso a ela, você tem que ter o domínio da técnica dos textos filosóficos. De preferência, os textos originais. Você trabalhou com Schopenhauer, não adianta você pegar um texto desse autor e pedir para os alunos que o interpretem. Esse é um trabalho condenado ao fracasso. Os alunos não conseguirão desempenhar tal tarefa. Eles ainda não detêm as ferramentas necessárias para decodificar a trama conceitual daquele autor. Para se obter êxito nessa tarefa é preciso muitos anos de estudos. Não poucas vezes, você estuda cinco, dez anos um Kant, por exemplo, faz, sobre ele, mestrado e doutorado, e ainda não o conhece de verdade, só conhece um pequeno território do seu pensamento que você elegeu como objeto de suas pesquisas. Como querer que um aluno que nunca o leu possa interpretá-lo? Sequer é justo exigir isso do aluno. Ou você transforma Schopenhauer em um pensador que possa servir à comunidade ou não tem serviço algum. Eu não quero, não me interesso por um Kant que só os kantianos entendem. Não me interessa conhecer Descartes que só os cartesianos entendem. Eu quero saber em que sentido Descartes pode ser útil ao professor que está na periferia, ensinando aos seus alunos. Em que sentido ele pode resgatar o *cogito* cartesiano e traduzi-lo em uma linguagem esclarecedora – "iluminar" (Aufklärung) – para um indivíduo comum, que tem sede de conhecer, tem sede de aprender a decodificar os códigos do mundo. Se não for assim, a filosofia torna-se um conjunto de velhas e parasitárias ideias históricas, tendo com única serventia alimentar egos adoecidos, infectados pelo vírus da vaidade. Agora, reconheço que o tratamento com a filosofia não pode ser diminuído. Uma coisa é como você pensa filosofia em seus estudos, em suas pesquisas particulares, outra coisa é como você fala para quem não é iniciado nessa área de conhecimento. Isso não pressupõe que o professor, para ser acessível aos alunos, seja irresponsável ou superficial com a reflexão sobre o autor que ele está trabalhando com seus alunos. São dois momentos distintos. O professor, em um primeiro momento, tem que, necessariamente, fazer uma reflexão vertical, olhar para o interior do sistema, decifrar os seus códigos, compreender a trama conceitual que o constitui. Nesse momento, ele é um bacharel exercitando a sua pesquisa sobre um determinado tema ou autor. Num segundo momento, o docente se encontra em uma sala de aula, diante de um grupo de discentes que, diferentes dos professores, não têm um domínio sobre a filosofia. Nesse momento, o professor tem a responsabilidade de socializar os conhecimentos filosóficos de uma forma acessível para que todos possam entendê-los, fazer uso dos conhecimentos adquiridos para melhor operacionalizar as suas demandas. Não se ensina Platão mandando decorar a *Teoria das ideias*, nem Kant mandando decorar *A estética transcendental*, Hegel, *A dialética do senhor e do escravo*. Isso é trabalho para pesquisador, não para um aluno em sala de aula. É uma arrogância impor esse discurso árido para o aluno. O resultado é que, ao invés de se conquistar o aluno, acaba-se encontrando nele uma resistência para o filosofar. Essa atitude do aluno é bem compreensível: não desejamos aquilo que não nos faz falta. É preciso que o aluno descubra a sua falta, vá em busca de sua paixão (*Pathos*), seja afetado pelo desejo de saber. Cabe ao professor de Filosofia ser o provocador desse momento. Se fizer isso com qualidade e dignidade, já acho que estamos diante de um bom professor de Filosofia.

André:

– Já para encerrar, e se estamos falando de formação de professor, de professores que depois irão atuar na educação básica, então, se a gente está querendo que a filosofia se torne, de algum modo, um elemento junto com os outros, para poder tornar potente isso que as pessoas fazem, não pode haver outro caminho se não for esse movimento de fazer com que os filósofos sejam compreendidos sempre em seus conceitos, sem que, com isso, a gente os negligencie.

Joceval:

– Sem sedução você não é professor. Todo professor, seja qual for a sua área de atuação, tem que ser um sedutor. O professor que não é capaz de seduzir os seus alunos não é capaz de trazer esses alunos para o seu campo de reflexão. Se eu ensino para pedagogos, eu quero seduzi-los, e, ao seduzi-los, eu estou ensinando a eles, a também seduzirem os seus alunos. E não posso dizer que o pensamento liberta se eu não dou acesso à liberdade de pensar. Eu não posso ensinar o que é a filosofia se eu não sei traduzir para eles, em linguagem acessível, o que é a filosofia. Então, muito mais do que os *juízos sintéticos* kantianos, eles têm que aprender o que a brincadeira do pensamento, a brincadeira do delírio, a brincadeira da suspeita, que fazem com que ele se desarme, abram a sua alma, para que nela possa habitar o desejo de conhecer. A abertura do ser tem que ser feita com paixão e com tesão. Nesse sentido, é preciso sair da letra fria do texto sem abandoná-lo, mas trazer, no primeiro momento, para o campo da paixão e do amor. O amor como desejo, como busca, esse amor que faz com que Platão, que nasceu há mais de dois mil anos, ainda tenha muito a nos dizer. O Platão que só diz a um grupo seleto de intelectuais está fadado a morrer, desaparecer. Há poucos dias eu fui fazer uma palestra, seria o terceiro a falar. Como manda a regra das palestras acadêmicas, faz-se a leitura de um texto, ao final, abre-se um debate sobre o assunto tratado. Tinha mais de duzentas pessoas na plateia. Na primeira fila, encontravam-se uns vinte ouvintes que faziam parte de programas de mestrado e doutorados ou de GT (Grupos de Trabalhos). Os palestrantes que me antecederam não falavam para o grande público, na sua maioria, composto de alunos da graduação, falavam para a primeira fila daquele auditório. Falavam para os seus discípulos. Achei aquilo uma falta de respeito para com aquele grande público que, mesmo não sendo iniciado nos assuntos ali tratados, compareceu com o intuito de participar de uma atividade acadêmica, com direito a ter acesso, entender o conhecimento que estava sendo socializado pelos palestrantes. Se se quer falar de uma forma muito técnica, que só os iniciados possam entender, fora do alcance dos "pobres mortais ignorantes", que se faça intramuros, para os devotos da pequena igreja, chamada de GT (Grupo de Trabalho), do qual fazem parte. Muitas vezes, esse mesmo erro se comete em sala de aula. O professor acha que falar difícil, de forma que seus alunos não o entendam, demonstra que ele é gênio, detentor de um alto nível de saber, inacessível aos não iniciados. Se acha, de verdade, um filósofo, quem sabe, da cepa de um Platão, Descartes, Kant, Hegel, quando, na verdade, sequer sabe ser um professor. É preciso um pouco mais de humildade. Não estou falando de uma humildade subserviente, aquela que herdamos das religiões, mas daquela humildade que ensinou o primeiro grande professor da Filosofia, Sócrates: sábio não é aquele que detém o saber, mas aquele que tomou posse de sua própria ignorância. Gosto muito do que diz Descartes: "Daria tudo que sei pela metade do que ignoro". Bem, acho que já falei demais, podemos ficar por aqui. Pode ser?

André:

– Professor, eu queria agradecê-lo pela sua colaboração. Quero dizer que eu tenho aqui um grande material para trabalhar na pesquisa. Depois, eu vou fazer o trabalho de devolução do texto para que o senhor possa apreciar. Sempre garantindo total anonimato.